# UNE BRÈVE HISTOIRE DE LA PHILOSOPHIE

# Du même auteur

## Enquêtes philosophiques

*L'Oubli de l'Inde. Une amnésie philosophique*, PUF, 1989, rééd. Seuil, « Points Essais », 2004.

*Le Culte du néant. Les philosophes et le Bouddha*, Seuil, 1997, rééd. « Points Essais », 2004. Traduit en japonais, en bulgare, en anglais (États-Unis), en coréen.

*Généalogie des barbares*, Odile Jacob, 2007. Traduit en espagnol, en coréen.

*Les Héros de la sagesse*, Plon, 2009, rééd. Flammarion, « Champs » (n° 1044), 2012. Traduit en espagnol, en italien, en portugais, en grec.

*Le Silence du Bouddha*, Hermann, 2010.

*Humain. Une enquête philosophique sur ces révolutions qui changent nos vies*, avec Monique Atlan, Flammarion, 2012, rééd. « Champs » (n° 1129), 2014.

## Explications philosophiques

*La Compagnie des philosophes*, Odile Jacob, 1998, rééd. « Poches Odile Jacob », 2002, « Bibliothèque Odile Jacob », 2010. Traduit en turc, en néerlandais, en espagnol, en portugais (édition brésilienne et portugaise), en italien, en grec.

*Les Religions expliquées à ma fille*, Seuil, 2000. Traduit en coréen, en portugais (édition brésilienne et portugaise), en catalan, en italien, en néerlandais, en espagnol (édition argentine et espagnole), en polonais, en japonais, en allemand, en danois, en chinois, en roumain.

*La Compagnie des contemporains. Rencontres avec des penseurs d'aujourd'hui*, Odile Jacob, 2002. Traduit en néerlandais.

*La Philosophie expliquée à ma fille*, Seuil, 2004. Traduit en portugais, en allemand, en italien, en espagnol, en grec, en roumain, en japonais, en bulgare, en letton, en chinois, en catalan, en basque.

*L'Occident expliqué à tout le monde*, Seuil, 2008. Traduit en allemand, en portugais, en italien.

*L'Éthique expliquée à tout le monde*, Seuil, 2009. Traduit en espagnol, en bulgare, en roumain, en vietnamien, en chinois.

*Osez parler philo avec vos enfants*, Bayard, 2010. Traduit en italien, en finnois.

*Vivre aujourd'hui avec Socrate, Épicure, Sénèque et tous les autres*, Odile Jacob, 2010, rééd. « Poches Odile Jacob », 2012. Traduit en italien, en espagnol, en portugais (édition brésilienne et portugaise).

*Maîtres à penser. 20 philosophes qui ont fait le XXᵉ siècle*, Flammarion, 2011, rééd. « Champs » (n° 1093), 2013. Traduit en grec, en arabe, en roumain, en coréen.

*Ma philo perso de A à Z*, Seuil, 2013.

## Expériences et contes philosophiques

*101 expériences de philosophie quotidienne*, Odile Jacob, 2001, rééd. « Poches Odile Jacob », 2003. *Prix de l'essai France-Télévision 2001.* Traduit en italien, en allemand, en anglais (édition anglaise et américaine), en espagnol (édition espagnole et argentine), en portugais (édition brésilienne et portugaise), en coréen, en néerlandais, en finnois, en grec, en suédois, en norvégien, en danois, en japonais, en roumain, en estonien, en tchèque, en chinois (édition de Taïwan et de Chine populaire), en hébreu, en polonais, en turc.

*Dernières nouvelles des choses. Une expérience philosophique*, Odile Jacob, 2003, rééd. « Poches Odile Jacob », 2005. Traduit en allemand, en anglais, en coréen, en danois, en finnois, en chinois (édition de Taïwan et de Chine populaire), en polonais, en néerlandais.

*Votre vie sera parfaite. Gourous et charlatans*, Odile Jacob, 2005. Traduit en allemand.

*Un si léger cauchemar*, Flammarion, 2007.

*Où sont les ânes au Mali ?*, Seuil, 2008.

*Petites expériences de philosophie entre amis*, Plon, 2012, rééd. « Poche Marabout », 2013. Traduit en espagnol, en turc, en coréen.

*Si je n'avais plus qu'une heure à vivre*, Odile Jacob, 2014. Traduit en italien, en polonais, en portugais, en espagnol, en allemand.

## Ouvrages en collaboration

*La Chasse au bonheur*, avec Antoine Gallien, Calmann-Lévy, 1972.

*La Réalité sexuelle. Enquête sur la misère sexuelle en France*, avec Antoine Gallien, préface du Dr Pierre Simon, Robert Laffont, 1974.

*Philosophie, France, XIXᵉ siècle. Écrits et opuscules*, avec Stéphane Douailler et Patrice Vermeren, Le Livre de Poche, « Classiques de la philosophie », 1994.

*Des idées qui viennent*, avec Dan Sperber, Odile Jacob, 1999.

*Le Clonage humain*, avec Henri Atlan, Marc Augé, Mireille Delmas-Marty et Nadine Fresco, Seuil, 1999. Traduit en portugais, en grec, en chinois, en japonais, en arabe.

*La liberté nous aime encore*, avec Dominique Desanti et Jean-Toussaint Desanti, Odile Jacob, 2002, rééd. « Poches Odile Jacob », 2004.

*Fous comme des sages. Scènes grecques et romaines*, avec Jean-Philippe de Tonnac, Seuil, 2002, rééd. « Points », 2006. Traduit en coréen, en espagnol (édition espagnole et argentine), en japonais, en grec, en chinois.

*Michel Foucault, entretiens*, Odile Jacob, 2004. Traduit en espagnol, en japonais, en portugais, en italien.

*Chemins qui mènent ailleurs. Dialogues philosophiques*, avec Henri Atlan, Stock, 2005.

*Vivre toujours plus ?*, avec Axel Kahn, Bayard, 2008.
*Le Banquier et le philosophe*, avec François Henrot, Plon, 2010.

## Direction d'ouvrages collectifs

*Science et philosophie, pour quoi faire ?*, premier forum Le Monde-Le
    Mans, Le Monde-Éditions, 1990.
*Présences de Schopenhauer*, Grasset, 1989, rééd. Le Livre de Poche,
    « Biblio-Essais », 1991.
*Les Grecs, les Romains et nous. L'Antiquité est-elle moderne ?*, deuxième
    forum Le Monde-Le Mans, Le Monde-Éditions, 1991. Traduit en
    grec, en anglais.
*Comment penser l'argent ?*, troisième forum Le Monde-Le Mans, Le
    Monde-Éditions, 1992. Traduit en anglais.
*L'art est-il une connaissance ?*, quatrième forum Le Monde-Le Mans, Le
    Monde-Éditions, 1993.
*Où est le bonheur ?*, cinquième forum Le Monde-Le Mans, Le Monde-
    Éditions, 1994.
*L'Avenir aujourd'hui. Dépend-il de nous ?*, sixième forum Le Monde-Le
    Mans, Le Monde-Éditions, 1995.
*Philosophie et démocratie dans le monde. Une enquête de l'UNESCO*, pré-
    face de Federico Mayor, Le Livre de Poche, Éditions UNESCO,
    1995. Traduit en anglais, en espagnol.
*Jusqu'où tolérer ?*, septième forum Le Monde-Le Mans, Le Monde-
    Éditions, 1996.
*Agir pour les droits de l'homme au XXI<sup>e</sup> siècle*, en collaboration avec Fede-
    rico Mayor, Éditions UNESCO, 1998.
*Lettres aux générations futures*, en collaboration avec Federico Mayor,
    Éditions UNESCO, 1999. Traduit en anglais, en espagnol.
*Philosophie / lycée*, Éditions de la Cité, Manuel Plus, 2000, rééd. revue
    et augmentée Bordas, 2004.
*L'Humanité toujours à construire. Regard sur l'histoire intellectuelle de
    l'UNESCO, 1945-2005*, Éditions UNESCO, 2005. Traduit en
    anglais.
*Philosophies d'ailleurs* (2 volumes), Hermann, 2009.
*Vivre ensemble. Entre temps court et temps long*, forum du CESE sur le
    vivre ensemble, PUF, 2013.
*Figures de l'altérité*, PUF, 2014.
*Vivre ensemble. Entre richesse et pauvreté*, forum du CESE sur le vivre
    ensemble, PUF, 2014.

Roger-Pol DROIT

# UNE BRÈVE HISTOIRE
# DE LA PHILOSOPHIE

Champs essais

ISBN : 978-2-0813-4257-6
© Flammarion, 2008, pour l'édition originale
© Flammarion, 2011, 2014,
pour la présente édition en coll. « Champs ».
Les illustrations intérieures ont été réalisées par Sonia Dalle.

*À tous ceux*
*qui n'ont encore jamais fait de philosophie,*
*qui se demandent de quoi il s'agit,*
*qui ont envie de tenter l'aventure,*
*qui ne savent pas ce qui les attend,*
*qui appréhendent de ne pas comprendre,*
*qui pressentent pourtant*
*que ce doit être important et intéressant,*
*qui cherchent par où commencer,*
*par où continuer, comment avancer…*

*À ceux, donc,*
*qui sont à présent fort semblables*
*à ces voyageurs sur le départ que furent,*
*un jour ou l'autre,*
*tous les philosophes.*

« *Comme on lui demandait quel profit il avait retiré de la philosophie, il répondit : "À défaut d'autre chose, au moins celui d'être prêt à toute éventualité."* »

Diogène LAËRCE,
*Vie et doctrines des philosophes illustres,*
Livre VI, « Diogène »,
traduction Marie-Odile Goulet-Cazé,
La Pochothèque, Paris, 1999, p. 733.

# Introduction

## OÙ IL EST EXPLIQUÉ POURQUOI LA VÉRITÉ, CONTRAIREMENT À CE QU'ON POURRAIT CROIRE, TRAVERSE À SA MANIÈRE DES AVENTURES DE TOUTES SORTES

C e livre s'adresse aux débutants, quel que soit leur âge. Son but est de faciliter l'accès à ces massifs, parfois impressionnants, que constituent les grandes œuvres philosophiques. Pour y parvenir, deux ou trois règles. Commencer par écarter tout vocabulaire inutilement compliqué, car il est possible d'exposer des questions complexes avec des mots simples. Se dire que les philosophes ne sont pas des extraterrestres, mais des hommes qui habitent la même planète que nous, vivent les mêmes émotions ou les mêmes cauchemars. Ne pas croire que les idées forment un monde à part, se souvenir qu'elles sont tissées à la vie d'êtres humains, enfants de leur temps et de leur contrée, qui eurent à se battre contre l'indifférence, la calomnie, la bêtise – au point d'y laisser, parfois, leur peau.

On commencera alors à considérer les philosophes autrement. Non, ce ne sont pas des théoriciens froids, des gens austères éloignés des réalités humaines. S'il y a évidemment plusieurs manières de les lire et d'entrer dans leur univers, je préfère celle qui tient compte de leurs rapports à leur époque, à leurs émotions, à leur écriture. Ne pas hésiter à insister sur ce qui surprend ou indigne, suscite l'enthousiasme ou la colère. Ne jamais tolérer l'ennui. Voilà quelques préceptes de départ.

## Que font les philosophes ?

Reste à préciser ce qu'on peut appeler « philosophie ». Si l'on admet que les gens qui s'en occupent sont comme les autres, que font-ils donc de particulier ? Ils se préoccupent de savoir si ce qu'on pense est vrai ou ne l'est pas. Leur travail est de chercher ce qu'on appelle « vérité », et de savoir comment la définir. Voilà qui demande éclaircissements.

Car tout le monde a des idées, tout le monde pense. Tout être humain possède des croyances, des convictions. Chacun forge des raisonnements, réfléchit sur son propre sort, s'interroge sur la condition humaine. Faut-il en conclure que tout le monde est philosophe ? Que tous les êtres humains font de la philosophie comme Monsieur Jourdain de la prose, sans le savoir ?

Au milieu de cette activité générale de l'intelligence humaine, qu'est-ce qui distingue, de façon singulière, les philosophes ? Pensent-ils d'une manière spéciale ? Oui. Car, si tout le monde a des idées, les philosophes, eux, examinent leurs idées. Tout le monde pense, mais les philosophes, eux, reviennent sur ce qu'ils pensent – pour le mettre à l'épreuve, l'examiner, faire le tri. La particularité des philosophes, la voici donc : ils pensent à leurs pensées.

On peut appeler ce mouvement « réflexivité ». Le terme signifie simplement « retour sur soi-même », « examen de ce qu'on croit et de ce qu'on pense ». Il se pourrait bien que ce soit le cœur de la démarche philosophique. En quoi consiste cet examen ? Le préciser va permettre d'y voir plus clair.

Socrate comparait son activité à celle de sa mère, qui était sage-femme. Il disait accoucher des esprits alors qu'elle accouchait des ventres de femmes. Généralement, on a retenu de cette analogie que Socrate fait sortir les idées de la tête de son interlocuteur comme on tire l'enfant, au terme d'une grossesse, du ventre de sa mère. Or il y a plus que cela dans cette affirmation. On oublie en effet souvent de préciser que les sages-femmes de cette époque mettaient à l'épreuve l'enfant qui venait de naître. Cette mise à l'épreuve consistait à tremper le nourrisson dans une eau bien froide – épreuve à laquelle les plus malingres ne résistaient pas. L'objectif était de ne conserver que les enfants les plus robustes. Ce ne sont plus nos façons de faire ni nos manières de voir.

Mais ce détail doit servir à comprendre que l'important, pour Socrate, n'est pas de simplement « faire sortir » les idées de la tête de l'autre, mais de « tester » ces idées une fois sorties. Il s'agit de voir si elles tiennent le coup, si elles sont cohérentes ou si elles ne sont que du vent, des illusions de savoir, de fausses idées qui ne résistent pas à la moindre objection.

Il y a une différence essentielle entre « avoir des idées » et « mettre ces idées à l'épreuve ». Le propre des philosophes, c'est de tester les idées, d'essayer de comprendre si elles possèdent cohérence et solidité ou si elles renferment quelque vice de forme, quelque erreur qui fait qu'elles ne sont pas viables.

Descartes compare le tri de nos idées avec celui d'un panier de pommes. Pour ne conserver que les bonnes, en écartant celles qui sont tavelées et commencent à pourrir, il faut vider tout le panier, mettre la totalité des fruits sur la table, les examiner un par un. Voilà ce que fait un philosophe, et que nous ne faisons jamais spontanément : vider sa tête, mettre toutes ses idées sur la table, les observer une à une pour savoir celles qui doivent être jetées et celles qui méritent d'être conservées.

Répétons-le : en philosophie, il ne s'agit pas de penser mais d'examiner comment on pense, ni d'avoir des idées mais de les passer au crible et de les examiner pour savoir si elles sont solides. Voilà qui introduit une distinction entre ceux qui pratiquent cet exercice de réflexivité et ceux qui demeurent dans une pensée immédiate, spontanée, irréfléchie. Cette frontière, comment la franchit-on ? Comment passe-t-on du spontané au réflexif, de la pensée immédiate à celle qui s'examine ? Autrement dit : comment entre-t-on dans la philosophie ?

Est-ce par un cheminement graduel ? Étape par étape, de proche en proche, on quitterait le monde commun, les erreurs habituelles pour arriver dans le royaume du discernement, de la vérité, de la clarté logique ? S'agit-il, au contraire, d'un changement radical, qui s'opérerait d'un coup, de manière complète, par une unique transformation, sans progressivité ? D'autres cas de figure sont imaginables. Par exemple : le monde du regard et du discernement philosophiques serait toujours là, en nous, parfaitement présent, entièrement à notre disposition, mais nous ignorerions que nous le possédons, nous serions empêchés d'y accéder, nous ne serions pas en mesure de découvrir directement ce qu'en fait nous aurions déjà.

Ces thèmes sont tous présents, déjà, dans l'Antiquité grecque et romaine. La conversion vers la philosophie ne suppose pas que l'on change ses yeux pour d'autres mais que l'on modifie la direction de son regard. Nous aurions, par nature, dans notre esprit, la capacité d'accéder à la vérité. Si nous nous égarons, c'est parce que nous ne cherchons pas du bon côté, nous regardons ailleurs. Il ne s'agit pas de faire entrer la vérité dans l'âme mais de tourner l'âme vers la vérité.

## *Un rapport au temps particulier*

L'entrée dans la philosophie est une énigme qui n'a cessé de revenir de manière continue, permanente, toujours renouvelée. C'est d'ailleurs le propre des problèmes philosophiques, à de rares exceptions près : ils durent, se reconstruisent et se transforment d'époque en époque, au lieu d'être supprimés par un changement de perspective ou tout bonnement résolus par une réponse définitive. Voilà qui implique un rapport au temps fort singulier. Je viens de citer Socrate, qui vivait à Athènes, il y a deux mille cinq cents ans, de reprendre un exemple de Descartes, qui vivait en Hollande il y a quatre cent cinquante ans – comme s'ils avaient parlé ce matin…

Il existe une différence radicale, de ce point de vue, entre questions scientifiques et questions philosophiques. Plus personne, excepté les historiens des sciences, ne s'intéresse aux problèmes des physiciens du Vᵉ siècle avant notre ère, des astronomes du Moyen Âge et des mathématiciens du XVIIIᵉ siècle. En revanche, des interrogations concernant la morale, la logique, la connaissance, la politique ou l'esthétique qui ont été formulées il y a vingt-cinq siècles conservent une forme de pertinence, d'actualité, voire de vivacité.

La temporalité philosophique se caractérise par cette forme de présent constamment renouvelé. Les siècles transforment les perspectives, mais n'ont pas sur les questions philosophiques le même impact que sur d'autres. En cela, les philosophes sont proches des écrivains, artistes ou musiciens plutôt que des savants et des techniciens. On continue à être bouleversé par Euripide, Sophocle, Shakespeare ou Dante, on persiste à éprouver, face à la musique des siècles passés, une émotion comparable à celle des contemporains. Avec les philosophes, il en va de même.

## Une philosophie pour tous

Parmi les questions qui n'ont cessé de se renouveler et de persister, il faut mentionner celle de l'ouverture de la philosophie. La querelle est ancienne entre une conception élitiste de la philosophie, qui la réserve à quelques « âmes d'or », et une conception ouverte qui la confie au plus grand nombre. Dans le dialogue de Platon intitulé *Ménon*, Socrate n'hésite pas à interroger un petit esclave, donc un enfant inculte, sur un problème de géométrie. L'enfant se trompe dans la solution qu'il propose, comme il était prévisible. Mais, quand on lui donne la bonne explication, il comprend pourquoi il s'est trompé et, surtout, il reconnaît comme vraie la bonne explication. S'il n'était pas pourvu d'une capacité à discerner le vrai du faux, il ne comprendrait même pas où il s'est trompé, il ne reconnaîtrait pas comme exacte la bonne démonstration.

Descartes, dans le *Discours de la méthode*, souligne que « le bon sens ou la raison, c'est-à-dire la capacité de discerner le vrai d'avec le faux, est la chose du monde la mieux partagée ». Cela signifie : chacun, à condition de bien se servir de cette capacité qu'il a déjà en lui, peut devenir philosophe. « Être philosophe » n'implique pas forcément d'être un génie, de trouver quelque chose de nouveau, d'inventer un système inédit !

Pensons aux mathématiques, à la musique ou au sport. « Être musicien » peut signifier être un compositeur de génie ou un enfant qui commence à faire ses gammes. « Être sportif » peut vouloir dire remporter une médaille aux Jeux olympiques ou seulement exercer son corps à intervalles réguliers. « Être mathématicien », c'est recevoir la médaille Fields, l'équivalent du prix Nobel, ou bien résoudre des problèmes élémentaires à l'école.

De même, « être philosophe », c'est se nommer Aristote, Spinoza, Kant, Hegel ou Nietzsche ou tenter un examen cohérent de ses propres idées.

Est-ce vraiment si simple ? Ne doit-on pas tenir compte, aussi, de ce fait : la philosophie est devenue, au cours de son histoire, de plus en plus complexe ? Plus techniques, plus diverses, plus denses, les œuvres philosophiques se trouvent de fait reléguées dans les ghettos des spécialistes. Les travaux de la plupart des philosophes sont aujourd'hui comparables aux traités de mathématiques, de physique ou de chimie, dont le degré de technicité interdit l'accès à la foule des profanes. Cela est très largement exact. Malgré tout, il subsiste une différence importante entre le philosophe et le scientifique.

Philosophe et mathématicien, Jean-Toussaint Desanti l'avait bien compris. Dans *Le Philosophe et les pouvoirs*, il explique une différence radicale entre philosophe et physicien. Si je ne comprends pas son travail théorique, le physicien pourra légitimement me dire : « Va suivre des cours, va travailler en bibliothèque, apprends de quoi il retourne, et nous en reparlerons dans dix ou quinze ans. » Le philosophe, au contraire, même si ses travaux sont extrêmement difficiles, ne pourra pas se dérober à la demande de l'homme de la rue. Il ne pourra pas dire : « Apprends d'abord, nous verrons ensuite. »

Car le philosophe ne peut pas déposséder l'autre de sa question, ni le frustrer en se taisant. Il doit échapper au jargon technique, tenter de s'expliquer. À celui qui n'y connaît rien, le philosophe doit toujours pouvoir dire : « Voilà de quoi je m'occupe. » Si tout ne peut être dit en langage courant, l'essentiel au moins doit être indiqué avec les mots de tout le monde. Sinon, quelque chose d'essentiel à la philosophie se trouverait perdu.

## *Les aventures de la vérité*

Les chapitres qui suivent retracent à leur manière les aventures de la vérité. Du moins les principales, dans la pensée occidentale. Comme des choix sont inévitables, cette brève histoire laisse délibérément de côté une foule d'éléments, pour tenter de dégager quelques perspectives, volontairement limitées à la pensée européenne. Les œuvres élaborées dans les domaines chinois, indien, tibétain, hébreu, arabe, persan ont été laissées, pour l'instant, à l'écart. Les inclure était légitime, mais les questions à résoudre devenaient trop ardues et excédaient le cadre de ce livre.

J'ai donc résolu, à partir des matériaux rassemblés pour les vingt premiers volumes de la série « Le Monde de la philosophie », de prendre pour fil directeur de cette brève histoire les différentes perspectives relatives à la question centrale de la vérité. Car si les philosophes cherchent la vérité, se préoccupent de penser vrai, traquent les idées fausses et les sources d'erreur, il faut évidemment prendre pour guide cette perspective essentielle. En découvrant comment évoluent les objectifs et les méthodes de la chasse au vrai, il est possible de mieux saisir ce qui mobilise les philosophes, de la Grèce antique jusqu'à nos jours.

La préoccupation de la vérité est en effet toujours mêlée au travail des philosophes. Quand ils cherchent à comprendre comment s'agence ce qu'ils pensent, de quelle manière s'organisent les discours qu'ils tiennent. Mais aussi quand ils scrutent vers quoi tend le pouvoir, ou bien ce que peut signifier la violence. Ou encore quand ils demandent d'où vient la terreur, comment fonctionne l'amour, ce que signifient le bonheur ou la paix.

Voici quelques exemples de ces aventures de la vérité. On s'est demandé si elle réside au ciel ou sur terre. Est-elle révélée par un message divin transmis aux hommes ? Ou bien n'est-elle au contraire qu'une réalité humaine, construite pas à pas par notre esprit ? Est-elle objective, indépendante de nous ou relative à nos outils intellectuels et à nos capacités mentales ?

Où se tient la vérité ? Hors de nous ? En nous ? En Dieu ? Dans les choses du monde ? Dans les évidences les plus simples ou dans les théories les plus compliquées ? Dans la raison ou dans le cœur ? Dans l'éternité ou dans l'histoire ? Dans l'individu ou dans la collectivité ? Autour de ces questions et de quelques autres encore se sont construites et ramifiées des réflexions multiples. Sans oublier celles qui mettent en cause l'idée même de vérité.

N'est-elle qu'une illusion ? Une histoire que les humains se racontent, une sorte de fantasmagorie ? Une toile que nous avons tendue sur le monde pour nous convaincre que nous le maîtrisons ? La vérité ne devrait-elle pas être suspectée, mise en cause, soupçonnée de cacher des volontés de domination, sous couvert de vouloir seulement, et objectivement, « connaître » ? En scrutant de telles interrogations, ce sont d'autres aventures encore que les philosophes ont réservées à cette idée.

Il est temps de les suivre.

# Première partie

## VÉRITÉS À VIVRE

*Où il devient clair que la vérité,
pour les philosophes antiques,
était à vivre autant qu'à connaître*

Première partie

VÉRITÉS À VIVRE

L'Antiquité grecque et romaine dure, en fait… douze siècles ! En effet, les premiers philosophes-physiciens qui commencent à expliquer la nature par la seule voie de la raison, indépendamment des mythes et des croyances, comme Thalès ou comme Anaximandre, apparaissent vers 600 avant notre ère en Ionie (l'actuelle côte turque). Les derniers philosophes du monde antique, qui se réfugient à la cour du roi perse Chesroès, écrivent vers l'an 600 de notre ère. Une douzaine de siècles. Au fil de cette histoire aussi longue que celle qui sépare notre époque des Mérovingiens, comment ne recenserait-on pas une multitude d'écoles, de périodes et d'évolutions ?

Le premier geste est la recherche méthodique de la vérité. La philosophie se constitue avec l'abandon d'une forme de vérité révélée par la parole poétique, entrevue de manière aphoristique ou intuitive. Sans doute, chez les penseurs qui ont précédé Socrate – comme Parménide, Héraclite, Empédocle – trouve-t-on des trésors qui font rêver. Ces maîtres de vérité sont aussi des maîtres de sagesse, et leur inspiration rappelle pour une part le souffle des prophètes.

Avec Socrate puis Platon, on change de registre. La parole du mythe laisse place à une recherche de la vérité réglée par des démonstrations, des arguments, des divisions conceptuelles et des procédures logiques.

Malgré tout, il ne s'agit pas simplement d'une science désincarnée.

Car la vérité, pour les philosophes grecs ou romains, n'est pas seulement à connaître, elle est aussi à vivre. Voilà leur dénominateur commun.

En grec ancien, il n'existe qu'un seul mot, *sophos*, pour désigner à la fois « le sage » et « le savant ». Entre celui qui possède des connaissances et celui qui transforme son existence à partir d'elles, la distinction n'est pas possible, même du strict point de vue linguistique.

Ainsi le « savant fou », image habituelle pour nous de la science-fiction, est une impossibilité dans l'horizon de la pensée antique. Celui qui détient des connaissances doit en être moralement transformé. Le savoir n'est pas moralement neutre. Il n'est jamais tout à fait détaché d'un horizon existentiel.

Tout savoir est aussi un savoir-vivre. Toute forme d'existence transformée par une intention philosophique implique la présence d'un savoir et la mise en œuvre d'une pratique. C'est ce qu'il faut d'abord comprendre.

## • NOM : PLATON

C'est en fait un surnom, signifiant « le large ».
Son vrai nom est Aristoclès, mais tout le monde
l'a oublié…

## • LIEUX ET MILIEUX

Vit principalement à Athènes, dans un milieu
aristocratique. La rencontre avec Socrate a bouleversé son existence.

## • 5 DATES

**427** avant notre ère : Naît dans une famille aisée.

**399** avant notre ère : Son maître Socrate est condamné à mort et
exécuté.
Platon rédige ses premiers dialogues.

**387** avant notre ère : Voyage en Sicile. De retour à Athènes, fonde
son école, l'Académie.
Rédige notamment *Le Banquet*, *Phèdre*, *La République*.

**367** avant notre ère : Nouveau voyage à Syracuse. Tentative d'action
politique.

**347** avant notre ère : Meurt à quatre-vingts ans, alors qu'il rédige
*Les Lois*.

## • SA CONCEPTION DE LA VÉRITÉ

La vérité pour Platon :
est à découvrir au moyen des seules ressources de notre raison,
existe éternellement, en dehors de notre esprit,
réside dans le « monde des idées » et ne change jamais.

## • UNE PHRASE CLÉ

« Que nul n'entre ici s'il n'est géomètre. »

## • SA PLACE DANS L'HISTOIRE DE LA PHILOSOPHIE

Il invente les règles du jeu. Du coup, son influence n'a jamais cessé
de s'exercer, avec des temps forts ou des temps faibles, depuis
l'Antiquité jusqu'à nos jours.

# 1

## Où l'on voit Platon inventer un monde à deux étages

*Platôn* fut d'abord le simple surnom d'un jeune aristocrate athénien nommé Aristoclès. Le terme, en grec ancien, signifie « large ». Il est probable que ce soit à cause de sa poitrine, ou de sa carrure, qu'on lui ait donné ce sobriquet, car il était vigoureux, grand et solide, habile à la lutte. Toutefois, dès l'Antiquité, certains commentateurs préfèrent une autre explication. C'est à sa largeur de vues, à l'ampleur de ses conceptions, à son ouverture d'esprit que Platon devrait ce qui est devenu, pour la postérité, son seul nom.

Lire Platon, c'est avoir aussitôt le sentiment d'avoir affaire à un texte exceptionnel, chef-d'œuvre littéraire autant que philosophique, théâtre autant que théorie. Chacun de ses dialogues paraît animé du mouvement même de la pensée – divers, imprévisible, cheminant par sauts, revenant parfois en arrière, butant sur une difficulté, tentant de la contourner, arrivant dans une impasse... En entrant dans ces textes, il ne faut pas hésiter à se laisser embarquer, porté par le jeu des répliques, les détours inattendus de la conversation. Le génie de Platon est aussi de faire régner l'impromptu dans la cohérence, combinant de manière souveraine l'ordre de la pensée et les ruptures de ton. Au lieu de lire un traité, on se retrouve dans une soirée entre amis de grande classe, ou bien dans un tribunal où un sage joue sa vie face aux calomniateurs qui l'accusent.

Ainsi, en lisant *Le Banquet*, on se trouve d'abord plongé soudainement dans une sorte de fête, à la fois intellectuelle, alcoolique et érotique. On découvre, sur fond d'homosexualité masculine et de transmission du savoir entre hommes, les liens que peuvent entretenir la connaissance et l'amour. La philosophie n'est pas ailleurs que dans ces jeux du désir et de la pensée, voilà la première leçon, qui enseigne aussi comment l'amour de la beauté physique est guidé par l'idée du Beau et mène à sa découverte.

Toutefois, on aurait tort de croire que les dialogues de Platon forment un théâtre pédagogique où il s'agirait de transmettre une vérité déjà détenue. Cette vérité est toujours à chercher. Souvent en vain. Il arrive, fréquemment, qu'on ne la trouve pas. Cette incertitude relative est une caractéristique unique. Bon nombre de ces expéditions vers la vérité, surtout parmi les premières, demeurent effectivement sans résultat. Une question est posée, la recherche s'engage, mais elle n'aboutit pas, et les protagonistes se séparent bredouilles, sans avoir trouvé de solution. Quand ils en tiennent une, rien ne garantit que ce soit nécessairement la solution que Platon préconise. En fait, il est sans doute le seul philosophe dont on ignore la doctrine exacte. Jamais, nulle part, Platon n'expose de manière explicite, complète, affirmative et argumentée, en quoi consiste « sa » philosophie. Il n'a rédigé ni traité ni manuel.

Sa situation, bien étrange, est donc celle d'un philosophe sans philosophie. Créateur d'un inépuisable théâtre de pensées, Platon semble demeurer toujours en retrait, impossible à figer, échappant à toutes les immobilisations. Pourtant, elles n'ont pas manqué. On n'a pas cessé, au cours des siècles, de fabriquer le « platonisme » ou de le combattre. Or le platonisme ne se trouve pas chez Platon. C'est une fabrication postérieure, extérieure, une création des autres, jamais la sienne.

On aurait tort, malgré tout, d'imaginer Platon insaisissable, se dérobant à toute affirmation. Au contraire, il a ses combats, ses adversaires, ses lignes de front, ses stratégies.

Habile à la lutte, il l'est aussi, peut-être surtout, dans les argumentations. Cet art de la prise, de la feinte, de l'esquive, du coup qui déstabilise, Socrate le lui a enseigné. La rencontre fut décisive. Sans Socrate, il est vraisemblable qu'Aristoclès serait devenu comme Calliclès, ce personnage du *Gorgias* qui incarne, pour la vie philosophique, le danger suprême : intelligent, sans scrupules, sans souci des autres ni de la justice, avide de pouvoir et de plaisirs. En imaginant ce redoutable jeune homme, Platon a sans doute brossé son autoportrait, mais dans une autre existence possible – celle qu'il aurait pu mener s'il n'avait pas rencontré Socrate.

## L'exigence du vrai

Car ce maître lui a enseigné d'autres chemins. Il lui a fait voir combien des opinions que nous croyons solides peuvent n'être que du vent, comment nous nous trompons d'abord, presque toujours, en croyant savoir ce qu'est la beauté, le courage ou la vertu. Il lui a fait entrevoir que, peut-être, nous ne savons rien du tout. Quelques interrogations bien formulées, et voilà nos pseudo-certitudes qui volent en éclats. Nos évidences se révèlent contradictoires, nos opinions intenables. Désemparés, dépossédés de nos points de repère, sans ancrage ni balises, nous sommes comme pris au piège de nos propres impasses.

Toutefois, Socrate a conduit Platon à une leçon plus fondamentale encore. Dans l'ébranlement des fausses certitudes, il lui a montré l'exigence du vrai, la rigueur des idées, la puissance des valeurs. Le jeune aristocrate impétueux a entendu cet appel de la vérité. Derrière le miroitement des apparences, le jeu changeant des sensations, les rapports inégaux et fluctuants du pouvoir et de la domination, il a entrevu l'existence d'un autre ordre – stable, fixe, indépendant des appétits, inclinations et rapports de forces.

Le point de départ des aventures de la vérité, chez Platon, est donc double. Avec Socrate, il faut mettre en cause les évidences anciennes, tout ce qu'on croyait vrai sans y avoir vraiment réfléchi. Il y a une dimension déconcertante de cette mise à l'épreuve de ce que nous pensions être vrai sans nous être demandé pourquoi nous avions cette conviction. Perdre nos convictions assurées est désagréable. Ou même inquiétant, comme si c'était notre propre assurance qui nous était ôtée.

Mais ce moment de vertige, d'inquiétude, parfois même de colère et d'affolement, laisse place à un paysage rassurant et stable. Derrière la confusion des opinions spontanées, les erreurs premières, les semblants de savoirs, finalement se profile un autre monde. Ses qualités sont inverses : cet univers est stable et réel. Ce monde de la vérité, Socrate a saisi qu'on peut l'atteindre par la pensée. Il a montré le chemin. Platon a retenu la leçon, et va la développer : la voie pour parvenir au vrai passe par les concepts.

Le terme « concept » est devenu si usuel, parfois si galvaudé, que nous oublions le changement d'attitude qu'il exige. Il demande en fait une authentique conversion du regard. Platon ne cesse d'en donner des exemples. Ainsi, nous avons tendance à penser que certaines choses sont belles parce qu'en elles réside une qualité spéciale.

Ou bien nous dirons que des actes sont courageux, des décisions justes, parce que s'y trouvent des éléments de courage ou de justice. Voilà qui n'est pas seulement naïf, mais faux.

Car, pour simplement discerner, parmi les objets ou les actions, ceux qui sont beaux, courageux ou justes, il faut que nous sachions *déjà* en quoi consistent beauté, courage ou justice. Il nous faut avoir en tête le modèle, la forme – le concept – de ces qualités, et trouver dans les objets concrets ou les actions réelles ce qui leur correspond. Pour rassembler une collection d'exemples beaux ou justes, il faut avoir déjà répondu à la question « qu'est-ce que.. ? » (le beau, le courageux, le juste, etc.), avoir été en mesure de se représenter, à tort ou à raison, « en quoi consistent » ces données.

En d'autres termes, le concept contient une réponse à la question : qu'ont de commun ces différents cas, qui conduit à les rassembler ? Par exemple : qu'est-ce qui est commun à toutes les vertus, qui fait qu'on parle de « vertu » et qu'on pense, en parlant ainsi, quelque chose de précis et de déterminé ? En géométrie, quand on parle d'un cercle, d'un triangle ou d'un carré, chacun a la même chose en tête et la définition de chaque forme est claire. C'est une semblable netteté qu'il s'agit d'atteindre avec le courage ou la justice.

Tel est, pour l'essentiel, l'apport de Socrate, pour autant qu'on puisse le discerner. Car Platon a mis en scène son maître de deux manières principales. Dans les premiers dialogues, qui se présentent avant tout comme des témoignages, Platon s'efforce de restituer, plus que ses propos exacts, le style effectif des interventions de Socrate. Il le montre en butte aux roueries des sophistes ou à la suffisance des militaires, le dépeint jouant au taon qui pique le peuple d'Athènes, méritant son surnom de « torpille », ce poisson qui donne un choc électrique à celui qui tente de s'en saisir. Ces dialogues portent principalement sur des questions morales et insistent sur le fait que la vertu suffit au bonheur.

## Le monde des idées

Dans la suite de l'œuvre, Socrate devient le nom d'un personnage porte-parole de Platon qui s'éloigne de plus en plus du maître réel. Le philosophe transforme les premières perspectives relatives au concept, il affirme l'existence d'un « monde des idées », modèle du monde réel. Ce monde est pour Platon plus réel que celui que nous nommons habituellement « réalité ». Le monde des idées est même, si l'on peut dire, le seul monde réel.

Pour comprendre cette perspective, très opposée à nos conceptions spontanées, le plus simple est de repartir de la géométrie. Elle est essentielle aux yeux de Platon et lui fournit un cadre de référence fondamental. « Que nul n'entre ici s'il n'est géomètre », avait-il fait inscrire au fronton de l'Académie, l'école qu'il avait fondée. Que veut dire « être géomètre » ? Le préciser, c'est éclairer les traits principaux de la démarche de Platon.

Considérons un carré. Si nous faisons de la géométrie, nous n'aurons pas à nous occuper de savoir si ce carré est en tissu ou en bois, en métal ou en cuir, s'il est bleu ou rouge, s'il est dessiné sur le sable ou sur la cire, s'il est bien représenté ou non. Seule compte, insiste Platon, l'*idée* du carré, conçue et non perçue, pensée plutôt que ressentie. Cette idée du carré, parfaitement nette et délimitée (quatre côtés égaux, perpendiculaires, quatre angles droits, etc.), nous ne la voyons pas avec nos yeux. Si on perçoit des choses carrées, c'est en jugeant que leurs figures correspondent à cette « forme » dont nous avons connaissance (en grec ancien, « forme » se dit *eidos*, c'est ce mot qui a donné notre terme « idée »).

Cette idée-forme du carré n'a rien de personnel ni d'évolutif. Elle échappe, pour parler notre langage moderne, aux variations subjectives. Le carré de Pierre ne diffère en rien du carré de Paul ou de Jacques. Unique et objective, cette idée-forme est la même pour tous. Face à des millions de choses carrées – existantes, disparues ou à venir –, il n'existe qu'une idée-forme du carré et une seule. Elle ne disparaît jamais et ne change pas. Tandis que les choses concrètes s'usent, s'oxydent, s'écornent, se défont, se transforment, les idées-formes sont immuables, immobiles, éternelles, éternellement identiques à elles-mêmes. Platon est fasciné par l'immuable. Ce qui ne change jamais, n'évolue pas, échappe à toute dégradation ou modification, voilà ce qui lui paraît parfait.

De ce point de vue, les vérités de la géométrie sont éternelles. La somme des angles du carré n'est pas produite par l'esprit des hommes. Elle existe par elle-même, souverainement, indépendamment du fait qu'on la calcule, la découvre, la contemple. Jamais Platon n'admettrait que ces idées-formes puissent être relatives à notre esprit. C'est l'inverse : elles existent par elles-mêmes, de toute éternité, et notre âme peut, dans certaines circonstances, parvenir à les contempler.

La contemplation, en grec ancien, se dit *théôria*. La « théorie », pour Platon, n'est jamais une production d'idées, mais la vision, par « les yeux de l'âme », de ce qui est. Dans la vie quotidienne, notre regard n'est pas tourné du bon côté : nous ne voyons que des reflets, des ombres (des choses carrées, par exemple), et non l'idée-forme dont elles proviennent toutes (« le » carré). La forme du carré devient en quelque sorte la matrice de toutes les choses carrées qui, sans elle, n'existeraient même pas.

Pour connaître cette forme-source, pour passer des copies (les carrés) à l'original (l'idée du carré), il faut tourner notre regard non vers les choses mais vers les idées. Cette conversion est mise en scène, au livre VII de *La République*, par la célèbre allégorie de la Caverne.

## Reconstruire la société

Cette allégorie indique l'essentiel de la démarche spécifique de Platon, dans le domaine de la connaissance comme dans celui de l'action. Socrate décrit d'« étranges prisonniers » qui sont « semblables à nous ». Depuis leur enfance, ils sont enchaînés dans une caverne obscure et regardent droit devant, sans pouvoir tourner la tête. Ce qu'ils contemplent, sur la paroi de la caverne qui leur fait face, c'est une projection. Cela évoque exactement, pour nous, le dispositif du cinéma. Les prisonniers sont les spectateurs d'un film qu'ils prennent pour la réalité. Ils ignorent l'existence de la cabine de projection, et surtout celle du monde extérieur, où se trouvent les vraies choses. Si l'on détache un de ces prisonniers-spectateurs, il souffre. Il faut le contraindre pour le faire monter vers la sortie. Au-dehors, il est ébloui. Quand ses yeux se sont accoutumés à la lumière, il contemple les réalités dont il ne connaissait que les ombres et découvre le soleil qui les rend toutes visibles.

Platon fait donc entendre que ce monde où nous sommes est le reflet d'un autre, plus réel. Le philosophe, prisonnier détaché, accède à cet univers intelligible. Il y découvre, comparable au soleil dans le monde des choses, l'idée du Bien (« l'Un-Bien-Beau ») qui éclaire les autres. Toutefois, il est interdit au philosophe de se réfugier dans le monde des idées. Platon refuse de se couper de l'univers des hommes. Au contraire, le philosophe doit redescendre dans la caverne, tenter de détacher ses anciens compagnons d'ignorance, au risque de passer à leurs yeux pour fou et d'être mis à mal.

C'est bien ce qui est arrivé à Socrate. Il a dû se défendre des accusations d'impiété et de corruption de la jeunesse portées contre lui. En 399 avant notre ère, dans la cité d'Athènes, un vieil homme parle, sans détour et sans artifice, au tribunal formé par les citoyens. Il expose sa défense face à des accusations mensongères. Finalement, il sera condamné à mort. Et Platon ne cessera de célébrer sa mémoire, puis de chercher comment empêcher, à l'avenir, un tel meurtre. Plaidoyer pour la philosophie, l'*Apologie de Socrate*, discours simple et si fier, est peut-être le texte le plus émouvant qu'ait produit la pensée occidentale.

Car la condamnation à mort de Socrate par le peuple aveugle demeura pour Platon le scandale suprême. Voir mourir l'homme le plus avisé, le meilleur, le plus moral, le plus respectueux des lois, voilà le signe que tout doit être reconstruit. Il faut donc concevoir la Cité juste, celle où Socrate ne pourrait être condamné. Avec *La République* et, à la toute fin de sa vie, *Les Lois*, Platon inventera à la fois l'utopie, la philosophie politique et bon nombre de techniques juridiques et administratives. Pour édifier la Cité parfaite, tous les détails de la vie pratique doivent en effet être passés en revue, depuis le partage du sol jusqu'à l'âge du mariage et l'échelle des fortunes, en passant par la gymnastique, les fêtes ou la récolte des fruits d'automne. Sous la multitude des détails, l'intention est toujours unique : rendre la société conforme à l'ordre du monde des idées, faire en sorte que la vérité et le Bien soient au poste de commande du politique, œuvrer à ce que « les rois soient philosophes, ou les philosophes rois ». La longue fascination des philosophes pour le pouvoir, leurs relations ambiguës aux

princes qui gouvernent s'enracinent évidemment chez
Platon. Avant tout, dans son œuvre s'est mise en place
cette conviction qui a habité la société occidentale
jusqu'à nos jours : une science est nécessaire pour organiser la société, la connaissance de la vérité permet d'agir
sur l'histoire humaine de manière décisive. Quand Lénine
affirmait : « La théorie de Marx est toute-puissante parce
qu'elle est vraie », il était encore l'héritier de Platon.

Fondateur de la philosophie, Platon l'est donc à plusieurs titres. Inventeur de la plupart des thèmes, des
règles du jeu, des outils de l'argumentation, il fut aussi
le premier à poser l'existence d'un monde des idéalités.
En rêvant que la société soit pliée à la vérité, il fut aussi,
en un sens, le premier initiateur du totalitarisme. Toutefois, le plus important n'est sans doute pas sa doctrine,
mais bien la quête incessante qu'il inaugure. Avec Platon,
les réponses ne cessent jamais d'être mises en cause dans
l'espace de parole et de réflexion ouvert par les dialogues.
La philosophie, depuis, habite cette ouverture impossible à clore.

Elle y demeure de mille manières diverses, dont certaines se disent ouvertement hostiles à Platon. Mais il ne
faut pas être très expert pour se rendre compte que
même ses ennemis, finalement, habitent chez lui.

_De Platon, que lire en premier ?_

On peut commencer par l'_Apologie de Socrate_ ou par les dialogues de jeunesse comme _Lachès_, sur le courage, ou _Hippias majeur_, sur la beauté. On continuera par _Le Banquet_ ou _Gorgias_, et _La République_, en laissant pour la fin des textes les plus difficiles, comme le _Parménide_ ou le _Sophiste_.

En fin de compte, la totalité des œuvres de Platon peut être explorée. Elle a été retraduite dans la collection GF-Flammarion, sous la forme de 28 volumes parus de 1984 à 2006.

_Sur Platon, que lire pour aller plus loin ?_

Léon Robin, _Platon_, Paris, 1935, PUF, 1967.

Alexandre Koyré, _Introduction à la lecture de Platon_, Paris, Gallimard, 1962.

Victor Goldschmidt, _Les Dialogues de Platon, structure et méthode dialectique_, Paris, PUF, 1947, 1963.

Luc Brisson (sous la direction de), _Lire Platon_, Paris, PUF, 2007.

☞ *La vérité, pour Platon, n'est pas dans les sensations, toujours changeantes, souvent contraires d'un individu à un autre.*

*Elle réside, éternelle et immuable, dans le monde des idées, où les philosophes peuvent contempler les formes vraies.*

*La tâche des philosophes est alors de transformer la société pour qu'elle devienne conforme à ce modèle idéal.*

☞ *Aristote, élève de Platon, va s'opposer à son maître sur presque tous les aspects de sa conception de la vérité.*
*En niant l'existence du monde des idées.*
*En cherchant les connaissances vraies dans l'observation des réalités que nous avons sous les yeux.*
*En intégrant les leçons de l'expérience*
*En inventant les sciences de la nature.*
*Entre autres…*

• NOM : ARISTOTE

• LIEUX ET MILIEUX
Fils du médecin du roi de Macédoine, Aristote
étudie vingt ans auprès de Platon avant de devenir le précepteur d'Alexandre le Grand, puis de
fonder sa propre école, nommée « Le Lycée ».

• 6 DATES
**384** avant notre ère : Naît à Stagire, en Macédoine
(c'est pourquoi on dénomme souvent Aristote
« le Stagirite »).
**367-347** avant notre ère : Suit l'enseignement de Platon à Athènes.
**347-342** avant notre ère : Fonde une école à Assos.
Rédige sans doute à ce moment l'*Éthique à Nicomaque*.
**342-336** avant notre ère : À la demande de Philippe de Macédoine,
assure la formation de son fils Alexandre, qui accède au trône en 336.
**336** avant notre ère : Revient à Athènes, fonde le Lycée, rédige alors
la plupart de ses grandes œuvres.
**323** avant notre ère : À la mort d'Alexandre, Aristote doit quitter
Athènes pour Chalcis, où il meurt quelques mois plus tard, âgé d'une
soixantaine d'années.

• SA CONCEPTION DE LA VÉRITÉ
La vérité pour Aristote :
est à découvrir en conjuguant le raisonnement et l'observation,
est à construire en la dégageant des données concrètes et des réalités
observables,
peut être relative et approchée, dans certains domaines.

• UNE PHRASE CLÉ
« L'être se dit en plusieurs sens. »

• SA PLACE DANS L'HISTOIRE DE LA PHILOSOPHIE
Essentielle, car son œuvre, qui couvre des domaines multiples – de la
physique à la politique, de la métaphysique à la biologie –, n'a cessé
d'être étudiée tout au long de l'histoire. Traduite en arabe, elle a été
commentée notamment par Avicenne et Averroès et reviendra en
Europe enrichie par les analyses de ces philosophes. Devenue la référence officielle de l'Église catholique au Moyen Âge, sa pensée subira
durant les Temps modernes une relative éclipse, avant d'offrir de
nouveau un champ d'étude exceptionnel aux historiens.

## 2

### OÙ L'ON APPREND COMMENT ARISTOTE
### ORGANISA LA RECHERCHE ET LE CLASSEMENT
### DES CONNAISSANCES VRAIES

Aristote est le second père de la philosophie occidentale. Platon, le premier père, a insufflé la vie, ouvert les yeux, inventant l'espace et le style. Aristote, lui, a éduqué la philosophie. Il l'a disciplinée, transformée en une recherche multiforme, à la fois codifiée et diversifiée. Son œuvre, de ce point de vue, est presque démesurée – par son importance décisive, par son étendue, par sa manière d'embrasser tous les domaines du savoir autant que par son influence historique sans équivalent.

Du coup, une brève présentation semble une mission impossible. Comment caractériser un philosophe dont la pensée concerne tous les registres du savoir de son temps ? Comment aborder ces dizaines de traités où se succèdent, et souvent se répondent, logique et métaphysique, physique et sciences naturelles, éthique et politique ? On peut être déconcerté en voyant Aristote expliquer, de livre en livre, la nature de Dieu, la différence entre raisonnement convaincant et argumentation mal construite, le mécanisme de la digestion des poissons, les raisons expliquant que la pierre tombe alors que la fumée monte ou encore la façon dont se produit une érection. Évidemment, ces explications disparates s'inscrivent dans une totalité construite. Les différents registres ne sont jamais

disjoints. Ils s'articulent les uns aux autres selon une organisation qui assure la cohérence globale de la démarche.

Voilà ce qu'il faut entrevoir si l'on veut comprendre
pourquoi cette œuvre a traversé les siècles, les langues et
les cultures. Car Aristote est au cœur d'une histoire qui
n'a pas d'équivalent. Elle commence, cela va de soi, dans
l'Antiquité : précepteur d'Alexandre le Grand, fondateur
d'une école rivale de celle de Platon, le Lycée, où régnait
l'habitude de discuter en marchant (d'où le nom de
« péripatéticiens », ceux qui déambulent, donné aux
disciples d'Aristote), Aristote est encore étudié, édité et
commenté quand s'effondre l'Empire romain. On le
retrouve au centre des œuvres philosophiques arabes
comme celles d'Avicenne ou d'Averroès. C'est par elles
qu'il reviendra en Occident, finissant par devenir, avec
Thomas d'Aquin, le philosophe officiel de l'Église et,
comme le dira Dante, le « maître de ceux qui savent ».

## L'utopiste ou le réaliste

Pour saisir un trait essentiel d'Aristote, restons un instant en Italie à la Renaissance et considérons l'œuvre de
Raphaël intitulée *L'École d'Athènes*. Cette fresque célèbre,
achevée en 1510, est censée représenter les grandes attitudes de la pensée grecque, les écoles majeures du premier essor de la philosophie. Comme il se doit, les deux
maîtres, Platon et Aristote, amis et rivaux, se trouvent
au centre, à côté l'un de l'autre.

Ce fut souvent le cas, dans la réalité, pendant au moins
vingt ans – le temps qu'Aristote passa dans l'Académie,
l'école fondée par Platon. Il fut d'abord l'étudiant le
plus doué, puis le disciple le plus prometteur, le seul
auquel Platon avait permis d'enseigner, avant de devenir
le critique le plus radical des théories de son maître. Très

tôt, le philosophe avait discerné, chez ce jeune homme venu de sa Macédoine natale pour étudier auprès de lui, une étonnante puissance de travail, d'exceptionnelles capacités d'analyse. Il l'avait surnommé « le liseur », toujours un texte sous les yeux, un rouleau à la main.

Dans l'image, un détail importe. À sa manière, il indique l'essentiel : Platon lève la main droite vers le haut, il pointe vers le ciel son index levé. Aristote, lui, tend le bras droit presque à l'horizontale, la paume de la main tournée vers le sol, les cinq doigts étendus. Voilà un bon point de départ. Car la différence des attitudes renvoie à une divergence de fond entre les fondateurs de la philosophie occidentale. Qu'est-ce qui importe à Platon, dans la recherche de connaissances vraies ? Trouver des formes immuables, un modèle fixe derrière le changement incessant des apparences, le chatoiement perpétuel des sensations. Aux yeux d'Aristote, cette hypothèse est inutile. Pour lui, pas d'arrière-monde. C'est dans ce monde, tel que nous pouvons l'observer et le soumettre à la réflexion, que se trouvent les clés de la connaissance. Au lieu de tourner le dos à la réalité, au lieu de fuir sa diversité déconcertante, il faut examiner, classer, comparer, raisonner.

Coleridge, poète et philosophe du romantisme anglais, pensait que tout homme est soit platonicien soit aristotélicien. Il savait combien ces philosophes incarnent deux tempéraments : utopiste ou réaliste, homme de la théorie contre homme de l'observation, celui qui cherche à fuir le monde et celui qui choisit de l'explorer méthodiquement. Platon cherche le Bien dans les hauteurs, Aristote analyse les vertus humaines sans oublier leur part d'incertitude et de contingence. En politique, Platon dessine l'épure d'une Cité juste, Aristote scrute les constitutions existantes pour dégager leurs avantages et leurs inconvénients. Platon se soucie peu de ce que l'observation peut enseigner, Aristote se fait porter, par un réseau de pêcheurs qu'il a mis sur pied, des poissons rares à disséquer.

Platon a quelque chose d'un aventurier, d'un héros parti à la conquête du ciel. Aristote, dans le vocabulaire d'aujourd'hui, évoquerait plutôt un enseignant-chercheur. Il expose, explique, justifie. Il est le premier à organiser la philosophie comme une discipline embrassant la totalité du savoir selon un ordre logique, le premier à concevoir et à construire un système global des connaissances. Platon est un génie littéraire, dramaturge et prosateur inspiré. Aristote est rarement gracieux, souvent pesant, toujours professeur.

Sans doute le contraste est-il accentué par le fait que nous lisons la part publique de l'œuvre de Platon, des dialogues travaillés pour être diffusés. Nous ignorons ce qu'était le détail de son enseignement oral au sein de l'Académie. Pour Aristote, la situation est inverse : ses textes les mieux rédigés ont disparu. Nous ne possédons plus ceux qui conduisaient Cicéron à célébrer le « fleuve d'or » de son écriture. Il nous reste seulement des notes de cours, dont on ne sait pas toujours si elles furent prises par le philosophe lui-même pour préparer ses exposés ou par ses auditeurs. Cela explique l'impression fréquente qu'Aristote s'exprime de façon elliptique. Le lecteur oublie vite, toutefois, cette inélégance, emporté par la puissance de la pensée et le souci constant de sa cohérence interne.

## Examiner les outils et les principes

Car Aristote est le premier à examiner rigoureusement les outils dont se sert la raison : c'est avec des mots, des phrases, des relations cohérentes entre les énoncés que se fabriquent les savoirs. Il faut donc examiner les catégories

par lesquelles s'exerce la pensée (lieu, temps, nombre, etc.),
la structure des énoncés, les formes de raisonnement, les
contraintes des déductions. En examinant ces instruments
de la pensée, Aristote fonde la logique en tant que discipline. Le philosophe agit alors comme un artisan qui
cale son établi, trie ses instruments de travail pour écarter ceux qui peuvent être inutiles ou inefficaces et
s'assure du tranchant des lames.

La classification des formes de raisonnement – les syl-
logismes – connaîtra, dans l'Europe médiévale, une
fortune remarquable et fournira son armature à la *scolas-
tique*. On nomme ainsi la transformation de la pensée
d'Aristote en un dogme scolaire, rigide et routinier, qui
lui a fortement nui. En effet, à partir de Descartes,
quand les philosophes modernes voudront rompre avec
les pesanteurs du Moyen Âge, ils auront le sentiment de
rompre avec Aristote. Pourtant, les aspects formels des
déductions ne sont pas secondaires, encore moins super-
ficiels. Car une profonde unité rassemble, du point de
vue d'Aristote, ce qu'on peut dire, ce qu'on peut penser
et ce qui est. Ce qui est contradictoire ne peut pas être
pensé, et ce qui ne peut être pensé ne correspond à
aucune existence possible dans la réalité. Le pensable, le
dicible et le réel ne sont pas réellement dissociables.
Rien n'empêche de prononcer ces deux mots : « cercle
carré ». Mais personne ne peut parvenir à penser la
figure ainsi nommée, qui serait à la fois cercle et non-
cercle. Ce n'est pas une affaire de convention ou d'habitude, mais de structure interne de la pensée. Ce qu'on
ne peut pas penser ne peut pas exister.

Telles sont, parmi bien d'autres acquis, les conclusions que l'on peut tirer de la *Métaphysique*. Le maître
n'a pourtant jamais rédigé aucun ouvrage portant ce
titre. Le mot ne se rencontre d'ailleurs nulle part dans
l'ensemble des traités regroupés sous cette appellation.

C'est Andronicos de Rhodes, au premier siècle avant
notre ère, qui a classé l'œuvre d'Aristote et a regroupé les
traités touchant à la nature du monde et de l'existence
« après la physique » (*ta meta phusika*, expression qui a
engendré le terme « métaphysique »).

S'agit-il simplement de ce qui vient « après » la physique, dans l'ordre des études, ou bien de ce qui se situe
« au-delà », constituant un autre ordre que celui de la
matière ? Les exégètes grecs soulignaient que les deux ne
s'excluent pas. Et tous s'accordaient à reconnaître en
Aristote l'inventeur de cette réflexion. Chez lui, qui
n'emploie pas le mot « métaphysique », elle est désignée
de plusieurs manières : « connaissance des premières
causes », « philosophie première », « connaissance de la
vérité » ou encore « connaissance divine », au double
sens d'un savoir dont le divin est l'objet aussi bien que
le détenteur.

Dans l'élaboration de cette « science de l'être en tant
qu'être », Aristote expose des analyses qui feront l'objet
d'innombrables reprises et développements au cours des
siècles, comme la déduction de l'existence d'un « premier moteur », immobile, éternel et immuable, à l'origine des mouvements de la nature. Surtout, il met au
point des couples de concepts dont nous nous servons
toujours usuellement. Tous les jours, nous faisons de
l'Aristote comme Monsieur Jourdain faisait de la prose,
sans le savoir. Ainsi « puissance » et « acte », « matière »
et « forme » sont des créations d'Aristote. Qui n'a jamais
parlé de quelque chose « en puissance » ? Ces inventions
lui ont permis de trouver une alternative au monde des
Idées de son maître Platon. Au lieu de postuler deux
mondes, dont l'un, celui des idées-formes, constitue le
modèle capable d'engendrer l'autre, celui des objets
matériels, il affirme qu'il n'y pas de forme sans matière
ni de matière sans forme.

Retrouvons notre carré. Aristote soutiendra qu'il n'existe pas ailleurs que dans les choses carrées, qu'elles soient en bois, en métal ou en tissu – pas de forme indépendante d'une matière. Inversement, il n'y a pas de matière qui existe dépourvue de toute forme : ce morceau de bois, de métal ou de tissu a toujours, même si elle peut changer, une forme donnée. C'est donc au sein même du monde, des choses, des réalités sensibles que se trouvent les idées-formes, sans qu'on ait besoin de supposer, comme le faisait Platon, un autre monde où elles résident.

## Cultiver la rigueur relative

On peut en déduire que la vérité, pour Aristote, est rarement séparée des données concrètes. Elle ne plane pas au-dessus du monde réel ni derrière lui. Elle s'y trouve. On doit s'appliquer à la dégager peu à peu, à force d'observations et de réflexions. Cela explique un autre trait essentiel de la pensée d'Aristote, qu'on peut appeler la rigueur relative. Il accepte en effet la certitude approchée, à défaut de l'exactitude absolue. Ce qui l'intéresse, dans bien des domaines, ce sont les tendances, les fréquences, les règles qui se vérifient le plus souvent, mais n'excluent pas d'éventuelles exceptions. C'est le cas en physique, où notre monde ne relève à ses yeux que de connaissances approchées. Dans le monde céleste, les mouvements sont parfaits, les trajectoires immuables, les parcours calculables avec exactitude. Dans le monde que nous habitons, celui qui se trouve « sous la lune » (et qu'on dénomme pour cette raison « sublunaire »), on ne peut dégager que des faits fréquents, les phénomènes qui se produisent le plus souvent. Mais il ne saurait y avoir de certitude mathématique : une anomalie est toujours envisageable.

Il en va de même en biologie, où les écarts à la norme sont innombrables, depuis la particularité accidentelle jusqu'à la déformation monstrueuse. Si Aristote définit l'âme, de manière très intéressante, comme la « forme du corps » – ce qui maintient l'unité de l'organisme au fil de sa croissance –, il n'oublie jamais que des fluctuations sont possibles, que des variations surgissent continûment. La politique, elle non plus, n'échappe pas à ces formes d'ajustement progressif. Nulle part Aristote n'édicte de constitution idéale, de loi détaillée à respecter méticuleusement en tous temps et en tous lieux. Il demeure au contraire conscient des innombrables adaptations des principes aux circonstances et aux variations locales. Il insiste sur la part de flou de la loi et sur la nécessité d'adapter à chaque cas concret la directive générale.

Ce bâtisseur est donc assez réaliste, assez subtil et attentif, pour avoir saisi que tout ne peut être organisé dans les moindres détails. Malgré tout, cette marge d'incertitude ne compromet pas le résultat. Car ce qui compte, ce sont les lignes directrices. Elles suffisent pour indiquer ce qui doit être créé pour chaque cas particulier, selon les circonstances. Cette rigueur souple, intégrant la part du relatif sans perdre pour autant la règle, vaut encore pour la rhétorique. Le vraisemblable n'est pas de l'ordre de la vérité mathématique. Il subit des fluctuations, s'expose aux changements et aux contestations. Il repose malgré tout sur un noyau central, un espace où se discerne clairement ce qui est exclu et ce qui est admissible.

Le plus étonnant est finalement que ce principe central de rigueur relative se retrouve aussi, avec Aristote, dans l'éthique. Or, au cœur de l'*Éthique à Nicomaque*, toute l'existence humaine est mise en jeu. Encore faut-il comprendre en quel sens et de quelle manière, ce qui n'est pas toujours simple. Car ce que nous appelons aujourd'hui « éthique » a finalement peu de place dans ce traité, où il est relativement peu question de morale ou de règles à suivre. *Ethos*, en grec ancien, désigne d'abord une façon de se comporter, un genre de vie. En termes bruts, la question devient : que faire de sa vie ? Comment agir pour qu'elle ait le sens et la portée les plus pleins ?

La tâche d'Aristote consiste donc à mettre en lumière le genre de vie convenant le mieux à l'être humain. Cette question, somme toute, est étrange. Il n'est pas sûr qu'elle sonne encore, à nos oreilles, de manière immédiate. Car nous croyons toujours savoir, plus ou moins, en quoi le bonheur peut consister, dans quel registre il doit se situer. Or c'est précisément cela qu'Aristote invite à reconsidérer, en cherchant quelle est la forme d'activité la plus haute et la plus capable de donner sens à notre vie. Est-ce une affaire de plaisir ? D'honneurs ? De richesse ? La vertu peut-elle suffire pour être pleinement heureux ? Comment la raison et son exercice au sein de l'activité philosophique peuvent-ils nous permettre d'accéder à ce bien suprême que constitue une vie humaine réussie ?

Aristote, dans ses réponses, fait preuve d'une pondération tout à fait rare. Souvent, on lui fait dire, de manière caricaturale, que seul le sage peut être heureux ou que seule la vie savante convient à un animal doué de raison. En suivant pas à pas sa réflexion, on découvre plutôt un penseur attentif aux aléas de l'existence, sensible aux circonstances, soucieux des contingences, dépourvu du rigorisme qu'on lui attribue fréquemment.

Le bonheur suprême, pour Aristote, est bien de se consacrer au savoir, mais il n'oublie ni la force de l'amitié ni les joies de la famille. Il sait encore que le sage, pour être heureux, a besoin non seulement de la vertu mais de la santé, d'une certaine aisance et de quelque considération sociale. Voilà ce qui le rend, à tout jamais, bien plus proche de chacun d'entre nous que tous les héros d'une sagesse si pure qu'elle en devient surhumaine, ou inhumaine.

Rien de plus étranger à sa pensée que le rigorisme d'une pure loi morale indépendante des plaisirs, des motivations personnelles, des relations humaines concrètes. Là aussi, peut-être là surtout, il se révèle un grand maître d'équilibre. Plutôt que d'imposer à toute force une norme unique, il envisage qu'une part de vérité soit contenue dans les pratiques et les aspirations les plus diverses.

Somme toute, ce qui fait la force d'Aristote, sa grandeur et son humanité, c'est sa confiance en un ordre du monde que notre esprit à la fois rencontre et construit, découvre et invente. Dans l'étrangeté infinie des circonstances, il s'emploie à dégager ce qui les organise. Il est attentif à tout ce qui permet de discerner les causes et de comprendre les processus. Mais il tente aussi, selon ses moyens, de ne pas faire entrer la diversité terrestre et humaine dans un cadre préétabli. Voilà en quoi il nous parle encore de notre avenir. Car au temps des programmes, des prévisions, des certitudes, des gestions et des contrôles, il rappelle que les connaissances, comme les actes, doivent conserver une certaine latitude. Un espace libre. Un jeu.

*D'Aristote, que lire en premier ?*

On peut commencer par l'*Éthique à Nicomaque* dans la mesure où cet ouvrage pose la question du mode de vie qu'il convient de mener, et souligne de manière concrète les choix possibles, avant de montrer l'excellence du mode de vie contemplatif, ce qui revient à faire de l'activité intellectuelle, en particulier philosophique, le modèle convenant le mieux à la nature humaine.

*Sur Aristote, que lire pour aller plus loin ?*

Félix Ravaisson, *Essai sur la « Métaphysique » d'Aristote* (1837, 1845) rééd. Paris, Cerf, 2007.

Joseph Moreau, *Aristote et son école*, Paris, PUF, 1962.

Pierre Aubenque, *Le Problème de l'être chez Aristote*, Paris, PUF, 1962, 1966, 2005.

Pierre Aubenque, *La Prudence chez Aristote*, Paris, PUF, 1963, 2004.

Pierre-Marie Morel, *Aristote. Une philosophie de l'activité*, Paris, GF-Flammarion, 2003.

☞ *La vérité, pour Aristote, ne réside pas dans un monde à part, mais dans les formes même des choses matérielles, dans leurs relations avec nos pensées.*
*Dans les affaires humaines, qu'il s'agisse de justice, de politique ou de bonheur individuel, il faut admettre des tâtonnements, des approximations, des certitudes relatives exposées à des transformations aléatoires.*

☞ *Et s'il fallait concevoir la vérité encore autrement ?*

*Envisager par exemple qu'il n'y ait que de la matière, des atomes et du vide ?*

*Considérer que notre bonheur ne peut s'ancrer que dans les plaisirs de notre corps ?*

*C'est ce que fait Épicure, et plus tard son disciple Lucrèce.*

• NOM : LUCRÈCE

• LIEUX ET MILIEUX
Rome à la fin de la République.

• 2 DATES
**93** avant notre ère : Naît en Italie.
**Vers 50** avant notre ère : Meurt en Italie.
On ne sait pratiquement rien de la vie de
Lucrèce.

• SA CONCEPTION DE LA VÉRITÉ
La vérité pour Lucrèce :
repose sur l'existence des corps, qui sont des assemblages d'atomes,
fait s'évanouir les croyances superstitieuses des religions,
apaise la « tempête de l'âme »,
nous permet de vivre heureux.

• UNE PHRASE CLÉ
« Tout regarder, l'esprit paisible. »

• SA PLACE DANS L'HISTOIRE DE LA PHILOSOPHIE
Le courant épicurien a rencontré la plupart du temps l'hostilité. Plutôt mal vu des Grecs classiques, qui trouvaient immoral le mode de
vie d'Épicure, il a rencontré plus de succès chez les Romains, bien
que son rejet de toute obligation religieuse ait heurté la plupart.
Après l'avènement du christianisme, les disciples d'Épicure passent
pour diaboliques et sont maudits. Ce sont les libertins de l'Âge classique et du siècle des Lumières qui vont remettre Lucrèce à l'honneur.

## 3

## Où Épicure et Lucrèce font savoir que la vérité met le bonheur à notre portée

Le bonheur est à notre portée. Ce n'est pas un objectif inaccessible. Chaque être humain peut y accéder. Il lui suffira de se défaire des craintes inutiles, des idées fausses, des erreurs et des égarements qui sont habituellement les nôtres. Pour y parvenir, la philosophie constitue le moyen principal. Elle représente le remède par excellence des pathologies de l'existence. Correctement appliqué, ce remède doit nous permettre de vivre durablement de manière simple et heureuse. Telle est la leçon fondamentale d'Épicure, philosophe qui a vécu à Athènes dans la seconde partie du IV$^e$ siècle avant notre ère et dont Lucrèce, à Rome, est le principal disciple.

Lucrèce expose, de façon grandiose, le système de la philosophie épicurienne. Son exposé est précieux, d'abord parce qu'il est plus chaleureux, vibrant, poétique et même visionnaire que ne le sont les textes d'Épicure, qui demeurent peu nombreux, concis, laconiques, souvent un peu austères et secs. Cet exposé est important également parce que Lucrèce nous transmet des pans entiers de la doctrine, en particulier concernant les atomes et l'organisation du monde, qui nous sont mal connus par d'autres sources, les œuvres d'Épicure dont il s'est inspiré étant perdues.

Enfin, la grande particularité de l'œuvre de Lucrèce
– *De la nature*, en latin *De rerum natura,* mot à mot,
« De la nature des choses » : son objet est de dire en
quoi consiste le réel – est d'être un poème philosophique rédigé en latin. Un poème philosophique, voilà
qui est inhabituel. Et le fait qu'il soit écrit en latin pose
aussi la question de la transposition de la pensée et des
termes grecs dans la langue de Cicéron et de César,
contemporains de Lucrèce.

## Un homme inconnu mais présent

Qui était-il ? On n'a presque aucun élément de
réponse. On ne sait pas exactement où il est né ni
comment il a vécu. Les renseignements biographiques
que l'on possède sur Lucrèce sont extrêmement minces
et incertains. Ce que nous savons de sa vie, a-t-on souligné, n'est qu'un « monceau d'incertitudes ». C'est
encore trop dire. Car nous n'avons, en fait, qu'un très
petit ensemble de points d'interrogation. Tout ce que
nous possédons comme indices provient de quelques
mots de saint Jérôme, qui signale que serait né, en 95 ou
93 avant notre ère, le poète Lucrèce, dont Cicéron aurait
corrigé les textes et qui serait mort fou après avoir bu un
philtre d'amour…
Chacun de ces indices est fortement sujet à caution.
On ne sait pas si effectivement Cicéron, qui mentionne
une seule fois le poète dans sa correspondance, s'est véritablement intéressé à son œuvre. Il est possible qu'il ait
édité le poème de Lucrèce en raison de ses qualités littéraires, bien que la doctrine que cet auteur défend soit
complètement à l'opposé des convictions philosophiques
de Cicéron. Il est peu vraisemblable que le philosophe
ait jamais bu un philtre d'amour, et sa mort, peut-être

prématurée (son poème paraît, par endroits, inachevé),
ne semble pas due à la folie. En revanche, il est plausible
que les chrétiens, hostiles à son matérialisme, choqués
par ses attaques contre la religion, aient voulu discréditer
sa mémoire à défaut de pouvoir empêcher la diffusion
de son œuvre.

Malgré tout, la présence de cet homme dont on ne
sait rien est bien réelle : elle est perceptible tout au long
de son œuvre. Dans ses vers, on rencontre effectivement
un homme, tour à tour enthousiaste de la doctrine de
son maître Épicure, anxieux de la violence du monde
humain, et parfois de celle de la nature, un homme ironique qui combat, avec une vigoureuse ardeur, la superstition, l'ignorance, le fanatisme et les erreurs populaires.
C'est une âme de philosophe que l'on perçoit au fil des
vers de Lucrèce, dont le génie littéraire et poétique est
incontestable. Grand écrivain, grande voix, ce visionnaire
n'est pourtant pas créateur de la pensée qu'il défend si
bien.

Lucrèce se situe en effet dans la transmission de la
philosophie plutôt que dans sa production. Convaincu,
persuadé, nourri par la pensée d'Épicure, il n'est pas
l'auteur du système qu'il expose. Voilà qui détermine
une posture singulière. Au sein de la littérature latine,
sa position est également particulière : il prolonge les
poèmes didactiques des anciens Romains, comme Ennius,
mais il apporte un élément radicalement nouveau par
son attaque des superstitions. Aux yeux d'hommes aussi
attachés à la religion civique que l'étaient les Romains,
voilà un signe d'extrême dissidence. Mais cette lutte
antireligieuse constitue le cœur de la doctrine d'Épicure,
dont Lucrèce expose magnifiquement les lignes de force.

*Vers la paix de l'âme*

Le noyau de la doctrine épicurienne se présente comme un remède contre l'égarement, la détresse et le malheur que les hommes se préparent à eux-mêmes par ignorance. Une fois écartés ces maux inutiles, le bonheur nous attend. La médication épicurienne comprend deux versants : ce qu'il faut éliminer, ce qu'il faut rechercher. Sont à éliminer deux craintes majeures : celle des dieux, celle de la mort. Sont à rechercher le plaisir, conçu avant tout comme une absence de douleur, et le calme de la vie protégée dans une communauté d'amis.

Deux craintes majeures empoisonnent donc la vie des humains : celle des dieux et celle de la mort. Chacune de ces erreurs doit être dissipée par cette connaissance juste de la réalité que représente la philosophie. Une telle connaissance est matérialiste : il n'y a dans le monde, pour Épicure comme pour Lucrèce, que de la matière. Celle-ci est composée d'atomes qui s'agrègent, se combinent ou bien se détachent les uns des autres. Ces atomes, incréés, sont séparés par le vide et flottent dans le vide. Il n'existe donc que des atomes et du vide – rien qui ressemble, en aucune façon, à un esprit ou à une âme immortelle. Voilà le cadre premier dans lequel s'inscrit la pensée épicurienne, profondément liée à une théorie physique.

Et pourtant, il existe des dieux dans le monde selon Épicure ! Ces dieux sont parfois visibles par les hommes. Ils ont des corps plus subtils et plus durables que les nôtres, car ce sont des assemblages parfaits d'atomes, mais en aucun cas ils n'ont créé le monde. Surtout, ils ne portent aucun jugement sur les hommes, n'attendent rien de l'humanité qui, de son côté, ne leur doit aucun sacrifice ni aucun culte. Ces dieux n'éprouvent aucune souffrance, aucun manque. Ce sont, en quelque sorte, des bienheureux. Mais, entre les hommes et eux, c'est chacun chez soi. Aucun lien. Aucune attente.

L'idée d'une volonté des dieux concernant les humains est absurde. La croyance selon laquelle les dieux auraient créé ce monde est également une absurdité : ils constituent, en fait, une partie de ce monde ! Du coup, toutes les craintes liées à des châtiments divins sont vaines. On peut refuser l'ensemble des rituels et des sacrifices, laisser cette piété vétilleuse des Romains que bien d'autres religions connaissent aussi.

Dans la parole poétique de Lucrèce, la ferveur antireligieuse est plus vive que chez Épicure. Pour Lucrèce, la religion est véritablement une monstruosité. Les pratiques religieuses sont liées à des superstitions noires, et l'ensemble des idées qui portent les hommes à de telles croyances constitue un égarement profond et une source majeure de leurs malheurs. La première chose à faire est donc de se défaire de cette erreur. Il n'y a rien à craindre des dieux, car ils ne se préoccupent en aucune manière de nos décisions ni de notre sort.

L'autre grande crainte humaine concerne la mort. Or, cette crainte aussi est sans objet. Elle surgit parce que les êtres humains sont les seuls, parmi toutes les espèces vivantes, à avoir une claire conscience de leur finitude, les seuls à savoir, de leur vivant, qu'ils sont inéluctablement voués à disparaître. Du coup, cette destinée inconnue leur occasionne d'immenses terreurs. Elle ne cesse de les mener vers des actions fausses et des angoisses qui se révèlent, à l'examen, tout à fait inutiles.

En réalité – c'est un des grands enseignements d'Épicure que reprend Lucrèce –, la mort n'est rien. Elle n'est que la séparation de cet assemblage d'atomes que nous sommes. Ces atomes existaient avant nous, ils existeront après nous. L'assemblage est temporaire et, avec lui, nous disparaîtrons entièrement. Il n'y a aucune forme d'immortalité, de survie. Mais comme il n'y a aucune forme de conscience dans cette dissolution, il n'y a rien non plus qui doive susciter la crainte. Il n'est pas plus effrayant d'être mort que de n'être pas encore né. Nous n'avons de cet état, par définition, aucune sensation, puisqu'il n'y a de sensation que pour des êtres vivants et non pour des êtres qui ne vivent plus.

Ainsi, faute de quoi que ce soit qui puisse être ressenti, la mort est véritablement un « rien » et il n'y a aucun motif d'avoir peur de ce qui n'est pas. De cette façon, l'argumentation épicurienne prétend véritablement dissoudre la crainte majeure qui était celle de la mort. Finalement, il n'y a plus rien à redouter : les dieux sont chez eux et les morts sans possibilité de sentir ni de penser quoi que ce soit. Délivrés des terreurs, nous pouvons chercher la joie.

## Le corps en paix, et des amis

Les deux choses à rechercher sont alors l'apaisement, l'absence complète de troubles et la communauté des amis. Si l'on veut atteindre le bonheur, il faut mettre au cœur de son existence le plaisir – plaisir physique. La vérité est avant tout corporelle. Le bien, c'est le plaisir. Et le mal, la douleur. Épicure, et Lucrèce à sa suite, ancrent dans nos sensations le bien et le mal, refusant l'idée que l'on doive souffrir au nom du bien, ou qu'il serait mal de jouir.

Et pourtant, on se trompe lourdement quand on imagine la vie selon Épicure comme une course effrénée vers les jouissances. Au contraire, alors qu'Aristippe était un philosophe du plaisir « en mouvement » et préconisait la recherche des jouissances, Épicure et Lucrèce conçoivent le plaisir comme un état où l'on est « en repos ».

Qu'est-ce que cela signifie ? À leurs yeux, le bonheur humain le plus complet, c'est par exemple d'avoir mangé alors qu'on avait faim, d'avoir dormi alors qu'on était fatigué, d'avoir fait l'amour alors qu'on était dans la tension du désir. L'idée centrale est que le plaisir est absence de douleur, de trouble physique et psychique. Là est le bonheur : l'absence de tension, non la jouissance. Ce bonheur calme, celui de la satiété, du besoin physique satisfait et non de la course éperdue vers de nouvelles jouissances, repose sur l'idée que le seul fait de se sentir vivre constitue le bonheur.

Voilà pourquoi il y a quelque chose d'austère dans cette vision. Car ce qui peut combler la faim, c'est un morceau de pain. La soif peut être étanchée par de l'eau. La clé de la sagesse épicurienne consiste en réalité à comprendre que nous pouvons être heureux si nos désirs, au lieu d'être illimités, se ramènent à la dimension restreinte des besoins de notre corps. Puisque les besoins de notre corps sont limités, si nous n'entrons pas dans l'illimité du désir, la recherche infinie de nouvelles sensations et de nouveaux luxes, alors le bonheur est véritablement à portée de main.

Bien évidemment, il existe malgré tout une arithmétique du plaisir, un calcul des douleurs et des peines. Ce n'est pas le plaisir pour lui-même qui doit être systématiquement recherché. Je vais écarter certains plaisirs, ceux qui se paieraient par des douleurs à venir. Inversement, je peux parfois rechercher une douleur, chez le dentiste ou chez le chirurgien, non par goût de souffrir, mais parce que ce désagrément temporaire m'évitera d'autres désagréments et participera, finalement, à mon bien-être à venir.

Dans cette recherche du calme, de la simple présence physique paisible, dans ce refus du trouble, du chaos, des violences internes ou externes, se dessine également une esquive des conflits politiques et des affrontements de la scène collective. La pensée d'Épicure correspond, de ce point de vue, à une forme de clôture sur de petites communautés d'amis qui se préservent des bruits du monde et s'organisent pour tenter d'échapper à ce déluge de feu et de déraison que constitue l'histoire.

Il y a des aspects plus paradoxaux encore dans l'œuvre de Lucrèce : la recherche de la paix intérieure et de la sérénité ne conduit pas seulement à écarter les tensions, la démesure, les ambitions obsessionnelles, mais également l'amour lui-même en tant que passion vaine, conflictuelle, dévorante et, en son fond, violente et vouée à l'insatisfaction. Quand l'œuvre de Lucrèce sera de nouveau diffusée, au cours du XVIIIe siècle, par les courants libertins, cette méfiance envers le sentiment amoureux connaîtra un nouvel essor.

Un paradoxe encore est au cœur de la théorie des atomes. Comment se crée le monde ? Au commencement était une grande pluie verticale d'atomes dans le vide. En s'entrechoquant, les atomes se combinent, s'accrochent, les uns étant crochus, les autres lisses, et parviennent à s'agréger les uns aux autres pour dessiner, finalement, toutes les formes du monde. La difficulté est évidemment de comprendre comment, en l'absence de toute volonté créatrice, on passe d'une pluie verticale, où les atomes n'ont jamais la moindre raison de dévier de leur trajectoire ni de se rencontrer, à ces entrechoquements en série qui produisent le monde.

Il faut imaginer une variation minuscule, une très légère déviation, une déclinaison, comme on dit, qui, en grec, se nomme le *clinamen*. Lucrèce en fait l'origine du monde. Ce n'est évidemment – on l'a fait très souvent remarquer – qu'une manière de déplacer la difficulté, car ce tout petit écart n'en reste pas moins énigmatique. Qu'est-ce qui fait que l'un des atomes s'écarte, ne fût-ce qu'un tout petit peu, de sa trajectoire ? Ce minuscule écart demeure un grand mystère.

« Regarder fixement l'Énigme », comme disait Victor Hugo, voilà ce que le poème de Lucrèce, rare exemple de chef-d'œuvre à la fois littéraire et philosophique, s'efforce de faire. Il tente de percer le secret des choses, par la réflexion comme par l'évocation poétique. Derrière l'apaisement accessible, derrière la paix de la raison, transparaît souvent son anxiété propre. La force et le charme de Lucrèce, c'est d'être toujours pris entre l'argumentation philosophique et une forme d'inquiétude plus nocturne qui hante sa manière de s'exprimer.

## De la nature

Son poème, en six chants, comprend pas moins de 7 415 vers. Pour nous parvenir, le texte a fait un voyage hasardeux à travers les siècles. Sans doute a-t-il été lu par les Romains qui étaient ses contemporains, César peut-être, Cicéron sûrement, mais aussi bien des lecteurs de Virgile, dont certains préféraient Lucrèce. Malgré tout, dans l'Antiquité même, une hostilité, peut-être une conspiration du silence, a entouré l'œuvre de Lucrèce. La raison en est évidente. La violence de ses attaques contre la religion, son athéisme souverain, son matérialisme intégral, tout comme la noirceur, par moments, de son regard n'ont rien qui convienne aux Romains, soucieux de rendre aux dieux les cultes qui leur sont dus, attentifs à chanter la douceur et la grandeur de l'amour, peu enclins à comprendre que volupté et sentiments doivent demeurer distincts.

Souvent mis à l'écart dans l'Antiquité, Lucrèce l'a été encore plus à partir du moment où le christianisme a triomphé. Sa manière de magnifier la nature, de refuser

la religion et de glorifier le corps paraît alors insup-
portable. C'est probablement pour cette raison que fut
inventée la rumeur de sa folie. Dans cette condamnation
générale, le livre faillit disparaître à tout jamais : un seul
exemplaire du poème aurait survécu au Moyen Âge !

C'est seulement en 1417 que le texte est édité pour
la première fois en Italie, avant d'être traduit en français en 1514. Viennent ensuite ceux qui vont populari-
ser Lucrèce. Montaigne, d'abord, qui le cite plus d'une
centaine de fois : l'auteur des *Essais* a véritablement fait
entrer Lucrèce dans la culture européenne moderne.
D'autre part, plus tard, les Encyclopédistes, et les athées
du XVIII siècle, auront presque tous un exemplaire de
Lucrèce dans la poche de leur habit. Au siècle des
Lumières, il devient le compagnon familier des libres-
penseurs.

Lucrèce demeure un penseur très singulier, qui mêle
réflexion philosophique et émotion poétique, optimisme
de fond et pessimisme de surface. Son objectif ? Une
expression simple et forte de la philosophie elle-même :
« Tout regarder, l'esprit paisible. »

*De Lucrèce, que lire en premier ?*

Dans le poème de Lucrèce, on peut commencer par le célèbre « Hymne à Vénus », Livre I, vers 1 à 62.

Pour une première lecture d'Épicure, la *Lettre à Ménécée* dit en quelques pages l'essentiel de la visée thérapeutique de cette philosophie.

*Sur Lucrèce, que lire pour aller plus loin ?*

Pierre-François MOREAU, *Lucrèce. L'âme*, Paris, PUF, 2002.

Jean SALEM, *La mort n'est rien pour nous. Lucrèce et l'éthique*, Paris, Vrin, 1990.

Marcel CONCHE, *Lucrèce et l'expérience*, Paris, Éditions de Mégare, 1990.

Michel SERRES, *La Naissance de la physique dans le texte de Lucrèce : fleuves et turbulences*, Paris, Éditions de Minuit, 1977.

André COMTE-SPONVILLE, *Le Miel et l'Absinthe*, Paris, Hermann, 2008.

☞ *La vérité pour Épicure et pour Lucrèce est affaire de corps, de matière, d'assemblage d'atomes. Le secret du bonheur, une fois dissoutes les craintes vaines, est une existence dépourvue de tensions et de troubles.*
*Cette vérité est à vivre, et pas seulement à penser.*

☞ *Et s'il suffisait, pour être heureux, de conserver la sérénité dans l'âme, de contrôler la volonté ?*
*Serait-il possible d'être heureux quelle que soit la situation du corps ?*
*La vérité se trouverait-elle dans la seule « forteresse de l'âme » ?*
*Voilà ce que vont se demander les Stoïciens.*

• **NOM : STOÏCIENS**
Ce nom leur vient du Portique – *Stoa*, en grec ancien – auprès duquel ils se réunissaient à Athènes.

• **LIEUX ET MILIEUX**
L'École naît au IVᵉ siècle avant notre ère avec Zénon, Cléanthe, Chrysippe. Mais elle se prolonge chez les Romains jusqu'au début de notre ère, avec Épictète, Sénèque et Marc Aurèle.

• **8 DATES**
**4** de notre ère : Naissance de Sénèque à Cordoue.
**49** de notre ère : Sénèque est précepteur de Néron.
Naissance d'Épictète en Phrygie.
**60-65** de notre ère : Sénèque rédige les *Lettres à Lucilius* et d'autres œuvres majeures.
**65** de notre ère : Sénèque met fin à ses jours sur l'ordre de Néron.
**89** de notre ère : Épictète se retire à Nicopolis, où il ouvre une école.
Vers **130** de notre ère : Mort d'Épictète.
**121** de notre ère : Naissance de Marc Aurèle.
**161-180** de notre ère : Marc Aurèle est empereur.
Il rédige les *Pensées pour soi-même*.
**180** : Marc Aurèle meurt dans la région de Vienne.

• **LEUR CONCEPTION DE LA VÉRITÉ**
La vérité pour les Stoïciens réside dans une vie conforme à la raison, qui elle-même est conforme à la nature ; permet la vie sage qui assure la sérénité de l'âme ; tient tout entière dans la volonté, quelle que soient les circonstances.

• **UNE PHRASE CLÉ**
« Partage des choses : ce qui dépend de nous, ce qui ne dépend pas de nous » (Épictète).

• **LEUR PLACE DANS L'HISTOIRE DE LA PHILOSOPHIE**
Le stoïcisme est l'une des écoles les plus durables et les plus importantes de la philosophie antique. En Grèce, il fut d'abord un système complet où se combinaient la logique, la physique et la psychologie pour déboucher sur une sagesse pratique. À Rome, par la suite, l'accent fut mis principalement sur la morale et le contrôle de soi. Réinterprétée par le christianisme, la pensée stoïcienne a exercé une immense influence jusqu'à nos jours, en particulier comme attitude morale face aux maux de l'existence.

## 4

### OÙ SÉNÈQUE ET MARC AURÈLE S'EXERCENT
### À METTRE EN PRATIQUE LES VÉRITÉS
### DU STOÏCISME

Aujourd'hui, quand nous parlons d'une école philosophique, nous avons en tête un groupe de personnes qui partagent les mêmes théories, mais pas nécessairement la même manière de vivre. Le fait d'avoir en commun des options théoriques, des concepts et des arguments n'implique nullement de se comporter, dans l'existence quotidienne, de manière identique. C'est évident, à nos yeux modernes. Parce que nous savons qu'on réfléchit d'une manière et qu'on vit d'une autre. Façons de penser et manières de vivre ne se superposent pas, en tout cas pas de façon nécessaire.

Dans l'Antiquité, il en va autrement. Les écoles philosophiques ne sont pas seulement des courants de pensée. Ce sont le plus souvent, au sens propre, des écoles, des lieux où l'on commente des textes, où des professeurs enseignent des théories. Avec une singularité : une fois les cours achevés, chacun ne reprend pas de son côté son existence quotidienne après avoir étudié un moment quelques conceptions purement théoriques. Au contraire, ceux qui appartiennent à une même école vivent ensemble et de la même manière. Grecs et Romains attendaient en effet de la philosophie autre chose que le seul partage des idées : une mutation de la vie.

Platon, le premier, avait fondé l'Académie, lieu de vie et lieu d'enseignement, communauté où les disciples résidaient selon des règles strictes. De son côté, Aristote, son élève puis son rival, avait fondé le Lycée qui, lui non plus, n'était pas destiné seulement aux commentaires de son œuvre et au développement des savoirs, mais à la transformation de soi-même. Plus nettement encore, Épicure, avec le groupe qu'il rassemble autour de lui dans sa propriété du Jardin, évoque pour nous un rassemblement d'amis décidant de partager un même mode de vie. Diogène et ses disciples reprennent avec fierté le surnom de « canins » qu'on leur a donné (« cyniques » signifie « ceux qui vivent comme des chiens ») pour rappeler qu'ils ne se soucient pas des convenances, des conventions, des préjugés sociaux. Ils professent en effet, par l'exemple, un retour réel à la nature, dorment à même le sol, s'accouplent en public et mangent tout ce qui traîne.

Les Stoïciens, à leur tour, ont formé des écoles qui sont autant destinées à la réflexion qu'à la conversion vers la sagesse. Savoir se détacher des plaisirs comme des maux, considérer comme indifférent tout ce qui n'est pas lié à la vertu, voilà à quoi eux vont s'entraîner, tandis que d'autres se concentrent au contraire sur les sensations corporelles. Mais tous s'entraînent. Quand Sénèque écrit à Lucilius, ou quand Épictète donne des conseils pratiques à ses auditeurs, ce n'est pas seulement pour les instruire sur des points de doctrine. C'est toujours pour les accompagner dans un travail répété de modification de toute l'existence.

La première chose à garder en tête en parlant des écoles philosophiques de l'Antiquité est donc qu'elles ne se limitent pas à une activité théorique, conceptuelle et intellectuelle. Elles conservent continûment une visée pratique, une volonté de transformer le caractère autant

que la réflexion. Quelles que soient leurs différences,
leur but commun consiste à vouloir assurer le bonheur
par une transformation conjointe de la pensée et de la
manière de vivre. Il ne s'agit jamais de pure spéculation
mais toujours d'une patiente, lente et régulière métamorphose vers la sagesse.

## Un entraînement quotidien

Certes, ce travail repose toujours sur une analyse
intellectuelle, sur la vision claire de points de doctrine
aperçus par la raison. Pour entrer dans la pratique, la
compréhension doit ensuite s'accompagner d'un véritable entraînement quotidien. Il se désigne, en grec, par
le mot « aïskèsis ». Ce terme a donné en français « ascèse »,
mais il ne signifie pas forcément, dans l'Antiquité, une
pratique austère. Dans notre vocabulaire, l'ascèse évoque
le fait de se dépouiller de nombre d'agréments, que
l'on délaisse par souci de se mortifier. Il vaut mieux
entendre, dans le terme grec « aïskèsis », l'idée d'exercice.
Exercice spirituel ou exercice tout court, entraînement.
L'aïskèsis est un entraînement quotidien pour se modifier, transformer son existence, ne plus être soumis à des
variations d'émotion, ne plus être entraîné par des désirs
débridés.

Le but est de « calmer la tempête de l'âme ». Les
diverses écoles philosophiques sont toutes habitées par
une même volonté d'aller vers plus de sérénité, vers
l'absence de trouble, vers la permanence de l'équilibre
interne. Mais il existe, évidemment, des distinctions
majeures dans les voies préconisées. Chez Épicure, tout
est centré sur le corps, sur les limites des plaisirs simples
liés à la satisfaction immédiate de nos besoins. Chez les
Stoïciens, il va s'agir au contraire essentiellement de

l'âme. Être heureux, à leurs yeux, c'est d'abord et avant tout être parvenu à s'installer dans ce que Marc Aurèle appelle la « forteresse de l'âme ».

Une fois établi là où l'on est véritablement souverain, une fois opéré le partage entre ce qui est « en notre pouvoir » (notre volonté) et ce qui ne l'est pas (toutes les choses du monde, y compris notre propre corps), il devient possible d'échapper aux fluctuations des événements et des émotions. Telle est, pour l'essentiel, la règle centrale suivie par les Stoïciens. Du moins pour la partie la mieux connue, et la plus visible, de la longue histoire du stoïcisme.

Car la particularité de cette école est d'avoir évolué au long de plusieurs siècles. Ces transformations du stoïcisme sont reconstituées par les chercheurs à partir de témoignages et d'indices multiples. Elles ne sont pas directement connues avec exactitude, car la plupart des très nombreuses œuvres des Stoïciens grecs et latins sont aujourd'hui perdues. Le nom même de cette école a été forgé par le hasard. *Stoa*, en grec ancien, signifie « portique ». C'est parce que les premiers disciples, groupés autour du fondateur de l'école, Zénon, se réunissaient à Athènes, sur l'Agora, à un endroit appelé le « Portique peint », « *Stoa poïkilè* », que leur fut attribué ce nom de « Stoïciens », c'est-à-dire les « gens du Portique ». L'une des particularités historiques de cette école est d'avoir connu un premier développement grec et un second développement romain.

## D'Athènes à Rome

Le premier corps de doctrine du stoïcisme s'est constitué à partir des années 300 avant notre ère, après l'arrivée à Athènes de Zénon. Avant de fonder son propre

courant, Zénon fut d'abord un des disciples principaux
des philosophes cyniques, Diogène de Sinope et Cratès
de Thèbes, qui étaient parmi les plus radicaux et les
plus provocants. Il s'est ensuite détaché d'eux pour développer un enseignement différent, donnant naissance à
la lignée des Stoïciens.

L'école se perfectionnera durant plusieurs générations
avec pour maîtres successifs Cléanthe, disciple de Zénon,
et surtout Chrysippe, qui a donné leur puissance théorique aux élaborations de départ. Des très nombreux
ouvrages de ces philosophes, il ne nous reste que peu
de fragments, des bribes seulement en comparaison de
l'abondance de leur production. Chrysippe, qui écrivait
encore, dit-on, jusqu'à cinq cents lignes par jour à un
âge avancé, aurait laissé plus de sept cents rouleaux de
commentaires et de traités de philosophie.

Même si les experts sont en désaccord sur bien des
points de détail, tous reconnaissent que la philosophie,
pour les premiers Stoïciens grecs, se divisait en trois parties : logique, physique, éthique. La logique est l'outil
premier permettant d'examiner nos représentations, leurs
relations avec l'existence du langage et de la raison. C'est
par elle que nous pouvons savoir de quelle manière
connaître le monde et aborder l'examen de nos décisions. La physique donne le moyen de comprendre
comment l'organisme et la vie humaine s'intègrent dans
le tout constitué par la nature. L'éthique met en lumière
les règles de l'action et les comportements à suivre pour
être vertueux, donc heureux, car pour les Stoïciens c'est
tout un : la vertu suffit au bonheur.

Bien, vertu et bonheur sont en effet une seule et
même chose dans cette éthique de la fermeté de l'âme.
Bien agir, se comporter de manière sage et vertueuse,
c'est pour les Stoïciens agir « selon la nature », en grec
*kata* (selon) *phusin* (nature). Rien d'autre ne saurait

garantir que nous soyons heureux. Car le bien n'est pas extérieur à notre existence. La vertu ne réside pas dans la conformité à une règle abstraite et extérieure au monde. Elle consiste à faire ce qui correspond à la nature profonde de l'homme, qui est de vivre selon la raison, puisque la raison constitue sa nature propre.

Le noyau central de la pensée stoïcienne, chez les premiers philosophes de l'école, affirme donc qu'il n'existe pas de rupture ni de solution de continuité entre, d'une part, la vie naturelle, animale, physique et, d'autre part, la vertu. Nous autres humains, lorsque nous vivons pleinement selon la nature qui nous est propre, nous agissons bien et nous sommes, de ce fait, heureux. Reste à savoir ce que « vivre selon la nature » signifie. Cela n'a rien à voir avec le désordre ni avec la bestialité. Il s'agit d'être conformes à ce que nous sommes et de remplir correctement le rôle que l'ordre de l'univers nous a assigné. Ce dernier point sera particulièrement développé par le stoïcisme romain.

Le stoïcisme va en effet se développer à Rome, plus de trois cents ans après sa fondation à Athènes. Pendant trois nouveaux siècles, des Latins, en particulier des aristocrates ou des empereurs, ont prolongé, en modifiant pour une part ses accentuations initiales, la pensée du stoïcisme.

Car, de la Grèce à Rome, on passe évidemment de la langue grecque à la langue latine, qui n'a pas les mêmes manières de s'exprimer et de voir le monde ; on passe aussi des petites cités athéniennes à ce vaste empire où se croisent les langues, les nationalités et les peuples les plus divers. La vie à Rome se poursuit dans un climat politique troublé. Despotisme, tyrannie et arbitraire se développent. Tout le monde est exposé à la violence imprévisible de l'empereur. Du jour au lendemain, les fortunes peuvent être confisquées, les familles démantelées.

Ni la carrière ni l'intégrité physique ne sont plus assurées.

Dans cette inquiétude générale, le stoïcisme acquiert une place centrale. Le repli sur soi qu'il garantit, le retour vers la forteresse intérieure qu'il préconise conviennent à merveille à une époque faite d'insécurité et de hasard. Dans le stoïcisme romain, la logique passe au second plan, la physique est conservée, mais seulement comme cadre général. L'éthique, reconsidérée, vient au premier plan. Elle s'organise autour de l'idéal du sage.

Le sage est ici l'homme qui est parvenu à saisir entièrement le fonctionnement de la nature et de sa propre existence. Il n'existe pas d'état intermédiaire entre l'homme normal – livré aux émotions, aux angoisses inutiles, ballotté dans tous les sens par ses fausses représentations – et le sage qui demeure, lui, inébranlable à jamais. Chez les premiers penseurs de cette école, il n'existe même pas de degrés vers la sagesse. On ne peut être « à moitié sage » ou « en voie vers la sagesse ». On est ou bien un « insensé », c'est-à-dire un homme du commun, ou bien un sage.

La métaphore qui évoque le mieux ce refus des gradations est celle de la tête sous l'eau. Chacun, de ce point de vue, aura ou non la tête sous l'eau. Même si l'on est proche de la surface, tant qu'on n'est pas à l'air, on se trouve immergé. De même, tant qu'on n'est pas sage, on est insensé. Cette séparation complète entre le sage et les autres va plus ou moins s'estomper dans le stoïcisme romain. Le sage y incarnera toujours la perfection à atteindre, mais l'accent sera mis sur le cheminement vers cet état idéal, sur les exercices qui ponctuent le trajet, sur la nécessité de mettre en pratique, au jour le jour, les conséquences concrètes de la doctrine.

*Se défaire des illusions*

Voilà qui reste valable qu'on soit riche ou pauvre, puissant ou misérable. Car le stoïcisme, à Rome, s'adresse à des maîtres aussi bien qu'à des esclaves, à des dignitaires autant qu'à de simples citoyens. Sénèque fut l'un des grands personnages de l'Empire : précepteur de l'empereur Néron, il était à la tête d'une fortune considérable. Épictète, lui, était un ancien esclave qui finit par tenir un petit cours de philosophie en vivant de peu. Marc Aurèle fut empereur et tenta de remplir sa fonction en philosophe : il ne gouvernait pas par goût du pouvoir, mais parce que la raison lui conseillait d'être à sa place et de tenir son rôle. Chacun en effet doit faire ce qui lui revient, comme un musicien, dans l'orchestre, joue sa partition.

L'accent mis désormais sur l'éthique s'appuie principalement, chez Épictète, sur la distinction fondamentale entre « ce qui dépend de nous » et « ce qui n'en dépend pas ». Déjà présente dans l'ancien stoïcisme, cette distinction occupe ici une place décisive. Pour apercevoir de quoi il s'agit, imaginons que je doive prendre un bateau pour faire un long voyage. Qu'est-ce qui dépend de moi ? Choisir la meilleure compagnie, vérifier éventuellement que le navire est en bon état, préférer la saison où il n'y a pas trop de tempêtes. Bref, je peux tenir compte d'une série d'indices qui assureront ma sécurité.

Si, une fois en mer, le vent se lève, les vagues emportent le navire, la plus terrible des tempêtes met mon existence en péril, qu'est-ce qui dépend de moi ? Calmer la tempête ? Sûrement pas. Conduire le bateau, malgré tout, à bon port ? Non plus. La seule chose qui soit en mon pouvoir, c'est de contrôler mon esprit, de maîtriser ma volonté, de comprendre que je ne peux rien, sauf m'employer, ici et maintenant, à calmer la tempête de mon propre esprit.

Voilà probablement l'illustration la plus simple de cette division majeure que suggère Épictète entre « ce qui dépend de moi » et « ce qui n'en dépend pas ». Finalement, ne dépend de moi que ma volonté, le contrôle de mon esprit. Ne dépend pas de moi... tout le reste ! Les circonstances extérieures – le fait que je sois malade ou bien portant, que je sois riche ou soudainement ruiné, que je sois calomnié ou glorifié – peuvent varier. L'essentiel est que moi, je ne varie pas en fonction de ces circonstances, que je sache, malade ou non, emprisonné ou pas, maître ou esclave, tenir le contrôle de mes pensées et de mes décisions. Tel est le noyau de la doctrine stoïcienne. Telle est la vertu, qui assure au sage stoïcien une permanente tranquillité d'âme.

Sénèque, Épictète et Marc Aurèle ont en commun une dernière particularité : ces grandes figures du stoïcisme romain sont de grands stylistes, des écrivains hors pair. Chacun a son visage, son caractère, son écriture propre, mais tous les trois ont en commun la concision des formules, la force de l'expression, la beauté et souvent l'émotion de l'écriture. Chacun cultive une forme d'excellence dans l'art de ramasser sa pensée, de faire saisir une idée par un exemple frappant. Avec toujours le même but : exhorter le lecteur et s'exhorter soi-même à s'améliorer encore, à garder le cap de la sagesse et l'entraînement vers la sérénité.

C'est sans doute pourquoi, de toutes les écoles de l'Antiquité, le stoïcisme est demeuré, à travers les siècles, la pensée la plus vivante. On peut lire, aujourd'hui encore, Sénèque, Épictète et Marc Aurèle avec le plus grand profit. Nous ne portons plus de toge, nous ne vivons plus dans un monde où la force physique humaine assure les transports ou l'industrie. Nous continuons malgré tout à entendre la pertinence de cette sagesse pratique, quotidienne, à la fois austère et puissante.

*Des Stoïciens, que lire en premier ?*

Le *Manuel* d'Épictète, rédigé par son disciple Flavius
Arrien, *La Vie heureuse* de Sénèque, les *Pensées pour
moi-même* de Marc Aurèle sont des commencements
indispensables.

*Sur les Stoïciens, que lire pour aller plus loin ?*

Pierre Grimal, *Sénèque ou la conscience de l'empire*,
Paris, Les Belles Lettres, 1978 ; Fayard, 1991.

Pierre Hadot, *La Citadelle intérieure. Introduction aux
pensées de Marc Aurèle*, Paris, Fayard, 1992.

Thomas Bénatouïl, *Faire usage ; la pratique du stoïcisme.* Paris, Vrin, 2006.

Jean-Baptiste Gourinat, *Le Stoïcisme*, Paris, PUF,
« Que sais-je ? » n° 770, 2007.

☞ *La singularité des Stoïciens est de fonder sur la nature une éthique de la vertu.*
*À leurs yeux, vivre sous la conduite de la raison, décider conformément au vrai et au bien, accorder une absolue priorité à la volonté en toutes circonstances, c'est vivre conformément à ce qu'est notre nature d'être rationnel.*

☞ *Cette primauté de la vie intérieure sur les événements et les hasards ne serait-elle pas le signe que Dieu nous laisse libres de suivre ses commandements et de faire notre salut ?*
*Les chrétiens vont bientôt poser de telles questions. Mais pour qu'ils puissent seulement formuler des interrogations de ce genre, il faudra que toute la perspective de la vérité se soit modifiée.*

# Deuxième partie
## VÉRITÉS INTÉRIEURES

*Où l'on découvre que la vérité
est à chercher, aussi, au-dedans de soi*

S i cette histoire de la philosophie n'était pas brève,
les siècles qui séparent Marc Aurèle de Montaigne
occuperaient plusieurs volumes.

Un de ces volumes pourrait dresser un état de la philosophie à la fin de l'Antiquité. Il montrerait, à côté des
œuvres de Platon et d'Aristote continûment commen-
tées, à côté des héritages divers du cynisme, du stoïcisme, de l'épicurisme ou du scepticisme, l'existence de
réelles nouveautés. Plotin, par exemple, renouvelle la
pensée d'inspiration platonicienne. Dans l'extase, l'âme
rejoint son point d'origine dans l'Un et trouve une sérénité où elle ne manque de rien et oublie définitivement
le monde.

Cette orientation vers la délivrance spirituelle se manifeste chez bon nombre de penseurs grecs tardifs, comme
Porphyre, dont l'*Isagogè*, qui décrit la « remontée » de
l'âme vers son origine, inspirée de son maître Plotin, fut
un texte phare pour les derniers siècles de l'Antiquité
et le début du Moyen Âge. Des philosophes comme
Jamblique ou comme Proclus sont eux aussi habités
par une volonté de délivrance spirituelle, accompagnée
parfois de pratiques magiques.

Il faudrait un autre volume pour indiquer comment
s'est opérée l'extraordinaire rencontre des doctrines philosophiques grecques et de la révélation juive réinterprétée par le christianisme. Ce mélange des eaux, si l'on

peut dire, s'est prolongé durant plusieurs siècles, selon des figures diverses, complexes, parfois étonnantes. Voilà sans doute le principal événement de l'histoire de la pensée occidentale, dans la mesure où ce choc entre Antiquité gréco-latine et christianisme a produit, par hybridation, la pensée européenne.

Le volume suivant recenserait les innombrables œuvres que le Moyen Âge nous a léguées, aussi bien avant la redécouverte d'Aristote (Duns Scott, Isidore de Séville, l'École de Chartres) qu'après que l'on a redécouvert Aristote et les commentaires d'Avicenne et d'Averroès, traduits de l'arabe au latin à partir du milieu du XIVᵉ siècle. La Renaissance, ensuite, redécouvre Platon avec Marsile Ficin.

## L'invention de l'intériorité

Mais il s'agit ici d'une brève histoire, destinée à une première approche, et centrée sur certaines aventures de la vérité. Dans cette perspective, mieux vaut mettre directement en lumière un tournant essentiel, pris à la fin de l'Antiquité avec l'œuvre d'Augustin : la vérité devient une aventure intérieure. Les Grecs ne connaissaient pas vraiment ce cas de figure. L'essentiel, pour eux, comme l'a montré Jean-Pierre Vernant, est de se tenir sous le regard des autres. Action et réflexion sont tournées vers le dehors, non vers l'exploration d'une intériorité, encore moins vers l'élucidation de sentiments intérieurs, d'une singularité personnelle propre à une subjectivité donnée. La célèbre formule de l'oracle de Delphes, « *gnôthi seauton* », « connais-toi toi-même », ne signifie pas du tout « explore ton intériorité », mais « sache que tu es un homme, que tu es mortel et donc que tu n'es pas un dieu ». « Connais ta condition », et non « explore ton individualité ».

Au contraire, avec Augustin, la recherche de la vérité va devenir exploration de soi, confession intime éclairant le rapport singulier de l'âme d'un individu donné à Dieu, son créateur. Avec lui naît l'univers de la subjectivité, dont la pensée philosophique européenne va faire une série d'usages qui ne cesseront de se transformer jusqu'à nos jours.

Dans cette histoire de l'intériorité, Machiavel tient une place singulière. Il illustre en effet le moment où commencent à s'exacerber les luttes entre individus, où la question des affrontements – de personne à personne, puis de communauté à communauté – se pose de façon de plus en plus aiguë, et sur tous les plans : politique, militaire, idéologique. C'est une forme de vérité froide et désabusée que décrit Machiavel : on ne sait plus exactement ce qu'est l'apparence et ce qu'est la réalité, les deux ne cessent de jouer l'une sur l'autre. Il y a déjà dans ce début de la modernité, tel que ce philosophe le met en lumière, comme une fêlure de la vérité intérieure, une mise en cause de sa réalité, de sa solidité, de son authenticité.

Avec Montaigne, contemporain de la génération suivante, un autre versant de la vérité intérieure se révèle. Car les *Essais* forgent ce projet étonnant de décrire au jour le jour les fluctuations d'une conscience individuelle. Montaigne dépeint, presque heure par heure, une intériorité fluctuante, oscillante, discontinue. Ce vécu vivant et singulier de la subjectivité conduit à mettre en doute l'idée même de vérité, de pérennité de la représentation, rejoignant ainsi, en les renouvelant, les intuitions des sceptiques de l'Antiquité.

Ces trois auteurs fort distincts ont aussi en commun de dire adieu aux Anciens. Augustin est nourri des Grecs, Machiavel des Latins, Montaigne ne cesse de citer sa bibliothèque d'auteurs anciens, pourtant tous trois se situent, de par leur rapport à l'intériorité, aux fluctuations du temps, aux distances mêmes entre les individus, dans une perspective nouvelle. Non plus antique, mais moderne.

• NOM : AUGUSTIN

• LIEUX ET MILIEUX
Entre le IVᵉ et le Vᵉ siècle de notre ère, entre
l'actuelle Algérie et l'Italie (Rome et Milan)
Augustin a traversé aussi bien la jeunesse étudiante
que le clergé de l'Église au temps des Barbares.

• 9 DATES
**354** de notre ère : Naît à Thagaste (aujourd'hui
Souk-Ahras, Algérie).
**372** de notre ère : Naissance de son fils, Adéodat.
**386-387** de notre ère : À Milan, se convertit au christianisme et se
fait baptiser.
Revient en Afrique après la mort de sa mère Monique.
**391** de notre ère : Ordonné prêtre.
**396** de notre ère : Sacré évêque d'Hippone.
**397-400** de notre ère : Rédige les *Confessions*.
**400-410** de notre ère : Combat les hérésies et déviations du dogme.
**411-425** de notre ère : Rédige notamment *La Cité de Dieu*, après le
sac de Rome par Alaric, en 410.
**430** de notre ère : Meurt à Hippone, assiégée par les Barbares.

• SA CONCEPTION DE LA VÉRITÉ
La vérité pour Augustin :
vient de Dieu, qui s'est révélé aux hommes dans les Écritures et leur
a envoyé son fils, Jésus,
parle directement à notre cœur, car Dieu est intérieur à notre âme,
doit être accompagnée, éclairée et soutenue par la réflexion.

• UNE PHRASE CLÉ
« Qu'est-ce donc que le temps ? Si personne ne me le demande, je le
sais ; mais si on me le demande et que je veuille l'expliquer, je ne
le sais plus. »

• SA PLACE DANS L'HISTOIRE DE LA PHILOSOPHIE
Au point de rencontre de l'héritage philosophique des Grecs et de la
foi chrétienne, Augustin incarne un moment-charnière des aventures
de la vérité dans l'histoire occidentale. Son influence sur le dogme de
l'Église est capitale, et s'étend de manière directe ou indirecte jusqu'à
nos jours.

## 5

## OÙ L'ON SUIT AUGUSTIN, TRAQUANT LA VÉRITÉ
### DANS LES DÉDALES DE SA CONSCIENCE
### ET DE SA MÉMOIRE

Saint et philosophe, est-ce possible ? Peut-on être à la fois un penseur de la rationalité et un modèle d'homme de foi et de vertus chrétiennes ? Cette question vient aussitôt à l'esprit quand on découvre la singularité du cas d'Augustin. Sanctifié par l'Église catholique, considéré comme un des docteurs de l'Église, grande figure de la théologie et de l'apologétique chrétiennes, il est également considéré comme un des auteurs clés de la pensée philosophique occidentale.

Pourtant, au premier regard, il y a contradiction, à tout le moins tension et antagonisme, entre la raison – activité et identité du philosophe – et la croyance en des dogmes faisant l'objet d'une révélation. La philosophie, chez les Grecs, n'est-elle pas née du rejet des mythes, de l'exigence d'expliquer la nature par les seuls moyens de la raison humaine ? Entre religion et philosophie existerait donc une séparation première, un divorce natif rendant leur conjonction très problématique.

Dans cette union du philosophe et du saint en la personne d'Augustin, une autre perspective est à prendre en compte. Ce n'est pas une affaire de mondes mentaux intemporels qui est à considérer. C'est la rencontre d'univers historiques et culturels dissemblables. Dans la vie et l'œuvre d'Augustin viennent en effet se rencontrer, pour s'opposer mais aussi pour s'articuler l'un à l'autre, le monde de la philosophie gréco-latine et celui de la Révélation judéo-chrétienne.

Cette vaste rencontre historique ne s'opère pas dans la seule œuvre d'Augustin et ne se résume pas à son seul nom. Les confrontations et les alliances entre l'héritage philosophique des Grecs et l'héritage juif réinterprété à la lumière de la « bonne nouvelle » de la Résurrection du Christ occupent plusieurs générations et des bibliothèques entières. Il s'agit d'un processus complexe, crucial pour le développement de la pensée occidentale. Augustin a fini par symboliser cette rencontre.

Pour en comprendre l'enjeu, il faut se souvenir que sept ou huit siècles séparent Augustin des premiers philosophes grecs comme Thalès, Milet, Anaximandre. La philosophie grecque a donc eu le temps de largement évoluer. Se séparant initialement des conceptions religieuses, se situant d'abord uniquement dans l'espace de la rationalité et dans le refus de la parole prophétique comme de la pensée du mythe, elle a fini par rejoindre, au cours des premiers siècles de notre ère, certains des aspects fondamentaux de la croyance religieuse. Ainsi les interprétations de la pensée de Platon connues sous le nom de « néoplatonisme » ont-elles une dimension incontestablement monothéiste, et souvent mystique, chez des philosophes comme Plotin, Porphyre ou Proclus.

Ces philosophes qu'Augustin connaît, que ses maîtres, comme Ambroise, ont lus, s'inspirent de Platon mais aussi des sagesses chaldéenne, perse, indienne. Ils développent, comme Plotin par exemple, une pensée qui, à bien des égards, est fondamentalement proche des conceptions religieuses. Un des thèmes clés du néoplatonisme est en effet l'idée que notre âme appartient par nature à un monde différent de celui de la matière.

Emprisonnée dans le corps, elle y subit une forme de déchéance et d'exil.

La tâche de la philosophie, alors, n'est plus principalement un exercice de rationalité. Elle se transforme, sur horizon de sagesse, en un processus de délivrance spirituelle devant permettre à l'âme de rejoindre son lieu originaire, l'entendement divin. Cette pensée, qui se réclame de Platon et de la philosophie grecque, place donc au centre de ses préoccupations l'idée d'un principe divin purement spirituel, unique et fondateur. Ceux qui se rattachent à ce courant seront malgré tout, pour la plupart, adversaires du christianisme. Car la foi chrétienne les choque. L'idée que Dieu ait pu s'incarner dans une existence humaine, qu'il ait choisi de mourir de manière ignominieuse, dans un supplice réservé aux esclaves, pour remettre les péchés de l'humanité, voilà qui paraît à ces philosophes inconcevable et, en un sens, monstrueux. Cette histoire leur paraît insensée, ils la rejettent.

Car la pensée chrétienne, qui réinterprète à sa manière le judaïsme, s'inscrit réellement dans un univers nouveau, qui s'oppose par plusieurs traits à la tradition de la philosophie grecque. Parmi les thèmes qui sont les plus éloignés de la rationalité philosophique de cette époque, on retiendra notamment : l'idée d'une volonté de Dieu qui s'inscrit dans le cours du monde, intervient dans l'histoire humaine, donne sens à un projet global qui s'incarne dans l'Histoire ; la conception d'un ordre surnaturel capable de doubler ou de surplomber la réalité humaine et matérielle visible ; la croyance dans cette « folie de la Croix », c'est-à-dire l'incarnation réelle de Dieu en un homme qui finit par mourir en se sacrifiant pour l'humanité.

Peut-on concilier ces deux univers distants que sont philosophie et christianisme ? Plusieurs générations de penseurs, convertis à la foi nouvelle mais philosophes par leur formation intellectuelle, vont s'employer à répondre à cette question. Les cas de figure sont multiples. Tatien – il naît vers l'an 110 de notre ère, on ignore quand il est mort – commence par rejeter entièrement l'héritage philosophique qu'il juge non pertinent, païen, impropre à servir aux chrétiens, qui n'ont que faire de cette ancienne pensée.

Au contraire, Clément d'Alexandrie – né vers 150, mort vers 200 de notre ère –, qui fut l'élève de Tatien mais qui s'émancipe de sa vision trop étroite, voit dans la pensée grecque une préparation à la vérité évangélique. À sa suite, Eusèbe de Césarée (265-339), notamment dans l'ouvrage intitulé *Préparation évangélique*, tente une conciliation entre les pensées des philosophes grecs, en particulier celle de Platon, et les lignes de force du christianisme. Dans ce mouvement d'ajustement qui couvre plusieurs siècles, Augustin constitue un moment clé, car il reprend, en même temps qu'il les modifie, les thèses et les acquis de ses prédécesseurs.

## De l'Afrique à Rome et retour

Ce passage d'un monde à un autre, Augustin l'incarne aussi dans ses sentiments, sa sensibilité et ses désirs. Comme il le raconte lui-même dans *Les Confessions*, il a d'abord mené la vie festive d'un jeune homme né en Afrique du Nord, une existence marquée par l'exubérance sensuelle et la douceur du monde méditerranéen. Il s'est donc longtemps « perdu » dans les fêtes, les débauches d'un jeune lettré de l'Empire romain. Il a été marié, il a eu un enfant.

Ce n'est que plus tard qu'il découvre la foi chrétienne, se convertit et finit par constituer une communauté autour de lui, une fois revenu en Afrique du Nord après la mort de sa mère Monique. Il passe donc du monde de la fête et du désordre des passions à celui de la vie chrétienne, de l'humilité, de la charité et de la méditation. Sans avoir rien demandé, Augustin est appelé par les gens de la ville d'Hippone comme évêque. Désormais, il va mettre au service de l'Église naissante, de la foi chrétienne qui se répand, toute sa culture, sa puissance intellectuelle, ses qualités de prédicateur capable d'emporter la conviction des auditoires.

Le récit de sa conversion est devenu une page d'anthologie. Augustin est dans un jardin de Milan, en juillet 386. Il hésite encore à changer de vie. Il ne se sent pas prêt à quitter les plaisirs auxquels il est accoutumé. Déchiré entre son projet de mener une vie chrétienne et son attachement à la jouissance, il ne sait quel parti prendre. Il entend alors la voix d'un enfant qui, au-dehors, crie « *Tolle, lege* » (*Prends, lis*). Il rejoint son ami qui est justement en train de lire. Le texte, une page de saint Paul appelant à renoncer aux plaisirs et à ne plus hésiter à changer de vie, lui apparaît comme un signe divin.

Une fois opéré ce changement radical, Augustin consacre son existence entière à la réflexion chrétienne et à la prédication. Il abat un travail gigantesque d'administration de son évêché, de consultations multiples. En même temps, il se bat sur tous les fronts. Son combat consiste à réfuter les principales erreurs qui lui semblent menacer l'intégrité et la complexité du dogme catholique. On le voit ainsi attaquer une série de doctrines. Certaines sont extérieures au christianisme proprement dit, mais commencent à le contaminer, comme le manichéisme. Cette doctrine, héritée de Zoroastre et réélaborée par Manès, refuse d'admettre la contingence du mal dans le monde. Pour expliquer l'existence du mal, de la misère, de la cruauté, du malheur, cette pensée recourt à un principe négatif, oppose au Dieu bon un Dieu mauvais et explique le monde par leur lutte. Augustin lui-même, dans sa jeunesse, avait été influencé par cette conception du monde. Après sa conversion, il s'emploie à la combattre avec virulence.

D'autres luttes s'y ajoutent. Parmi les mouvements et doctrines qu'il s'emploie à pourchasser figure, par exemple, l'Église dirigée par Donat : à la suite d'une controverse sur l'élection de l'évêque de Carthage, Donat se considérait à la tête d'une « Église d'Afrique » qui se disait seule légitime. L'arianisme est un autre adversaire : Augustin explique point par point les dangers des erreurs contenues dans les doctrines d'Arius, qui soutiennent que le Fils est d'une nature différente, inférieure à la seule nature véritablement divine, qui est celle du Père. C'est également contre Pélage que s'exerce sa critique – le pélagianisme consistant principalement dans une négation du péché originel.

Ces débats peuvent paraître très éloignés de notre temps et de nos préoccupations. Ils semblent parfois obscurs, réservés aux historiens experts. Il faut en retenir avant tout qu'Augustin construit le dogme de l'Église en combattant des exagérations ou des égarements. Car, à cette époque, le dogme du catholicisme n'est pas entièrement constitué. Partiellement fixé, il demeure en cours d'élaboration. C'est en luttant contre des tendances dangereuses, celles qui dévient de ce qu'il considère comme l'esprit de la théologie chrétienne, qu'Augustin contribue à construire, de manière décisive, le dogme catholique.

Il travaille en prêchant presque chaque jour, en dictant, en s'adressant à sa communauté de proches. Il existe encore toute une série de sténographies recueillant les paroles d'Augustin. Elles permettent presque, à travers les siècles, d'entendre sa voix, en tout cas le rythme de ses phrases. Il est alors possible de saisir le ton personnel

avec lequel il s'exprime. Très souvent, la spontanéité de
ses formules est frappante. Car Augustin n'est pas seulement un théologien. C'est aussi un styliste, unissant de
manière unique des concepts et des émotions.

## Le philosophe et l'homme intime

Intellectuel converti, homme d'Église, prédicateur
fervent, bâtisseur de la pensée officielle de l'Église, cela
suffit-il à faire d'Augustin un philosophe ? Pas nécessairement. S'il demeure un des grands noms de la philosophie, c'est à cause d'une autre face de son œuvre.
Commandée et soutenue par la foi, cette œuvre est aussi
proprement philosophique dans ses thèmes et ses modes
d'argumentation. Sans doute est-ce avec lui qu'apparaît
pour la première fois cette évidence : la dimension spécifique de la vérité religieuse – révélée, divine, supposée
inaccessible à notre compréhension – ne disqualifie pas
la recherche proprement philosophique. Leur combinaison
devient au contraire un ressort nouveau de la pensée.

Augustin développe ainsi, de traité en traité, des analyses conceptuelles relatives à des sujets comme la nature
de Dieu, le rôle de la grâce divine dans notre existence,
le statut de la liberté humaine, les rapports entre la
volonté divine et la volonté humaine, la place de la politique dans la perspective chrétienne, les objectifs de
l'exercice du pouvoir, sans compter les pages importantes et profondes qu'il consacre à la question du temps
et de la mémoire, notamment dans les *Confessions*.

Ce livre, parmi les plus célèbres de l'histoire européenne,
est à la fois attachant, limpide et déroutant. Limpide :
histoire d'une vie, celle d'un jeune homme ardent, amoureux de la vie, des jouissances, des femmes. Mais ce qu'il
aime là se révèle, à ses yeux, insatisfaisant. Il comprend

qu'existe un objet d'amour plus dense, plus vaste, seul apaisant : Dieu lui-même. Les *Confessions* mettent donc en scène l'histoire d'une âme qui se raconte avec une ferveur et une émotion bouleversantes.

Ce que décrit le livre, c'est aussi le passage de l'inquiétude à la quiétude. Tant que l'homme, selon Augustin, n'a pas trouvé dans son âme ce centre de gravité que Dieu représente, il est inquiet, c'est-à-dire sans tranquillité, agité, ballotté d'un désir à l'autre, d'une aventure à l'autre, d'un amour à l'autre, d'un corps à l'autre. Sa conversion, la découverte de l'amour divin et de la charité chrétienne lui donnent un centre de gravité, un lest qui l'ancre dans une réalité plus profonde et plus haute que celle des désirs qui le chahutaient.

Ce qui est touchant, c'est la façon dont Augustin dévoile, avec impudeur parfois, mais aussi avec justesse, ses propres hésitations, ses élans et ses tergiversations. Si j'abandonne cette vie de plaisir, ne vais-je pas le regretter ? Pourrai-je le supporter ? Cette dimension passionnelle donne à ces pages une forme de présence incomparable.

Elle fait découvrir un homme plus proche, plus intime, plus spontané qu'on ne s'y attendrait. En mêlant ainsi réflexions et aveux, Augustin reste, à travers le temps, extrêmement présent et, en un sens, touchant. Pour saisir le sens exact de cette autobiographie, il faut garder à l'esprit qu'Augustin ne se contente pas de raconter sa vie, pas même la vie de son âme. Ses *Confessions* ne ressemblent guère à celles de Rousseau ou de Chateaubriand. Il n'écrit pas pour s'exhiber, mais pour se faire voir comme converti, chrétien, âme soumise à Dieu.

On demandera alors de nouveau : en quoi les parcours ainsi détaillés peuvent-ils intéresser la philosophie ? On pourrait juger que ce grand texte de spiritualité, important autant qu'émouvant, ne se rattache pas directement à la pensée philosophique. Il s'agirait là d'une erreur. Car ce qu'il y a de profondément philosophique, dans les *Confessions,* tient au moins à deux registres. L'un est spécifique : plusieurs passages traitent explicitement de thèmes tels que la mémoire ou le temps, en des termes devenus classiques. Ces pages figurent dans pratiquement toutes les anthologies. Ce n'est pas sans raison : elles sont essentielles et exemplaires.

Toutefois, l'importance philosophique des *Confessions* tient avant tout à la démarche même de toute l'œuvre. Elle marque la constitution d'une intériorité de la pensée. Voilà qui exige quelques explications. Les hommes de l'Antiquité sont généralement extérieurs à eux-mêmes. Socrate, Platon, Aristote et tous les pères fondateurs de la philosophie antique tournent leur regard vers le dehors, vers la contemplation des idées, non vers les plis et les labyrinthes de la conscience elle-même.

Avec Augustin, on assiste à la découverte, et même à la construction, d'un sujet humain nouveau, pourvu d'une mémoire pleine de dédales, doté d'une intériorité multiple, pourvu d'une série de cryptes intérieures. Finalement, ce qu'Augustin le converti fait découvrir, c'est l'invention de la subjectivité.

Il porte aussi la trace des troubles de son temps. Rome est en train de subir les agressions des peuples barbares, l'invasion de hordes successives. En 410, Alaric et ses troupes mettent Rome à sac. La Ville éternelle, qui paraissait être le centre même de toute autorité, est aux mains des pillards. Ce fut un grand choc dans tout l'Empire. Ce choc conduira Augustin à écrire *La Cité de Dieu* pour réfléchir sur la place de l'Histoire dans le plan divin et la place du politique dans cette Histoire. Mais cet homme entre deux mondes n'échappera pas à l'effondrement politique du monde ancien : il meurt dans Hippone assiégée par les troupes des barbares. Après

sa mort, la cité où il avait passé les dernières décennies
de sa vie sera à son tour ravagée.

La naissance de l'intériorité coïncide avec la mort de
la cité antique.

---

*D'Augustin, que lire en premier ?*

Sans hésitation, les *Confessions*.

*Sur Augustin, que lire pour aller plus loin ?*

Serge Lancel, *Saint Augustin,* Paris, Fayard, 1999.

Lucien Jerphagnon, *Vivre et philosopher sous l'empire chrétien*, Toulouse, Privat, 1983.

Étienne Gilson, *Introduction à l'étude de saint Augustin*, Paris, Vrin, 1941, 1969.

☞ *La vérité, pour Augustin, est à chercher en soi-même, dans la mesure où Dieu se tient en quelque sorte au cœur de notre âme.*
*L'exploration de soi-même n'a donc pas pour objectif de simplement se connaître soi-même comme individu, mais de partir à la rencontre de ce qu'il y a de divin caché dans notre propre esprit.*

☞ *Et s'il fallait connaître ses propres penchants, ses points forts ou faibles, non pas pour préparer son salut mais pour assurer son pouvoir ?*
*S'il était nécessaire de montrer ou de masquer la vérité seulement en fonction des rapports de forces qu'elle engendre ?*
*Ce serait une tout autre façon de concevoir l'intériorité.*
*Celle de Machiavel.*

- **NOM : MACHIAVEL**

- **LIEUX ET MILIEUX**
Florence, au temps de la Renaissance, petite
noblesse et chancellerie.

- **7 DATES**
**1469 :** Naît à Florence.
**1498 :** Nommé chef de la chancellerie.
**1500-1512 :** Missions diplomatiques et militaires.
**1513 :** Soupçonné de complot. Arrêté, empri-
sonné, torturé puis libéré, il se retire à la campagne et rédige *Le Prince.*
**1521 :** Publie *L'Art de la guerre.*
**1525-1527 :** Missions diplomatiques et militaires.
**1527 :** Meurt à Florence.

- **SA CONCEPTION DE LA VÉRITÉ**
La vérité pour Machiavel :
est liée à la conquête et à la conservation du pouvoir ;
est affaire de représentations, d'images, de passions affichées ou dis-
simulées, et non de morale,
est du côté de l'efficacité réelle plutôt que des idéaux.

- **UNE PHRASE CLÉ**
« Il est beaucoup plus sûr d'être craint qu'aimé. »

• **SA PLACE DANS L'HISTOIRE DE LA PHILOSOPHIE**
Véritable rupture dans la pensée politique comme dans la manière
d'envisager l'histoire et les relations sociales, la perspective adoptée
par Machiavel a souvent heurté, suscitant des malentendus, des
oppositions vives autant que des enthousiasmes parfois inappropriés.
Longtemps marginal, il semble aujourd'hui considéré avec plus de
justesse.

## 6

### OÙ MACHIAVEL JUSTIFIE LA DISSIMULATION
### DE LA VÉRITÉ

Peu de noms de philosophes ont fourni des adjectifs du vocabulaire quotidien. Parmi les rares cas existants, on constate que le sens du mot courant est éloigné de la réalité des doctrines. « Épicurien » évoque un jouisseur faisant bonne chère, aimant le vin et tous les plaisirs, alors qu'en réalité Épicure menait la vie d'un ascète et que la doctrine épicurienne préconisait un mode de vie rigoureux, voire austère. « Stoïque » signifie « insensible », « impassible face à tous les événements », alors que les Stoïciens, qui enseignaient effectivement à contenir les passions, n'étaient certes pas des êtres dépourvus de sensibilité. « Cartésien », dans l'usage rapide du terme, désigne un homme uniquement guidé par sa raison, ce qui est fort loin de la pensée de Descartes…

Avec Machiavel l'écart est à son comble entre le vocabulaire courant et la doctrine du philosophe. « Machiavélique », en effet, s'utilise pour parler d'un plan ou d'un complot dotés d'un stratagème compliqué, intelligent et finalement destructeur. Ce qui est « machiavélique » témoigne d'une ruse diabolique, sophistiquée, inventive dans le raffinement des pièges. Voilà qui est fort différent de la doctrine authentique de cet exceptionnel penseur du politique. Machiavel n'était certes pas un philanthrope ni un naïf. Mais sa démarche intellectuelle et ses analyses ne se caractérisent pas du tout par les traits que suggère le « machiavélisme » du lexique ordinaire.

Que dit au juste Machiavel ? Pour l'entendre, il faut avoir en tête les tensions qui traversent son époque. Ce philosophe est d'abord un homme de la Renaissance. Celle-ci est fascinée par les Anciens et consciente d'avoir à les dépasser. Deux nécessités inverses habitent ce moment crucial de la pensée européenne : d'un côté, l'exigence de retrouver le monde de l'Antiquité d'une manière à la fois critique, réflexive et savante et, d'un autre côté, le besoin d'inventer des formes de pensée nouvelles, des types d'analyse inédits, des modes d'action capables de rompre avec le Moyen Âge mais aussi avec l'Antiquité elle-même.

Il s'est ensuivi une effervescence multiple, un bouillonnement d'idées et de doctrines, un renouveau intellectuel intense qui font la richesse inépuisable de ce temps. Schématiquement, on peut y discerner deux grands volets. Une Renaissance met l'accent sur les modèles et les utopies, travaillant à la constitution d'un monde idéal. La résurgence du platonisme, en particulier avec Marsile Ficin à Padoue, illustre cette volonté de faire revivre les grandes aspirations philosophiques vers la perfection et les modèles abstraits. L'autre Renaissance est celle du réalisme. Celle-ci ne s'embarrasse ni du ciel des Idées ni de règles immuables et intangibles. Au contraire : elle prend au sérieux le choc des passions humaines, la puissance des conflits d'intérêt, le poids décisif du jeu des apparences, le rôle crucial de la construction des stratégies. Machiavel est le plus précis, le plus illustre et le plus exact des représentants de ce réalisme politique.

## Conseiller des grands

Cet homme cultivé, grand lecteur des Grecs et des Latins, n'était pas un universitaire ni un philosophe de métier. Né à Florence en 1469, dans une famille de petite noblesse, Niccolò Machiavelli fut avant tout homme de terrain, praticien des chancelleries, familier des missions diplomatiques et des rapports officiels. Secrétaire de la seconde chancellerie à partir de 1498, il travaille notamment à l'amélioration des relations avec l'Allemagne et avec la France. Durant ces années d'apprentissage concret de la vie politique, il faut imaginer Machiavel à l'image, *mutatis mutandis*, de nos énarques en mission spéciale ou des « sherpas » des rencontres internationales. Voilà donc un jeune homme qui connaît de près les rapports de forces entre les puissants. Et qui n'a guère d'illusions sur les réalités du pouvoir et des relations internationales.

Si son travail peut paraître austère, l'homme ne l'est pas. On le dit enjoué, porté à l'humour comme à la bonne humeur, transformant ses collaborateurs en amis et ses lettres de mission en missives au ton souvent intime. Ce n'est pas un hasard si Machiavel est aussi l'auteur de plusieurs comédies, dont certaines, comme *La Mandragore* (1518), rencontrèrent, en leur temps, un franc succès. Écrivain autant que penseur, il a le sens de l'observation comme celui de la formule.

C'est finalement la « fortune », comme il nomme les hasards de la vie, qui le conduira à écrire une œuvre de réflexion. À Florence, où il a travaillé à un projet de république, il est soupçonné, en 1512, au moment où les Médicis reviennent au pouvoir, d'avoir participé à une conjuration. Emprisonné, torturé, il est destitué de ses fonctions et banni de la Cité. Installé à la campagne dans une petite propriété, il commence à rédiger le *Discours sur la première décade de Tite-Live*, où l'Antiquité lui sert de prétexte pour analyser la situation présente de l'Italie et les obstacles à son unité politique, qui demeure l'une de ses idées fixes.

Il interrompt la rédaction de ce travail pour rédiger un opuscule assez court mais d'une grande densité, qui lui vaudra sa renommée jusqu'à nos jours. Avec *Le Prince*, Machiavel ne se contente pas de « donner des règles de conduite à ceux qui nous gouvernent », comme il l'indique au début de l'ouvrage. Il met en lumière des lignes de force capitales de l'action politique et, plus radicalement, il inaugure une nouvelle manière de penser le rapport au pouvoir. Durant le reste de sa vie, soit une quinzaine d'années après son exil (il meurt en 1527 mais revient à Florence dès 1514), il ne participe plus directement aux affaires de l'État. Il écrit des comédies, des poèmes, des dialogues philosophiques. Il rédige surtout une monumentale *Histoire de Florence*, qui insiste si nettement sur le rôle des données économiques qu'on a pu y voir une annonce du matérialisme historique de Marx.

## Une pensée nouvelle

L'essentiel de la pensée de Machiavel se condense dans un texte écrit rapidement, en quelques mois, à la fin de 1513. *Le Prince*, l'un des livres les plus lus et les plus célèbres de toute l'histoire de la réflexion politique, marque une réelle nouveauté. Il rompt de plusieurs façons avec les pensées politiques qui l'ont précédé. Par bien des traits, il est vrai, Machiavel prolonge des réflexions d'Aristote ou de Polybe. Toutefois, les discontinuités l'emportent largement sur les héritages.

C'est en raison de sa nouveauté propre que *Le Prince* n'a cessé d'être lu, commenté, loué, vilipendé, attaqué, imité et souvent mécompris depuis près de quatre siècles. Gracián, Hobbes, Spinoza, Marx et bien d'autres furent des lecteurs attentifs et passionnés de l'œuvre. Peu de textes, finalement, ont suscité tant de fascination et de rejet, et peut-être de malentendus. Car il s'agit d'un texte faussement simple, dont on ne voit pas toujours, au premier coup d'œil, les principales nervures.

Un des mots clés en est *virtù*. Il ne s'agit pas du tout de la « vertu » au sens moral habituel. *Virtù* désigne ici la force, la capacité à agir, l'efficacité dont on fait preuve dans une action dont le résultat est l'unique critère de jugement. Une telle conception peut paraître excessivement froide, animée d'une sorte de cruauté pessimiste. Elle contient pourtant, de manière paradoxale mais incontestable, un principe de mesure, voire de modération et d'équilibre. La raison en est simple : le tyran s'expose à la colère du peuple autant qu'à la vengeance de ses rivaux. Ses excès de dureté, ses abus de pouvoir finissent donc par le fragiliser lui-même. Plus ou moins tôt, de tels actes finiront par se retourner contre son maintien au pouvoir et contre sa longévité.

La prudence avisée du prince ne se réclame pas de la modération comme d'un « préférable » moral : on peut choisir d'être modéré par *virtù*, par souci d'efficacité, par force, pour parvenir à se maintenir plus longtemps, pour accroître son pouvoir sur ses rivaux en se gagnant auprès du peuple une réputation plus utile. La réputation, l'« image » et les « opinions favorables », comme nous dirions aujourd'hui, ne sont pas des à-côtés ni des accessoires. Avant nos conseillers en communication, Machiavel a compris qu'il s'agit de réalités qui font partie intégrante de la lutte.

Mais le combat politique ne dépend pas que de la *virtù* et de sa manière d'imposer une volonté à des situations. Il dépend aussi, précisément, de ces situations elles-mêmes, de leur évolution, de leurs éventuelles mutations brusques. Cette part du hasard, Machiavel la nomme *fortuna*, la fortune, le sort, les circonstances aléatoires et changeantes. Car le propre des situations humaines est d'être ouvertes, mouvantes, susceptibles de retournements soudains et imprévisibles.

L'art spécifique du prince s'exerce à la jointure de *fortuna* et de *virtù* : il s'agit de demeurer efficace dans un monde dont les données changent et nous échappent sans cesse. Avec des circonstances imprévisibles et qu'il ne maîtrise pas entièrement, celui qui est habile à gouverner obtiendra des résultats qui différeront sans doute de ses premiers plans, mais qui s'éloigneront aussi du jeu mécanique des circonstances livrées à elles-mêmes. Ce que Machiavel esquisse, c'est en un sens une théorie générale de l'action : ni entièrement souveraine (la fortune déjoue nos plans), ni tout à fait impuissante (nos plans s'adaptent et déjouent les hasards).

*L'Art de la guerre* est un livre moins connu, et moins corrosif, du moins en apparence. Pourtant, Machiavel n'hésite pas à écrire que cet art de la guerre est le seul qui convienne à celui qui commande. Là encore, la raison en est simple : celui qui détient cet art mais n'a pas encore le pouvoir pourra s'en emparer, et celui qui détient le pouvoir pourra le conserver contre ses adversaires. Inversement, celui qui ne possède pas cet art ne pourra jamais s'emparer du pouvoir s'il ne l'a pas et ne pourra pas non plus le conserver s'il l'a.

Il est donc essentiel d'être « armé », comme dit Machiavel, ce qui ne signifie pas posséder des armes, mais être en possession de l'art de la guerre, connaître les lois du combat victorieux. Si la réalité politique est la lutte, si l'efficacité est la seule loi en la matière, alors la nécessité du combat armé se présente forcément un jour ou l'autre. Là encore, les malentendus guettent. Machiavel ne fait pas l'éloge de la guerre. Dans son esprit, il ne s'agit nullement d'une préférence, mais d'un constat : tel est le fonctionnement de la réalité. À l'époque où nous sommes, en Europe, caractérisée par une phobie de tout conflit armé, voire par une horreur radicale de toute lutte, il n'est pas inutile de méditer ce texte de Machiavel. Il souligne, tout bonnement, la réalité du monde.

Il suppose aussi que la conception de la vérité s'est transformée en profondeur.

## Voir ce qui est

La mutation introduite par la pensée de Machiavel consiste somme toute à chercher la vérité du monde tel qu'il est. Cesser de juger, de se lamenter, de rêver, de confondre nos désirs et la réalité. S'efforcer au contraire de démonter les mécanismes du fonctionnement effectif du pouvoir, des relations humaines, de l'histoire. Telles sont les maximes suivies. Elles rompent radicalement avec l'idée que la vérité soit ailleurs, derrière, au-dessus ou en dessous de ce qui est. Cette rupture définit à sa façon un nouveau champ de pensée. Quatre points principaux sont à retenir.

En premier lieu, Machiavel restreint le champ de la réflexion politique à une seule question centrale : prendre le pouvoir (si on ne l'a pas) ou le conserver (si on l'a). Il ne s'agit donc plus de s'attarder principalement à chercher en quoi consiste le « bien commun », ou à définir la « nature politique de l'homme » comme le faisait Aristote. Les concepts clés ne sont plus la *philia* (« amitié » en grec ancien), cette forme de solidarité native entre les humains discernée par Aristote, ni l'*humanitas* (« humanité » en latin) dont Cicéron faisait également le ressort de la chose publique dans la communauté humaine.

Ce qui intéresse Machiavel, c'est uniquement de réfléchir sur l'ensemble des techniques d'acquisition et de conservation du pouvoir. Somme toute, à ses yeux, rien d'autre n'existe vraiment dans la chose politique. Comment s'emparer du pouvoir ? Comment fonder un nouvel État ? Comment conserver un État existant ? Comment pérenniser l'État nouveau que l'on a fondé ? Voilà les tâches du prince, les questions qu'il doit résoudre.

Cette science de la prise et de la conservation du pouvoir est conçue par Machiavel d'une manière essentiellement dynamique, et non statique. Tel est le second point nouveau : la politique est lutte permanente, mouvement incessant, création continue. Il s'agit toujours de créer de nouveaux États. Même quand l'objectif est de pérenniser ce qui existe, la création est essentielle. Car le prince qui hérite d'un État existant doit avoir pour visée de l'accroître, et donc le projet d'acquérir de nouveaux États, d'étendre son domaine et son pouvoir. Sinon, il périra, car tous les autres s'accroîtront à ses dépens. La tactique de celui qui gouverne s'inscrit ainsi dans un mouvement sans fin : conflit pour l'expansion, défense contre les puissances adverses, sans oublier de tenir compte des mouvements de l'opinion, des changements brusques et dangereux occasionnés par les passions du peuple.

Il ne s'agit donc plus pour Machiavel de penser le politique comme les Anciens : d'un point de vue immuable, sous une lumière éternelle où le pouvoir serait donné une fois pour toutes, où la Cité existerait de longue date. Au contraire, l'action politique s'inscrit sur un fond de précarité qui définit son existence. Des États nouveaux apparaissent, d'autres s'évanouissent, certains perdurent. La dynamique ne s'arrête jamais.

Toutefois, cette dynamique ne s'inscrit pas dans un quelconque progrès de l'histoire. Cette agitation permanente et cette lutte sans fin ne débouchent sur aucune amélioration de la condition politique humaine. C'est là une autre nouveauté encore, et une rupture décisive introduite par la pensée de Machiavel. Ce réaliste suppose une sorte de monotonie de l'histoire : le cours des événements ne cesse de se répéter, d'aller et de venir, de progresser un peu avant de régresser d'autant.

C'est sans doute ce point qui a fait le plus scandale aux yeux des contemporains de Machiavel. Car il rompt là avec le fond de la pensée chrétienne, pour laquelle le monde humain et son histoire sont intégrés dans un plan divin et globalement orientés vers une forme de délivrance. Les vicissitudes de la politique, l'essor et le déclin des États, leur naissance et leur mort, tout s'inscrivait finalement dans un progrès général de l'histoire. La marche de l'humanité était pourvue d'un sens. Machiavel le laisse de côté.

C'est là un geste d'une grande modernité. Bien des pensées politiques, longtemps après Machiavel, conserveront encore l'idée d'un sens de l'histoire et d'un progrès général de l'humanité avec lequel il a rompu. Ainsi, les philosophes des Lumières, bien qu'ils critiquent le christianisme et soient pour la plupart athées, n'en sont pas moins profondément attachés à la conception d'un progrès régulier conduisant l'humanité vers une liberté et une autonomie de plus en plus grandes. Ce cadre de pensée, il faut le répéter, demeure étranger à Machiavel. À ses yeux, l'histoire humaine est répétition permanente : ici, des places de tyrannie et de servitude ; là, un peu de liberté grâce à l'action d'un prince habile, mesuré, lucide. Ces aires de liberté ne sont que temporaires. Elles ne s'inscrivent jamais dans un processus cumulatif qui déboucherait sur une progression de l'humanité dans son ensemble.

La singularité de Machiavel est donc de concevoir l'action politique comme une dynamique permanente à l'intérieur d'une monotonie générale de l'histoire – dynamique concernant la prise du pouvoir et sa conservation, mais non le développement humain considéré dans son ensemble. La combinaison de ces points définit en grande partie l'originalité de sa position philosophique. Le rôle qu'il fait jouer aux passions finit de la singulariser.

La dernière rupture opérée par la pensée de Machiavel est en effet de centrer l'analyse politique sur le jeu des passions humaines. Il est le premier à concevoir de façon aussi nette et aussi radicale la politique comme un conflit de passions (passion de dominer, passion de gouverner, passion de se venger) liées à des luttes d'intérêts économiques et militaires. Ce jeu est fortement compliqué par les interférences des passions de la foule. Car le peuple est habité de toutes sortes d'attentes vaines et de croyances illusoires qu'il faut, selon les cas, entretenir ou dévier vers d'autres buts.

Passions en rivalité constante, rôle décisif des apparences qui constituent une des réalités majeures du jeu politique, constructions de leurres pour capter l'opinion, ce sont là des éléments centraux de la vision des processus politiques selon Machiavel. Avec lui, ces vérités intérieures que sont les passions de chaque individu, prince ou homme du peuple, déterminent en sous-main le destin de la Cité.

Prendre le pouvoir et le conserver, en fin de compte, qu'est-ce donc ? Rien d'autre que d'utiliser au mieux de ses intérêts les passions humaines et les illusions qui les nourrissent. De ce point de vue, la pensée de Machiavel ne considère que l'efficacité. La réussite, pour le prince, s'acquiert à force d'habileté concrète et circonstanciée, et non en fonction d'idéaux, de modèles ou de règles morales. L'essentiel est de parvenir à ses fins, quel que soit le type de moyens utilisés.

Assurément, cette absence de préoccupations morales a contribué à faire juger négativement la pensée de Machiavel. Elle a également permis d'opérer le glissement du « machiavélien » (qui lui appartient en propre) au « machiavélique » (qui lui est attribué à tort). Malgré tout, ce pessimisme radical a le mérite de mettre crûment en lumière la puissance des passions humaines et leurs chocs incessants. À sa manière, il constitue une excellente thérapie contre les méfaits de l'utopie, les mirages du progrès et tous les leurres que les idéaux, même les plus généreux, engendrent inévitablement.

---

*De Machiavel, que lire en premier ?*

*Le Prince*, évidemment.

*Sur Machiavel, que lire pour aller plus loin ?*

Marcel Brion, *Machiavel*, Paris, Albin Michel, 1948.
Claude Lefort, *Le Travail de l'œuvre. Machiavel*, Paris, Gallimard, 1972.
John Greville Agard Pocock, *Le Moment machiavélien*, 1970, trad. fr. Paris, PUF, 1998.
Corrado Vivanti, *Machiavel ou les temps de la politique*, Paris, Desjonquères, 2007.

☞ *La vérité, pour Machiavel, se tient bien à l'intérieur des passions et des projets individuels. Mais ils entrent tous dans un jeu de concurrence et de rapport de forces où la victoire, toujours temporaire, dépend des capacités de dissimulation et de persuasion.*
*Dans ce mouvement incessant, il n'y a ni point fixe ni progrès d'ensemble dans une direction donnée.*

☞ *Le voyage en soi-même n'aurait-il d'autre but que rencontrer des paysages indéfiniment variables selon les humeurs et les instants ?*
*N'y aurait-il, finalement, pas d'autre horizon que le voyage lui-même ?*
*Pas d'autre plaisir que de le poursuivre indéfiniment, au gré des heures ?*
*Voilà les questions de Montaigne.*

• **NOM : MONTAIGNE**

Michel Eyquem de Montaigne, ce dernier nom étant celui du village où son père a acquis la propriété où il est né.

• **LIEUX ET MILIEUX**

France de la Renaissance et des guerres de religions, petite noblesse, missions diplomatiques et fonctions politiques importantes, entre la cour des Médicis et Bordeaux.

• **10 DATES**

**1533** : Naît au château de Montaigne.

**1554** : Conseiller à la cour des Aides de Périgueux.

**1558-1559** : Rencontre Étienne de la Boétie.

**1563** : Étienne de la Boétie meurt.

**1572** : Retiré, Montaigne entame la rédaction des *Essais*.

**1580** : Publie les deux premiers livres des *Essais*.

**1580-1581** : Voyage en Allemagne, en Suisse, en Italie. Élu maire de Bordeaux.

**1583** : Réélu maire de Bordeaux.

**1586-1587** : Rédige le troisième livre des *Essais*.

**1592** : Meurt au château de Montaigne.

• **SA CONCEPTION DE LA VÉRITÉ**

La vérité pour Montaigne :

est inaccessible et fluctuante, ce qui fait de lui un héritier des sceptiques,

demeure toujours à poursuivre malgré tout, mais dans un mouvement permanent où rien ne sera jamais figé,

constitue une affaire de mouvement, en fin de compte, plutôt que de point fixe.

• **UNE PHRASE CLÉ**

« Finalement, il n'y a aucune constante existence, ni de notre être, ni de celui des objets. » *Apologie de Raymond Sebond*.

• **SA PLACE DANS L'HISTOIRE DE LA PHILOSOPHIE**

Elle est encore trop souvent sous-estimée. Bien que Montaigne ait été lu par Pascal, Diderot, Rousseau et tant d'autres, il reste habituel de le ranger chez les écrivains, en étant convaincu que sa pensée n'a pas la complexité ni la cohérence de celle des grands philosophes. C'est un tort. Dès qu'on le lit avec attention, on découvre une force de réflexion très singulière, dont l'apparente nonchalance masque la difficulté.

## 7

## Où Montaigne, en voulant attraper
## la vérité de l'instant,
## invente un livre sans fin

On imagine souvent Montaigne passant ses journées dans sa « librairie », c'est-à-dire sa bibliothèque, ne cessant de lire et d'écrire. On se figure donc un homme de cabinet, sédentaire, presque immobile. On le voit ainsi en écrivain, en penseur plus ou moins retiré du monde, en rêveur éloigné des réalités de son temps. Ce sont là des images fausses, ou du moins très partielles.

En fait, Montaigne est plus souvent au-dehors qu'enfermé dans son bureau. Maire de Bordeaux, il dirige une grande ville, et surtout une région clé pour l'équilibre du royaume en ces temps de guerres de religion. Il négocie avec les princes et mène parfois, de manière discrète, quelque mission d'envergure. Bref, c'est aussi un politique, homme puissant et affairé. Tout le contraire d'un songe-creux ! Malgré tout, il ne se confond jamais avec ses fonctions et sait ne pas se quitter lui-même : « J'ai pu me mêler des charges publiques sans me départir de moi de la largeur d'un ongle. »

Cet homme actif ne tient pas en place et déteste demeurer immobile. « Mes pensées dorment si je les assieds », avoue ce philosophe qui arpente les chemins. « Mon esprit ne va pas seul, il faut que les jambes l'agitent. » Sa préférence va au cheval. « Le cul sur la selle », selon ses propres termes, il est à son aise. « Depuis mon premier âge, je n'ai aimé aller qu'à cheval. »

Ces voyages ont commencé alors qu'il avait juste seize ans. De son Bordelais natal jusqu'à Toulouse, où il doit faire des études de droit, et bientôt à Paris. Il faut imaginer ce que pouvait être une traversée de la France à cheval au milieu du XVIe siècle. Le jeune seigneur, fils d'un aristocrate de fraîche date qui avait été anobli après avoir fait fortune dans le commerce de poissons, va parfaire dans la capitale une formation entamée dès sa plus tendre enfance.

Car le père de Montaigne fut soucieux de lui offrir la plus parfaite éducation possible. Le latin n'est-il pas la langue des grands, des gens de pouvoir, le véhicule des lettres et des sciences ? Qu'à cela ne tienne ! Le jeune Michel aura le latin pour langue maternelle… Après avoir été en nourrice jusqu'à sa deuxième ou troisième année, quand l'enfant vient dans la demeure de famille, il ne rencontre que des gens qui lui parlent dans la langue de Cicéron, même parmi les domestiques. Il devient ainsi un des très rares êtres humains des temps modernes dont la langue maternelle est celle de Virgile et de Lucrèce… C'est en latin que Montaigne rêve ! On ne s'étonnera pas, dès lors, qu'il ait pu quitter le collège extrêmement tôt – vers sa douzième année. Ce n'est pas qu'il soit mauvais élève… ses maîtres n'ont plus rien à lui apprendre.

À Paris, il mène une existence à la fois frivole et dispendieuse. Le jeune étudiant ne fait pas grand-chose, fréquente la bonne société et jette l'argent par les fenêtres. À tel point que son père, tellement attentionné d'habitude, finit par envisager de le déshériter pour mettre un terme à ses frasques. Malgré ces moments de crise, l'éducation reçue portera ses fruits. Montaigne possède en lui les moyens d'une grande carrière, de quoi effectuer son long périple vers le pouvoir et les responsabilités politiques de haut niveau. Tout au long de son existence, en fin de compte, il n'a cessé de voyager à la fois dans l'espace géographique et dans l'espace social.

## Une pensée en mouvement

À l'approche de la cinquantaine, il laissera encore au château d'Eyquem femme et enfants pour entreprendre un tour d'Europe de plus d'un an et demi qui le conduit, à cheval évidemment, en Italie, en passant par la Suisse et l'Allemagne. Au long du parcours, il note les recettes des gastronomies locales, ou bien il observe les moyens que trouvent catholiques et protestants pour cohabiter. Après s'être longuement déchirés, notamment en Allemagne du Sud et en Suisse, les deux camps ont inventé des manières de s'entendre et de coexister. Montaigne observe ces solutions et tentera de les acclimater en France.

Il est encore en Italie, à Lucques, non loin de Pise, quand il reçoit la nouvelle de son élection à la fonction de maire de Bordeaux. C'est là qu'il effectuera deux mandats successifs, administrant remarquablement la ville, effectuant des missions pour Catherine de Médicis, contribuant finalement à convaincre le futur Henri IV de se convertir au catholicisme pour devenir roi de France. Ainsi, loin d'être un homme d'études enfermé dans sa tour, Montaigne ne cesse d'agir. Quand il est chez lui, il se fait lire des textes, qu'il écoute plus qu'il ne les lit lui-même ; il dicte également ses pensées plus qu'il ne les écrit à la main, même s'il annote de nombreux ouvrages. Cet homme du mouvement et des passages, jamais de l'immobilité ni des points fixes, va donner à la pensée, on s'en doute, une tournure nouvelle.

Cette permanente mobilité de Montaigne a été encore accentuée par la perte de son meilleur ami, son seul véritable amour, Étienne de La Boétie. Les deux hommes se sont connus quatre ou cinq années seulement, mais leur amitié fut d'une intensité exceptionnelle. Bien que la question divise les commentateurs, il paraît probable qu'il exista entre eux une réelle union physique. Avec « le plus doux, le plus délicat et aussi le plus intime des compagnons », Montaigne parle d'une « divine liaison », vécue « jusqu'au fond des entrailles », où « les corps eussent part à l'alliance ». Cela n'empêche nullement Montaigne d'avoir été grand amateur de femmes, en authentique Gascon collectionneur d'aventures.

La perte de La Boétie, qui meurt de dysenterie entre ses bras, entraîne d'abord Montaigne dans une forme de dépression puis de culte du souvenir. Cette épreuve le conduit à rédiger le livre qu'il intitule simplement *Essais*. Il s'agit à l'origine d'une sorte de dialogue avec La Boétie, une manière de poursuivre la conversation que la mort a interrompue. Montaigne s'engage dans la singulière entreprise des *Essais* en pensant à son ami, en lui parlant. S'il se raconte, c'est en s'adressant à cet amour perdu. Pour rejoindre La Boétie, Montaigne entame avec ce livre un étrange et interminable voyage.

## Les fluctuations de la vérité

La singularité de cette tentative n'a évidemment pas échappé à son auteur. Il s'agit là du « seul livre au monde de son espèce », selon les propres termes de Montaigne. Le texte, en apparence, n'a pas véritablement de sujet : Montaigne y aborde une foule de thèmes divers, de la mort aux cannibales, des senteurs à la gloire, de la fainéantise à la peur. Il s'y intéresse aussi bien à la vieillesse qu'à la science, aux voyages qu'à la philosophie. Jamais il n'a en tête de faire le tour de ces sujets, pas plus que d'en traiter d'une manière froide ou uniquement livresque. Souvent, il parle d'autre chose que de ce qu'il annonce. Ce qui l'intéresse est plutôt de parvenir à suivre le cours de ses propres pensées.

Ce projet unique rend l'entreprise infinie : les *Essais* doivent se poursuivre, dit Montaigne, « tant qu'il y aura au monde de l'encre et du papier » – plus simplement tant que Montaigne pense et conserve la force d'écrire. Il ne s'agit donc pas d'établir une vérité ou de préciser une connaissance. Le but est de faire le portrait permanent des instants qui passent, des idées qui s'entrechoquent, s'associent, s'enchaînent les unes les autres ou, au contraire, s'interrompent pour laisser place à une pensée nouvelle. Montaigne invente, d'une manière qui l'étonne lui-même et ne cesse de surprendre le lecteur, une sorte d'« association libre » bien avant l'existence de la psychanalyse.

Certes, il ne rédige pas tout ce qui lui passe en tête seconde après seconde. Mais il suit d'aussi près que possible le cours réel de ses pensées, d'une manière souple, alerte, s'autorisant des digressions, des interruptions au milieu d'un développement. D'entrée de jeu, Montaigne a su accepter de ne pas aboutir à un résultat ordonné ou définitif. En fait, sous une apparence nonchalante, désinvolte par moments, déconcertante à d'autres endroits, il s'agit une fois encore, comme chez tous les philosophes, de la vérité.

Mais c'est une vérité fort particulière que Montaigne tente de cerner. Il s'attache plus à l'accompagner qu'à la capturer, à la laisser venir qu'à la chercher, à la transcrire qu'à la comprendre. Il ne veut ni juger ni même véritablement transformer ce qui lui vient à l'esprit en un modèle ou une réalité fixe. Cette vérité est la respiration même de la pensée et de la vie, non une identité immuable, unique et fixe. Cette vérité ondoyante qu'il cherche à capter, c'est effectivement le flux des associations d'idées et des humeurs, les caprices de la pensée tels que nous pouvons les suivre.

Or cette pensée nous échappe continûment, Montaigne le constate, et nous à sa suite. À chaque fois que nous croyons tenir une certitude, celle-ci se défait. Et quand nous pensons avoir véritablement enserré ou emprisonné une vérité, voilà que nous sommes déjà nous-mêmes ailleurs. Au lieu d'affirmer que la vérité nous échappe, mieux vaudrait comprendre que nous ne cessons de nous échapper à nous-mêmes. « Je ne peins pas l'être. Je peins le passage : non un passage d'un âge à un autre… mais de jour en jour, de minute en minute. »

Voilà ce que Montaigne fait comprendre : la vie est un flux, une navigation permanente, pour une grande part dépourvue de boussole. Car le flux interne du temps nous traverse : s'il nous porte, il ne cesse aussi de nous disperser. Contrairement à ce que la philosophie et les sciences tentent de nous faire croire, il n'existe pas de points fixes pour être définitivement arrimés quelque part. C'est ce qui fait le risque du voyage en soi-même : « C'est une épineuse entreprise, et plus qu'il ne semble, de suivre une allure si vagabonde que celle de notre esprit, de pénétrer les profondeurs opaques de ses replis internes. »

Les pensées de Montaigne se développent ainsi hors de tout dogmatisme. C'est pourquoi il déteste tellement les pédants, ceux qui croient, en utilisant des mots obscurs et des phrases rares, acquérir une connaissance. Il n'a pas de mots trop durs pour ces faux savants. Mais il s'en prend également aux savants authentiques et à leur prétention à connaître. Dans le sillage des sceptiques grecs, Montaigne préconise de suspendre le jugement, d'éviter d'affirmer ou de nier quoi que ce soit. Le but n'est pas de rester ainsi dans une forme complète d'incertitude, mais d'accepter une certaine irrésolution, une faiblesse de nos jugements. Quelle que soit la position que l'on prend, l'avis que l'on soutient à un moment donné, on risque toujours d'adopter l'avis contraire à l'heure suivante ou, en tout cas, l'année d'après !

Montaigne insiste sur cette dimension instable et incertaine de nos connaissances. Il n'hésite pas à mettre l'accent, de manière répétée, sur les limites de tous nos savoirs et sur la nécessité d'en prendre conscience : « La philosophie ne me semble jamais avoir si beau jeu que quand elle combat notre présomption et vanité, quand elle reconnaît de bonne foi son irrésolution, sa faiblesse et son ignorance. » Ou bien nous ne savons pas, ou bien ce que nous savons est restreint et peu solide. On se trouve donc très loin de la certitude qui régnait en philosophie depuis Platon et Aristote. Avec le scepticisme de Montaigne, qui renouvelle celui de l'Antiquité, nous devenons au contraire conscients du caractère extrêmement limité de nos connaissances et de l'aspect fluctuant de nos jugements, susceptibles de varier avec autant de flexibilité et de soudaineté que nos humeurs. « Et nous, et notre jugement, et toutes choses mortelles vont coulant et roulant sans cesse. Ainsi, il ne se peut établir rien de certain de l'un à l'autre, et le jugeant et le jugé étant en continuelle mutation et branle » (II-12).

## Joyeuse incertitude

Montaigne va jusqu'à écrire, dans l'*Apologie de Raymond Sebond* : « Finalement, il n'y a aucune constante existence, ni de notre être, ni de celui des objets. » Or, s'il n'y a ni sujet ni objet, la connaissance même semble s'évanouir, la philosophie être réduite à néant. D'ailleurs, comme il le souligne dans le même texte, « nous n'avons aucune communication à l'être ». Voilà qui est troublant. Car cette incertitude, cette ignorance, ce caractère éphémère et incertain et de nos connaissances limitées et de nos faibles jugements peuvent susciter l'inquiétude. Or ce n'est pas le cas.

Que nous soyons à ce point limités, à ce point incapables de la moindre certitude, n'est-ce pas désespérant ? Notre vie inéluctablement se termine par la mort, dont nous ne pouvons pas comprendre le pourquoi. Tant d'impuissance ne devrait-elle pas générer l'angoisse ? Le fait que toujours, comme dit Montaigne, « on trouve l'ignorance au bout » n'est-il pas profondément attristant ?

La force paradoxale de Montaigne est de pouvoir répondre « non » à cette question. L'ignorance, chez lui, n'est jamais source de désespoir ou de tristesse. Elle fournit au contraire le moyen de les combattre. Car Montaigne, comme Spinoza ou comme Nietzsche, combat la tristesse. Il y voit une forme de lâcheté, de démission, de posture diminuée et réductrice. Contre cette tristesse, l'incertitude possède quelque chose de tonique, de dynamique. Nous sommes toujours incertains, toujours pris dans une irrésolution fondamentale, nous ne savons pas véritablement où est la vérité, mais rien de tout cela ne doit être déprimant.

En ce sens, Montaigne nous réconcilie avec nos faiblesses et nous incite à nous aimer tels que nous sommes. « De nos maladies, la plus sauvage, c'est de mépriser notre être. » C'est pourquoi il faut cultiver « l'amitié que chacun se doit » et s'en servir pour se défaire de la tristesse, « qualité toujours nuisible, toujours folle, toujours couarde et basse ». En fin de compte, le voyage vers l'inaccessible vérité est pour Montaigne plein de surprises, de découvertes, de rencontres insolites, d'étonnements. Aux voyages réels dans l'espace se superpose un goût du périple mental qui est à lui-même son propre but. Montaigne ne cesse d'effectuer ces trajets avec gourmandise, joie, courage. Avec finalement une perpétuelle allégresse sur fond de vide.

C'est pourquoi, pour lire les *Essais,* il faut se laisser aller, comme le fait cet étrange philosophe. Ne pas chercher à toute force à suivre le fil des idées, à repérer les argumentations. Avancer simplement, au fil des pages, au gré de l'humeur. Tomber en arrêt, ici ou là, sur une perle qui fera de l'usage. Cette nonchalance n'est pas liée à un tempérament. Plus qu'une forme de caractère, elle est pour Montaigne signe de philosophie et de posture dans l'existence. Se défier des certitudes, accepter que tout soit en évolution, apprendre à s'aimer, se savoir mortel et demeurer en joie, voilà ce qu'il appelle « faire l'homme ».

On comprend pourquoi Nietzsche, qui a beaucoup lu Montaigne et lui doit énormément, lui rendait cet hommage unique : « Du fait qu'un tel homme a écrit, en vérité on a plus de plaisir à vivre sur la terre. »

*De Montaigne, que lire en premier ?*

Dans les *Essais*, l'« Apologie de Raymond Sebond ».

*Sur Montaigne, que lire pour aller plus loin ?*

Albert Thibaudet, *Montaigne*, texte établi par F. Gray d'après les notes manuscrites, Paris, Gallimard, 1963.

Marcel Conche, *Montaigne ou la conscience heureuse*, Paris, Seghers, 1964.

Jean Lacouture, *Montaigne à cheval*, Paris, Seuil, 1996, 1998.

Antoine Compagnon, *Nous, Michel de Montaigne*, Paris, Seuil, 1980.

Stefan Zweig, *Montaigne*, traduit par J.-J. Lafaye et F. Brugier, Paris, PUF, 1982.

☞ La vérité, pour Montaigne, est à la fois incertaine et joyeuse, comme l'existence elle-même, car il porte à leur plus haut point le doute et le simple courage de vivre.

Aussi loin que nous allions en nous-mêmes, nous ne rencontrons en effet, pour Montaigne, que des paysages changeants et des inclinations toujours variables.

☞ Face à cette mise en cause radicale de toute vérité fixe et stable, de puissantes défenses vont être édifiées.

Elles mobilisent en même temps la raison divine et la raison humaine.

Elles s'efforcent de garantir dans la toute-puissance de Dieu lui-même la certitude de nos connaissances.

Ce sont les grands systèmes de l'Âge classique.

# Troisième partie

## VÉRITÉS HUMAINES, VÉRITÉS DIVINES

*Où l'on cherche ce qui est commun à la raison des hommes et à la raison de Dieu*

Rapprocher raison humaine et raison divine, comme font les grands systèmes philosophiques de l'Âge classique, n'est pas une nouveauté. Toutefois, si cette possibilité était connue, elle devient alors systématique, prend place au centre de la pensée et transforme la conception de la vérité. La vérité, désormais, est la même en Dieu et en moi.

Encore faut-il s'entendre sur ce que veut dire « Dieu ». Car le Dieu des philosophes n'est pas exactement celui des religions. Il faut le considérer comme la figure de l'infini, le passage à la limite des caractéristiques de la pensée, de la mémoire, de la volonté, de l'action, de l'intelligence. Dieu possède un entendement infini alors que le nôtre est limité, une volonté infinie alors que la nôtre est nécessairement bornée, etc. Toutes les qualités possibles, toutes les facultés imaginables sont portées en lui à la perfection absolue.

Dans cette perspective, Dieu comme figure de l'infini aura pour fonction, chez les philosophes de l'Âge classique, de garantir les certitudes. Dieu est celui grâce à qui la vérité est fiable, stable et connaissable. Descartes arrive ainsi à la conclusion que Dieu n'est pas trompeur, qu'il est donc en mesure de préserver la vérité, de garantir qu'elle ne va pas disparaître lorsque je ne la pense pas.

Pour Pascal, il s'agit de distinguer des types de vérité. Celle du pouvoir, dont les signes sont visibles : fastes de la richesse, symboles de l'autorité. Celle de l'intelligence, qui est d'un autre ordre et ne se voit qu'avec les yeux de l'esprit : démonstrations des mathématiciens, force intellectuelle des arguments. Le troisième ordre, que Pascal appelle « l'ordre du cœur », est celui de la charité et l'amour du prochain.

Chez Spinoza, voir la vérité, c'est finalement voir les choses comme Dieu les voit, du moins pour la part de nos capacités qui sont identiques. Les conséquences ne sont pas minces, car cette vision suppose une forme d'éternité dans la présence même au monde.

Chez Leibniz également, la question du rapport entre sujet individuel, vérité de la raison et entendement divin ne cesse de se poser et d'organiser la réflexion, la particularité de Leibniz étant de résoudre ce problème sous l'angle du mal, en éclairant la manière dont Dieu, à chaque instant, calcule le moins mauvais monde possible.

• NOM : DESCARTES

• LIEUX ET MILIEUX
La Touraine, Poitiers, la petite noblesse. Puis,
après un temps de vie militaire, notamment en
Allemagne, une existence discrète, presque cachée,
en Hollande, qui était alors le lieu le plus pro-
pice à la liberté de pensée.

• 9 DATES
**1596** : Naît à La Haye, aux confins du Poitou
et de la Touraine.
**1604** : Commence ses études au collège des jésuites à La Flèche.
**1618** : S'engage dans l'armée de Maurice de Nassau.
Rencontre le mathématicien Isaac Beeckman.
**1620-1625** : Abandonne la vie militaire, se consacre à des travaux
d'optique.
**1628** : Se retire dans les Provinces-Unies (les Pays-Bas).
**1637** : Publie le *Discours de la Méthode*.
**1641** : Première édition de ses *Méditations* en latin.
**1649** : Publie *Les Passions de l'âme*.
**1650** : Meurt à Stockholm, où il était invité par Christine de Suède.

• SA CONCEPTION DE LA VÉRITÉ
La vérité pour Descartes :
est accessible par les seuls moyens de la raison humaine,
exige un usage méthodique des capacités limitées de notre esprit,
doit permettre d'améliorer l'existence par ses applications pratiques.

• UNE PHRASE CLÉ
« La philosophie que je recherche [...] est la connaissance des vérités
qu'il nous est permis d'acquérir par les lumières naturelles, et qui
peuvent être utiles au genre humain. »

• SA PLACE DANS L'HISTOIRE DE LA PHILOSOPHIE
Cruciale, car il marque un tournant et ouvre l'espace de la pensée
moderne, aussi bien par son exigence de méthode, sa volonté de
repartir à zéro, que par son attention à la conscience.

## 8

OÙ UN HÉROS NOMMÉ DESCARTES DÉCOUVRE
UNE VÉRITÉ INDESTRUCTIBLE
MÊME PAR UN DIEU MAUVAIS

L'histoire de la philosophie n'est pas un long fleuve tranquille. Elle juxtapose continuité et ruptures, retours aux sources et nouveaux départs. De loin en loin, la nécessité s'impose de repartir de zéro. Il faut tout reprendre depuis le commencement, comme si l'on s'était égaré quelque part en chemin, sur une mauvaise route. Sans doute, dans ce sentiment de faire table rase du passé, existe-t-il une part d'illusion. Croyant tout reprendre depuis les fondations pour construire du neuf, on prolonge en fait, sans le savoir, des plans anciens. Mais, justement, on ignore alors ces continuités. Les historiens les mettront en lumière plus tard. Ce qui domine, sur l'instant, c'est l'impression de commencer, seul, une nouvelle aventure de la vérité.

Descartes est l'exemple type d'une telle refondation. Il décide, un beau jour, de quitter l'amoncellement des savoirs médiévaux, rejetant l'autorité des vieux maîtres et de leurs innombrables commentateurs. Il écarte cet imposant fatras de citations des Anciens, références obligées en tous domaines, Aristote en tête. Il refuse de s'embarrasser du poids des siècles et des contraintes de l'école. Car il constate que ces pesantes disciplines produisent peu de connaissances et, surtout, ne garantissent aucun chemin assuré vers le vrai.

*Un héros*

« C'est un héros – il a repris les choses par les commencements, et il a retrouvé de nouveau le sol de la philosophie, auquel elle est revenue après un égarement
de mille ans. » Ainsi s'exprime Hegel à propos de
Descartes, à deux siècles de distance. Propos excessifs,
en un sens, car il est faux que les pensées du Moyen
Âge et de la Renaissance, dans leur diversité et leur
complexité, se résument à « un égarement ». Passons
sur l'exagération. Considérons le héros. Qu'a-t-il donc
de singulier ?

Le fait de vouloir rompre avec le passé, certes, mais
aussi le style extraordinaire de cette rupture. Descartes,
en effet, dit « je ». Il ne sépare pas recherche de vérité et
subjectivité. Il ne dissocie jamais l'histoire de ses pensées
de la construction d'une méthode. On le voit ainsi, dans
le *Discours de la méthode*, mentionner ses études et la
déception qu'elles lui occasionnent. Il se met en scène,
en train d'écrire sur une table, au coin du feu, dans les
*Méditations métaphysiques*. On pourrait croire qu'il
raconte sa vie ou qu'il prend un exemple concret. Pourtant, ce « je », fort rare jusqu'alors dans les textes philosophiques, possède un statut très particulier.

En effet, la façon de dire « je », chez Descartes, ne
relève pas du cas de la pure et simple autobiographie
(comme lorsqu'on dit, par exemple, « je suis né dans
telle ville, telle année, et mes parents s'appelaient tel et
telle »), ni du cas de la neutralité scientifique (comme
dans la phrase « si je considère un carré, je constate qu'il
a quatre angles droits »). Dans le premier cas, le « je » ne
renvoie qu'à un seul individu, et ne peut en désigner un
autre (laissons de côté l'exception des gémeaux…). Dans
le second cas, n'importe quel esprit peut se substituer à

ce « je » neutre : tout être humain, plus largement tout être doué de raison, s'il se représente un carré, fera le même constat.

## Singulier et universel

La singularité du « je » cartésien tient au fait qu'il se situe entre les deux, à l'intersection de l'individualité particulière et de l'énoncé impersonnel et objectif. Descartes décrit bien, indiscutablement, une histoire personnelle, un itinéraire subjectif, à nul autre semblable. Dans le même temps, il prend appui sur cette singularité absolue pour en faire un levier vers l'universel, pour accéder ainsi à des vérités valant identiquement pour tous.

Voilà en quoi il est généreux, en un premier sens. Il s'agit là d'une forme assez inhabituelle de générosité : permettre à l'autre d'avancer, à son tour, sur le chemin qui le conduira, par ses propres forces, à des connaissances vraies. C'est en cela que consiste, en son fond, le geste de la méthode : indiquer les règles que l'on suit pour atteindre la vérité, afin que chacun puisse en faire autant. En matière de savoir, l'affaire essentielle n'est donc, pour Descartes, ni une plus grande intelligence ni une imagination plus inventive, mais une meilleure utilisation de la capacité commune, identique en nous tous, de distinguer le vrai du faux.

Avec la raison, chacun possède un instrument similaire, aux pouvoirs relativement restreints. Toutefois, certains deviennent savants, d'autres non. Quelques-uns font d'utiles découvertes, d'autres pas. Pourquoi ? Uniquement en fonction de la manière, performante ou non, dont ils se servent de cet unique instrument. La méthode est avant tout un mode d'emploi. Son titre pourrait être : « Comment se servir de sa raison pour qu'elle devienne efficace. »

Notre entendement est limité. Nos capacités d'atteindre des connaissances vraies, somme toute, sont faibles. Répétons-le : le pouvoir de la raison, et ses limites, sont identiques en chacun. « Le bon sens est la chose du monde la mieux partagée » signifie bien que personne n'a plus ni moins de raison que son voisin ou sa voisine. Ce qui fera la différence, ce ne sera donc ni le sexe, ni le rang social, ni la fortune – pas même la volonté de réussir ou la quantité de travail fournie. Entre l'ignorance et la science, le partage se fait seulement par l'usage judicieux de cet outil assez pauvre que nous possédons tous. Voilà pourquoi Descartes commence par rédiger des *Règles pour la direction de l'esprit*, publie pour premier livre le *Discours de la méthode* et ne cesse jamais d'enseigner les bonnes façons de se servir des moyens intellectuels dont nous disposons.

Ces règles simples nous sont devenues coutumières. N'accepter pour vrai que ce qui s'impose comme évident, décomposer les difficultés pour les résoudre élément par élément, voilà des préceptes qui semblent constituer aujourd'hui une politesse élémentaire de la recherche scientifique. Ce n'était pas le cas au temps de Descartes. Des masses de connaissances étaient enseignées sans examen critique. Le prix des théories ne provenait pas de leur évidence ni de leur cohérence, mais plutôt de leur ancienneté, de l'autorité des auteurs qui les avaient soutenues, du prestige qui les entourait et du soutien de l'Église.

Descartes rompt avec tout cela, animé d'une sorte d'héroïsme tranquille, d'une confiance étonnante dans son bon usage de la raison. Il y a dans sa démarche, à parts égales, orgueilleuse démesure et grande humilité. L'humilité consiste à répéter que chacun pourra en faire autant, que ses facultés sont les mêmes que celles de n'importe qui. La démesure et l'orgueil résident dans la certitude proclamée d'être le premier à détenir les clés d'un savoir concernant toutes choses, depuis les plus fondamentales jusqu'aux principes des plus rares et curieuses.

## Un homme secret

Ce héros qui affirme pouvoir à lui seul changer le savoir, réussir là où tous avant lui ont échoué, qui est-il donc ? Toujours difficile, la réponse est moins aisée avec lui qu'avec tout autre. Car Descartes est un homme secret. Il n'aime guère être en pleine lumière. Par discrétion ? Par crainte ? Par souci de poursuivre son travail de pensée ? Cela ne fait qu'un. Son goût du retrait et de l'anonymat est constant. Sa devise : *larvatus prodeo*, « j'avance masqué ».

De fait, on ne sait pas toujours où il est ni ce qu'il fait. Au grand désespoir de ses biographes, Descartes a multiplié les zones d'ombre. Il lui arrive même de louer une demeure, d'y faire porter ses malles et… d'aller vivre ailleurs ! Ce qu'on sait de vraiment certain peut se résumer en quelques phrases. Une enfance en Touraine, sans sa mère, morte quand il avait un an. Une santé fragile, qui le fait rester tard au lit, même au collège de La Flèche où il fait de bonnes études qui ne comblent pas sa soif de comprendre. Il étudie ensuite le droit à Poitiers et part faire la guerre en Allemagne et en Italie.

Comment un gentilhomme de petite noblesse, attiré par le métier des armes, devient-il philosophe dans les années 1620 ? Pas de réponse assurée, évidemment. Parmi les indices : une rencontre décisive, en novembre 1618, avec le mathématicien Isaac Beeckman, lui fait comprendre que physique et géométrie peuvent s'unir. Un triple rêve,

auquel Descartes lui-même attribue l'impulsion de son
œuvre, lui présente toute une nuit l'accès à une « science
universelle », comprenant « tout ce qui est soumis à l'ordre
et à la mesure ». Freud a consacré aux rêves de Descartes
une petite étude, relativement peu lue.

Avec une fortune suffisante pour vivre sans travailler,
Descartes quitte le métier des armes, s'installe en Hollande
et se consacre à la science sous tous ses aspects. On
aurait tort d'imaginer cet esprit curieux occupé seulement d'algèbre et de métaphysique. Le mécanisme des
avalanches, la structure des flocons de neige, la question
de savoir « s'il y a des animaux dans la Lune » le mobilisent aussi, entre cent autres questions d'ordre scientifique ou pratique. Il ne se contente pas de spéculer ou
de déduire. Il observe, par lui-même : « J'ai été un hiver
à Amsterdam que j'allais tous les jours en la maison d'un
boucher » pour lui demander de porter « en mon logis
les parties que je voulais anatomiser plus à loisir ».

Le choix des Pays-Bas n'est évidemment pas un hasard.
C'est là, dans l'Europe du temps, qu'un philosophe peut
être libre. Descartes le sait et choisit d'y vivre pour n'être
pas inquiété pour ses écrits. Socialement, la prudence est
son attitude constante. Il évite les provocations, se refuse
à heurter l'Église. Non par lâcheté, mais avec le souci de
pouvoir continuer, convaincu qu'il est plus utile d'agir
sur le long terme, en transformant la pensée, que de
périr en bravache.

Son dernier voyage est pour le « pays des ours » (c'est
ainsi qu'il appelle la Suède), où la reine Christine l'invite
car il a rédigé pour la princesse Élisabeth le *Traité des passions*, sa dernière œuvre. Le philosophe doit venir chez la
reine dès l'aube – s'agit-il bien de leçons de philosophie ? –
et prend froid dans l'hiver suédois. Il meurt à Stockholm, à
cinquante-quatre ans, et est enterré – ironie du sort – dans
le cimetière des enfants morts avant l'âge de raison.

Le *Traité des passions* renferme une précieuse définition de ce que Descartes nomme « générosité ». Il s'agit de faire bon usage de ses passions, de les aimer en s'aimant soi-même. Cette clé d'une vie heureuse n'est pas une vertu parmi d'autres, ni même une disposition générale envers la vie. C'est plutôt un amour effectif de soi-même, un contentement plein et persistant de ce que l'on est, qui n'a rien à voir avec l'égoïsme et sa clôture. Fondement de la moralité cartésienne, cette affectivité généreuse s'entretient elle-même en agissant vertueusement. « Car quiconque a vécu de telle sorte que sa conscience ne peut lui reprocher qu'il ait jamais manqué à faire toutes les choses qu'il a jugées être les meilleures [...], il en reçoit une satisfaction si puissante pour le rendre heureux que les plus violents efforts des passions n'ont jamais assez de pouvoir pour troubler la tranquillité de son âme. »

Cette satisfaction n'est pas identique au sentiment du devoir accompli. Descartes ne conseille pas, comme Socrate ou Aristote, d'être moral pour être heureux. Il préconise plutôt d'être d'abord heureux-généreux pour être assuré de pratiquer la vertu. Qu'est-ce que cela signifie ? Rien ne saurait nous contraindre à être, envers nous-mêmes et envers le monde, dans la tonalité d'un accord majeur. Rien ne peut nous obliger, du dehors, à nous maintenir dans la jouissance que cet agrément suppose. Il faut que ce penchant soit premier, et que les vertus s'ensuivent.

## Le Malin Génie

Généreux, Descartes l'est aussi en un autre sens, dans sa conception même de la vérité. À ses yeux, elle n'est jamais cachée, cryptée ou indiscernable. Au contraire, tout au long de son œuvre, la vérité s'impose, comme une évidence qu'on ne peut nier, dès qu'on la rencontre en toute clarté. L'erreur est la conséquence d'une précipitation : nous avons dit « oui » trop vite à une représentation qui n'était pas encore assez claire et nette. Reste à se demander : quelle constatation est donc suffisamment claire et nette pour que nous puissions *en toute certitude* la déclarer vraie ? Question cruciale car il se pourrait, après tout, qu'il n'y ait rien, rien du tout, qui soit absolument certain – auquel cas nous devrions renoncer à la connaissance, à la vérité, à la philosophie.

Dans cette recherche pour obtenir *au moins une* vérité incontestable, Descartes s'emploie à amplifier la puissance du doute. Bonne méthode : plus le doute sera puissant, plus ce qui résistera sera solide, si quelque chose tient le coup. Ou bien tout sombre dans l'incertitude, ou bien un roc demeure, un point fixe qu'on pourra dire inébranlable. Dans cette quête, les étapes sont graduées. Le philosophe commence par reprendre les doutes forgés par les sceptiques grecs dans l'Antiquité. Par exemple : s'il est arrivé que mes sens me trompent, je ne peux leur accorder une totale confiance. Ou encore : s'il m'est arrivé de me croire éveillé alors que je dormais, je ne peux plus être totalement sûr et certain de ne pas être en train de dormir.

Cette mise en cause de nos certitudes habituelles épargnait, avant Descartes, les règles de la logique et les déductions mathématiques. Même si je suis en train de rêver, même si le carré dont je compte les côtés n'existe pas matériellement, il n'en est pas moins hors de doute que ce carré, dans ma tête, a bien quatre côtés et quatre angles droits. Voilà ce que l'on tenait pour acquis. Descartes va bien plus loin, en inventant le cauchemar le plus abominable de toute l'histoire de la philosophie, la fiction du Malin Génie : de quoi pourrais-je être certain s'il existait un Dieu tout-puissant et trompeur qui me fasse toujours trouver « quatre » quand je compte les côtés et les angles droits d'un carré, alors que la vraie réponse serait en réalité tout à fait différente ?

C'est alors la pensée elle-même qui se trouve faussée du dedans, incapable d'être fiable. Le cauchemar est à son comble : impossible de faire confiance aux plus rigoureux raisonnements. Dira-t-on que rien ne prouve que le Malin Génie existe ? On répondra que rien ne prouve qu'il n'existe pas. Toute certitude est minée. Doit-on en conclure que rien n'est certain et que la vérité nous est radicalement inaccessible ?

Le coup de génie de Descartes est de parvenir à sortir de ce piège apparemment parfait. Même si ma pensée est manipulée, bernée jusque dans mon sommeil, même si le monde extérieur n'existe pas et que mon propre corps est une illusion, il reste absolument certain que je pense. Je pense peut-être faux, et en rêve, mais je pense (*cogito*, en latin), cela est hors de doute, d'une certitude absolue.

Il s'agit donc de commencer par défaire le monde – tout mettre en doute, jusqu'à l'intimité de la pensée – au risque de tout voir sombrer à jamais. Et sur une seule vérité – « je pense » –, qui se révèle indestructible, mais qui n'est d'abord que ponctuelle et sporadique, il va falloir tout reconstruire. Il faudra déduire Dieu, la possibilité de connaître, l'existence du monde extérieur, la réalité du corps, la distinction du rêve et de la réalité.

Descartes tient le roc qu'il cherchait. Sur cette pierre, il bâtit sa philosophie.

*De Descartes, que lire en premier ?*

Le *Discours de la méthode.*

*Sur Descartes, que lire pour aller plus loin ?*

Ferdinand Alquié, *Descartes. L'homme et l'œuvre*, Paris, Hatier, 1956.

Martial Gueroult, *Descartes selon l'ordre des raisons*, 2 vol., Paris, Aubier Montaigne, 1968.

Jean-Luc Marion, *Descartes*, Paris, Hachette, 1996.

Frédéric de Buzon, Denis Kambouchner, *Le Vocabulaire de Descartes*, Paris, Ellipses, 2000.

☞ Accéder à la vérité, pour Descartes, est affaire de méthode, c'est-à-dire d'usage efficace de notre raison, laquelle est capable de discerner le vrai du faux.

Chacun, en s'appliquant, en évitant les jugements précipités, en ne donnant son assentiment qu'à ce qu'il comprend en toute clarté, aboutira donc au même résultat.

☞ Aux yeux de Pascal, cette manière de voir laisse de côté l'essentiel. Descartes, à ses yeux, est « inutile et incertain ». Parce qu'il ne voit de la réalité que le versant démontrable et argumenté, et semble ignorer que Dieu n'est pas seulement mathématicien. Il parle au cœur.

- **NOM : PASCAL**

- **LIEUX ET MILIEUX**
La France scientifique et religieuse du milieu
du XVII<sup>e</sup> siècle.

- **8 DATES**
**1623 :** Naît à Clermont.
**1634 :** À onze ans, écrit un *Traité des sons.*
**1640 :** À dix-sept ans, publie *l'Essai sur les
côniques*, important travail de mathématiques.
**1647-1648 :** Expériences sur le vide et la
pression atmosphérique.
**1654 :** Extase mystique la nuit du 23 novembre.
**1656 :** Rédige *Les Provinciales.*
**1658 :** Travaille à un projet d'*Apologie de la religion chrétienne.*
(le texte des *Pensées* est constitué de fragments destinés à ce livre).
**1662 :** Meurt à Paris.

- **SA CONCEPTION DE LA VÉRITÉ**
La vérité pour Pascal :
se situe sur plusieurs registres distincts,
ces registres sont en tension,
nous ne cessons de les mélanger, alors qu'il convient de les distinguer.

- **UNE PHRASE CLÉ**
« La justice sans la force est impuissante : la force sans la justice est
tyrannique. »

- **SA PLACE DANS L'HISTOIRE DE LA PHILOSOPHIE**
Singulière, et isolée. Le génie de Pascal n'a pas constitué une pensée
systématique ni une doctrine, encore moins une école. Il a parfois
irrité par l'ardeur de sa foi chrétienne. Il n'en reste pas moins un
maître extraordinaire dans l'art d'ébranler les certitudes et de désorganiser les assurances.

## 9

# OÙ PASCAL MONTRE QUE DIEU PARLE
## AU CŒUR

On chercherait en vain le « pascalisme » : il n'existe pas. Ni comme doctrine ni comme école. Certes, Pascal eut d'innombrables lecteurs. Il a exercé sur des générations de penseurs une influence et une fascination durables. Les nombreuses études que ses œuvres ont suscitées le confirment. Malgré tout, on peut dire qu'il n'eut jamais, à proprement parler, de disciples. Ce fulgurant génie n'a suscité aucune lignée de philosophes qui auraient développé ses thèses. Le paradoxe de sa position est d'occuper une place considérable dans l'histoire tout en restant solitaire, à tout le moins singulier.

Le contraste est grand avec Descartes, son aîné de presque trente ans et son contemporain. Car il existe effectivement un « cartésianisme » comme système de pensée, et une lignée de penseurs « cartésiens » qui s'inscrit dans le sillage du Maître et prolonge sa philosophie. Ce n'est pas le seul trait qui les oppose. Descartes part de principes qui, à ses yeux, s'imposent d'eux-mêmes comme vrais, parce qu'ils sont clairs et distincts. À partir de ces principes, il déduit de proche en proche des conséquences vraies, au moyen de ce qu'il appelle la « chaîne des raisons ». Pascal, au contraire, critique l'idée même de principe et refuse de déduire des vérités de prétendues évidences premières. Il s'ingénie à faire continûment se

confronter les uns aux autres des points de vue diver-
gents, sans aboutir nécessairement à un résultat logique-
ment démontré.

La modernité même de Pascal tient en grande partie
à cette position. Il se méfie tant des principes parce qu'il
envisage la vérité elle-même sur plusieurs registres. Peut-
être la principale innovation de Pascal, dans le domaine
de la pensée, est-elle d'avoir, bien avant Nietzsche,
transformé l'idée de vérité. Au lieu d'une forme d'unité
immuable, d'une singularité fixe, Pascal distingue des
registres, des types de vérité qui correspondent à des expériences distinctes, constituant des univers différents. Le
meilleur exemple est sans doute ce texte célèbre où le philosophe distingue trois ordres de réalité. Dans celui
des corps, les grandeurs sont visibles. Leurs différences
sautent aux yeux : tel homme a plus de force physique,
plus de richesses ou de propriétés que tel autre. Cela
peut se constater *de visu*. La puissance financière et le
pouvoir social se donnent à voir, avec ostentation parfois, dans un registre perceptible aux regards. Dans l'ordre
de l'esprit, il n'en va pas de même. De grands savants
sont pauvres, des génies ne paient pas de mine et peuvent
passer pour des imbéciles. Leur puissance intellectuelle
ne se donne pas à voir avec les yeux du corps. C'est seulement avec les « yeux de l'âme » que l'on va pouvoir
discerner, par l'intelligence, la force d'une démonstration. Mais cette distinction entre ce qui est visible aux
yeux et ce qui est visible à l'intelligence n'épuise pas les
registres de vérité.

Pascal ajoute l'ordre du cœur, qui est pour lui décisif.
C'est le registre de l'amour du prochain, de la compassion, de la charité, des grandeurs proprement spirituelles,
et non plus seulement intellectuelles et physiques. Dans
ce troisième et dernier registre, celui du cœur, règnent les
saints, et le Christ s'y impose comme modèle absolu et

grandeur suprême. Ces trois registres – il faut y insister –
sont radicalement disjoints. On ne peut voir avec les yeux
du corps ce qu'on voit avec l'esprit, on ne peut saisir ni
avec le corps ni avec l'esprit ce que l'on sent avec le cœur.
Voilà qui donne une illustration nette de ce que Pascal
change dans la conception philosophique de la vérité : il y
introduit des registres incommensurables et accorde la
place ultime à l'intuition, au cœur, à ce qui est senti bien
plus qu'à ce qui est conçu intellectuellement. Il affirme
la supériorité décisive de l'ordre du cœur. Ce registre de la
charité, qui est aussi celui de la ferveur de la foi, l'emporte
sur tout le reste. Cette ferveur pascalienne résulte d'une
conversion à la foi chrétienne qui s'est déroulée en deux
temps dans son existence.

*Génie précoce*

Comme Descartes, Pascal a perdu sa mère alors qu'il
était encore un tout petit enfant : lorsqu'elle meurt, en
1626, il a seulement trois ans. Comme Montaigne, il est
élevé par un père extraordinaire attentif. Le père de
Pascal est un savant, à la fois mathématicien, juriste,
musicien. Il n'est évidemment pas étranger au développement intellectuel de son fils. Mais celui-ci, de son
côté, se signale précocement par ses capacités intellectuelles hors du commun. À onze ans, Pascal publie son
premier travail de mathématiques, un *Traité des sons*. À
dix-sept ans, il achève son *Essai sur les coniques*, où il
résout plusieurs questions centrales pour les mathématiques de l'époque.

Ce mathématicien se distingue par sa méthode. Au
lieu d'être générale, elle travaille « sur mesure », si l'on
ose dire. Pascal se révèle en effet capable de construire, pour
chaque objet de ses recherches, une méthode spécifique.

La démarche habituelle consiste à déduire toutes les
vérités particulières à l'aide de principes généraux toujours identiques. Pascal suit le chemin inverse. Il part
des problèmes qu'il rencontre, comme celui des coniques,
et construit la méthode qui convient – pour ce problème, non pas pour tous. Il découvre ainsi que tous les
coniques s'inscrivent dans un hexagramme, qu'il dénomme
« hexagramme mystique ». Ce savant imaginatif est aussi
physicien, expérimentateur, capable de prendre le contre-
pied des préjugés de son temps. Il confirme l'existence
du vide, refait les expériences de Torricelli en 1646, établit l'existence de la pression atmosphérique.

Dans un premier temps, ce travail scientifique se
conjugue à sa réflexion chrétienne. Une première conversion de Pascal, à vingt-trois ans, le rapproche en effet de
la foi et aussi de la communauté de Port-Royal. Mais il
n'envisage alors pas plus de mettre un terme à ses travaux scientifiques que de se retirer du monde. Huit ans
plus tard, après la grande expérience mystique de la nuit
du 23 novembre 1654, qui marque sa « seconde conversion », ses perspectives changent. Les quelques lignes du
célèbre *Mémorial* qui gardent trace de ce moment de feu
laissent penser que Pascal eut le sentiment d'éprouver,
de tout son être, la réalité de Dieu – non pas, il y insiste,
le « Dieu des philosophes », qui n'est qu'un concept,
mais le « Dieu d'Abraham, d'Isaac et de Jacob », celui
qui se révèle aux hommes.

Peu après cette nuit décisive, Pascal choisit de se retirer du monde. Il part vivre auprès des solitaires de Port-
Royal, fervents chrétiens qui consacrent leur temps à la
méditation et à l'étude. Il entre alors dans une autre
phase de sa vie, dominée par ses combats pour la défense
de ses convictions. Retiré du monde, Pascal y intervient
plus que jamais. Il se transforme en effet en polémiste,
en pédagogue, en prédicateur d'un nouveau genre. Prenant

fait et cause pour les jansénistes de Port-Royal contre les jésuites, il rédige sous pseudonyme dix-huit lettres connues sous le titre *Les Provinciales*.

Adoptant le point de vue d'un honnête homme qui cherche à comprendre la querelle, Pascal s'emploie à montrer combien les reproches et griefs formulés à l'encontre des « messieurs de Port-Royal » sont injustes et infondés. Dans cet exercice, Pascal se montre redoutable dans le choix des arguments et dans l'habileté pour les manier. Mais il se révèle aussi un styliste de grande envergure. Si l'on continue à lire et à commenter *Les Provinciales*, plus de trois siècles et demi plus tard, en étudiant la littérature française, ce n'est pas vraiment à cause de la querelle sur la grâce ni des discussions qu'elle a entraînées sur le libre arbitre et le salut. C'est avant tout pour une écriture : rapide et fiévreuse, ramassée et puissante, concise et déliée. Elle fait de Pascal un des plus grands auteurs de la langue française.

Ce même style se retrouve, avec encore plus de densité, dans la longue série de fragments qu'on a pris l'habitude, trompeuse, de nommer les *Pensées*. Ce ne sont que les ébauches, parfois les brouillons, d'un ouvrage interrompu par la mort. Pascal y a consacré les dernières années de sa vie, miné par l'affaiblissement de sa santé. Malgré ses maux, il prend une multitude de notes pour construire ce qui aurait dû s'intituler *Vérité de la religion chrétienne*, livre de combat destiné à convertir les plus sceptiques des libertins. Car Pascal s'adresse en premier lieu aux esprits forts, à ceux qui ont perdu la foi et même tout rapport avec la spiritualité.

Le philosophe meurt avant d'avoir seulement mis en ordre ses brouillons. Le texte inachevé se présente donc sous la forme d'un petit millier de fragments, 993 exactement dans l'édition Brunschvicg. Il n'y a pas de doute sur l'authenticité de ces fragments : tous sont bien de

Pascal. Ce que l'on ignore, c'est la forme définitive qu'aurait eue l'ouvrage, les textes qui auraient été modifiés ou supprimés, ceux qui auraient été laissés tels quels.

Pire encore : on ne sait pas exactement dans quel ordre ces pièces auraient été assemblées. Il existe des indices, des plans laissés par Pascal, des liasses où il avait regroupé des feuilles pour servir de matériau à tel ou tel chapitre. On se trouve donc, depuis près de trois siècles et demi – Pascal meurt en 1662, la première édition des *Pensées* date de 1670 –, devant un gigantesque puzzle dont les lignes de force, voire le dessein d'ensemble, changent selon l'assemblage que l'on choisit pour les pièces qui le composent.

La situation est même plus curieuse encore, car les pièces d'un puzzle s'ajustent ou non de manière claire et nette. Avec les textes, il en va autrement. Selon la manière dont on les rapproche ou les éloigne, la manière dont ils se précèdent ou se suivent, leur signification peut varier. Les experts ont déployé des trésors d'ingéniosité pour proposer de nouvelles mises en ordre, plus convaincantes ou plus rigoureuses. Sans doute y a-t-il quelque chose d'étrange et de fascinant dans cette multiplicité de livres possibles à partir des mêmes éléments, à chaque fois rangés dans un ordre nouveau.

## Une apologie singulière

L'intention générale de cette œuvre demeure toutefois parfaitement claire : ramener les égarés dans le chemin du salut, les replacer sous la direction de la vraie foi. Comment faire passer ces esprits forts dans le registre du cœur et de la charité ? Comment leur faire de nouveau rencontrer le Christ, ou retrouver Dieu, alors qu'ils n'en conçoivent plus l'existence comme réelle ? Telles sont les tâches, au premier regard insurmontables, que ce livre veut accomplir.

Pour s'en approcher, Pascal va mobiliser toutes les expériences acquises au cours de sa vie, utiliser toutes les ressources intellectuelles et sensibles dont il dispose. Car cette vaste tentative pour convaincre et pour convertir n'est pas coupée des parcours qui l'ont précédée. Au contraire, elle rassemble, reprend et revisite bien des moments antérieurs de la vie de Pascal, dans la mesure où elle résume et transforme une bonne partie de ses réflexions scientifiques, mais également politiques ou philosophiques, des temps précédents.

Cet ardent chrétien ne rédige donc pas des « pensées », terme qui pourrait évoquer des considérations générales ou des méditations purement personnelles. Au contraire, Pascal rassemble une multiplicité de points de vue existant réellement, afin que le lecteur puisse s'identifier à telle ou telle position qui sera au moins partiellement la sienne. C'est à partir de cette familiarité que Pascal va susciter chez le lecteur un trouble, une sorte de déstabilisation destinée à le mettre en éveil. Car le principal geste de Pascal consiste à montrer comment les vérités philosophiques sont à la fois solides et fragiles, fondées mais partielles. Elles contiennent une part de vérité, mais toujours trop courte.

Dans les *Pensées* comme déjà dans l'*Entretien avec Monsieur de Sacy sur Épictète et Montaigne*, publié bien après sa mort, l'opposition entre deux postures philosophiques fondamentales est mise en scène avec un art consommé de la dramaturgie. Épictète, le sage stoïcien, voit la grandeur et la dignité de l'homme. Montaigne, au contraire, souligne son insuffisance, sa faiblesse, ses limites, son indignité. Aux yeux de Pascal, chacun met l'accent sur une face que l'autre ne voit pas. Il est impossible qu'ils se complètent purement et simplement puisqu'ils s'opposent radicalement. En fait, Pascal invente ici un regard très nouveau. Selon lui, chacun de ces discours contient un point de vue qui possède une légitimité profonde. Il existe une cohérence interne du scepticisme, une autre du stoïcisme. Malgré leur incompatibilité, chacune de ces doctrines dit à sa manière quelque chose de la condition humaine, grande et misérable, digne et indigne.

C'est à partir de ce double jeu, de ce « pour » et de ce « contre » perpétuellement échangeables, que Pascal propose une solution qui sort du cadre purement logique. Seuls la Révélation, l'ordre du cœur, la vérité révélée par Moïse puis par le Christ peuvent permettre de comprendre le statut, à la fois digne et indigne, de l'humain. Il est digne en tant qu'il a été créé et il est glorieux parce que fait à l'image de Dieu, il est faible et limité en tant qu'il est déchu et que le péché originel le transforme en créature défectueuse et limitée. Pascal ébranle les convictions de chacun par un perpétuel renversement du « pour » au « contre ». Le but est de construire un piège dont on ne s'échappe pas, de parvenir à prendre le lecteur dans une sorte de nasse. Dans le renvoi incessant d'un point de vue à un autre, dans la complicité ou même la connexion de ce qu'on croyait le plus opposé, on devrait finir par avoir recours à une vérité supérieure qui ne soit pas de même nature. Située dans un autre registre que celui des discours, elle ne s'entend que dans le silence du cœur.

## L'invention du point de vue

Il est possible de refuser cette perspective, de demeurer rétif à un projet où « la main de Pascal », comme disait Paul Valéry, est souvent trop visible, trop évidemment prête à pousser le lecteur vers la ferveur chrétienne.

Est-ce un motif pour ne pas le lire ? Ou pour dénier à
cet auteur le titre même de philosophe ? Il est arrivé
qu'on l'exclue des rangs philosophiques au nom de l'indépendance de la raison, d'un refus de se soumettre à une
prétendue révélation ou encore de la séparation de la
philosophie et des Églises. En fait, il faut distinguer son
projet explicite et son apport à la philosophie. Le projet,
indiscutablement, conduit à donner à la Révélation, à la
foi, à la réalité chrétienne la primauté sur la philosophie,
sur les démonstrations et même sur le savoir scientifique.

Pourtant, son apport philosophique le plus intéressant est tout autre. Il consiste dans le fait d'avoir établi
qu'il existe des points de vue repérables sous la forme de
discours dont il faut comprendre la force de vérité
interne, et d'avoir compris que ces points de vue disparates ou contraires peuvent se relier dans une perspective
plus complexe. D'une certaine manière, paradoxale sans
doute, surprenante sûrement, on pourrait dire que
Pascal anticipe sur ce que Leibniz, et Nietzsche, et
Michel Foucault diront à leur tour. Il n'existe pas une
vérité unique, démontrable et immuable, mais des
points de vue, des discours qui se combattent, s'entrechoquent et s'inscrivent, les uns comme les autres, dans
des perspectives plus vastes.

## De Pascal, que lire en premier ?

Les fragments des *Pensées* consacrés à la justice, à la charité, au pouvoir.

## Sur Pascal, que lire pour aller plus loin ?

Léon Brunschvicg, *Blaise Pascal,* Paris, Vrin, 1953.

Lucien Goldmann, *Le Dieu caché. Étude sur la vision tragique dans les* Pensées *de Pascal et dans le théâtre de Racine,* Paris, Gallimard, 1955.

Jean Mesnard, *Pascal,* Paris, Hatier, 1967.

Pierre Magnard, *Pascal. La Clé du chiffre,* Paris, La Table ronde, 2007.

☞ Pascal écarte l'idée que les vérités de l'entendement puissent assurer notre sérénité. À ses yeux, la seule vérité qui puisse mettre un terme à notre effroi et à notre solitude est celle révélée par la venue du Christ.

C'est pourquoi Pascal s'emploie continûment à déstabiliser les assurances des diverses familles philosophiques qui se réclament de la seule raison.

☞ Spinoza est aux antipodes de cette volonté d'inquiéter.

Rien n'est plus rassurant, plus profondément rassérénant, pour lui, que la raison et ce qu'elle peut nous apprendre.

• NOM : SPINOZA

• LIEUX ET MILIEUX
Amsterdam et les Pays-Bas au XVII$^e$ siècle.
Né dans la communauté juive, Baruch Spinoza
en est exclu à vingt-trois ans. Il mène ensuite
une existence modeste, en gagnant sa vie
comme artisan spécialisé dans les lentilles pour
lunettes astronomiques.

• 8 DATES
**1632** : Naît à Amsterdam.
**1639-1649** : École juive de Talmud Torah.
**1649** : Commence à travailler dans la maison de commerce de
son père.
**1656** : Est exclu de la communauté juive, très probablement en raison de ses convictions philosophiques.
**1660-1661** : *Traité de la réforme de l'entendement*. Commence à
rédiger l'*Éthique*.
**1670** : Publie le *Traité théologico-politique*, qui suscite de vives réac-
tions hostiles.
**1675** : Achève l'*Éthique*. Renonce à faire imprimer l'ouvrage.
**1677** : Meurt à La Haye.

• SA CONCEPTION DE LA VÉRITÉ
La vérité pour Spinoza :
peut être atteinte par la raison,
est identique en Dieu et en nous,
permet de se défaire des craintes et des attentes sans objet.

• UNE PHRASE CLÉ
« Par perfection et par réalité j'entends la même chose. »

• SA PLACE DANS L'HISTOIRE DE LA PHILOSOPHIE
Capitale, dans la mesure où sa pensée est à la fois absolument
rigoureuse et tout à fait atypique. La diversité des interprétations
auxquelles son œuvre a donné lieu a nourri une grande partie du
développement de la philosophie moderne, depuis le siècle des
Lumières jusqu'à Nietzsche et au-delà.

## 10

## OÙ SPINOZA ET DIEU PENSENT
### LA MÊME VÉRITÉ

Spinoza occupe une place à part dans l'histoire de la pensée. À plusieurs titres. Peu d'œuvres auront été aussi aimées et haïes que la sienne. Elle n'a cessé d'être admirée et vilipendée, scrutée et ignorée en même temps. Lui-même fut vénéré comme un sage – saint homme, modèle d'humanité, de douceur, de réflexion, d'humilité – et pourchassé comme un monstre, un diable menaçant l'ordre établi ou la pensée elle-même. D'autres traits encore lui conviennent, que l'on juge généralement incompatibles. Ainsi, on le dit athée comme on peut le dire mystique. On constate qu'il critique les religions et leurs clergés mais qu'il s'emploie continûment à méditer l'idée de Dieu, pour parvenir au point de vue qui serait, sur certaines notions, celui de Dieu lui-même. Politiquement, on le jugera rebelle aussi bien que conservateur. Et ce sera, chaque fois, à bon droit. Voilà qui peut déconcerter.

À ces paradoxes, il faut ajouter ceux de son parcours. Juif de naissance et d'éducation, Spinoza fut chassé de sa communauté en 1656, à presque vingt-quatre ans, au cours d'un rituel d'exclusion d'une exceptionnelle sévérité. Il ne se convertit pas pour autant au christianisme. On a jugé, au XVIIᵉ siècle, qu'il était un « très méchant juif » mais pas pour autant un « meilleur chrétien ». Son silence et sa renommée entretiennent également des liens intrigants. Car l'homme vit pauvrement, ne publie presque rien, et voit cependant sa réputation croître dans toute l'Europe, au point que Louis XIV voudrait se voir dédier un livre par le philosophe, au point que des chaires de philosophie lui sont proposées. Le petit artisan qu'il a choisi d'être, polissant des lentilles pour télescopes afin de gagner sa vie, est connu de tous les princes de son temps. Cet homme retiré se révèle extraordinairement influent. Le jour de son enterrement, le 25 février 1677, alors qu'il est mort en ne possédant que quelques habits, ses livres et un lit, six carrosses suivent sa dépouille. On ignore qui composait ce cortège demeuré anonyme car la fréquentation de Spinoza était jugée dangereuse. Non sans raison : ses écrits, publiés anonymement par quelques admirateurs peu après sa mort, seront brûlés l'année suivante.

Les singularités de son existence sont évidemment liées à sa pensée : ce philosophe affirme l'existence d'un déterminisme total, l'inexistence de toute volonté libre en l'homme et même en Dieu, et n'en parle pas moins d'une possibilité de délivrance et de libération. Rationaliste, féru de physique, s'exerçant à raisonner mathématiquement, suivant une démarche rigoureusement géométrique, il entend faire servir cette pensée démonstrative à la béatitude. La philosophie conduit le sage à la contemplation d'une forme d'éternité et d'infini dans les choses singulières. Ce sont ces paradoxes qu'il faut tenter d'éclairer pour saisir la profondeur sans équivalent du philosophe le plus extraordinaire de l'histoire occidentale.

*Une vie pour penser*

La biographie de Baruch Spinoza, au premier abord, laisse peu de place au romanesque. Il est vrai que les documents font souvent défaut. On pourrait juger que cette vie d'apparence discrète incarne à merveille le retrait du sage, l'effacement du philosophe derrière son œuvre. En fait, dans cette existence maîtrisée s'incarne le projet majeur de toute sa vie, celui de la constitution d'une éthique. Le mot, chez Spinoza, ne désigne pas un système de règles abstraites mais bien une manière de vivre fondée en raison, ancrée dans l'ordre du monde et dans la constitution même de la réalité.

C'est sans doute cette volonté de s'ancrer dans le monde qui a conduit précocement Spinoza à prendre ses distances envers la religion et envers la loi juive. Il naît en 1632 dans la communauté juive d'Amsterdam, dans une famille venue du Portugal à la fin du XVIᵉ siècle. Les « Espinosa » – « épineux » en portugais – se sont fixés à Amsterdam, comme beaucoup d'autres marchands juifs. La ville est en effet accueillante, active, respectueuse des croyances et des libertés de chacun. La communauté juive d'Amsterdam devient, en une ou deux générations, l'une des plus actives d'Europe.

Le père de Baruch était un commerçant estimé et plutôt florissant. Le jeune Spinoza fait à l'école juive des études très brillantes. Il est celui qui lit l'hébreu le mieux et le plus vite, qui saisit les questions du Talmud avec le plus d'agilité, qui propose les commentaires et les interprétations les plus pertinentes. Les rabbins mirent en lui de grands espoirs et se trouvèrent en colère lorsque ces espoirs furent déçus. Dans cette ville où circulent tant de marchandises et tant d'idées, des cercles contestataires se forment, où se côtoient des courants proches des libres-penseurs. Le jeune homme n'a pas, d'un point de vue religieux, que de bonnes fréquentations.

Ce sont peut-être des cercles de la « seconde Réforme » qui l'ont influencé. Mais il faut compter avec son tempérament, sa trajectoire propre. Malheureusement, on ignore quelles étaient exactement les doctrines qu'il professait et qui l'ont fait exclure. À vingt-trois ans, il est chassé au terme d'un rituel dénommé *herem*, dont le texte, en son cas, est particulièrement sévère : « Vous ne devez avoir avec Spinoza aucune relation écrite ni verbale. Qu'il ne lui soit rendu aucun service et que personne ne l'approche à moins de quatre coudées. Que personne ne demeure sous le même toit que lui et que personne ne lise aucun de ses écrits. » Habituellement, cette exclusion était temporaire. Dans son cas, elle ne fut jamais levée.

Ne pouvant plus travailler au sein de la communauté juive, ne pouvant pas non plus, en tant que juif, trouver du travail chez les chrétiens du temps, Spinoza a connu une situation difficile. Il a probablement réfléchi à devenir peintre – on possède encore quelques croquis de bonne facture supposés être de sa main. Finalement, après avoir été hébergé par quelques communautés de chrétiens contestataires de la seconde Réforme, proches des libres-penseurs, il s'est orienté vers le travail manuel. En polissant des lentilles pour les lunettes astronomiques et les télescopes, il assurait sa subsistance, appliquait ses connaissances scientifiques et correspondait avec les savants du temps, Huygens et quelques autres.

Il devint ainsi, au fil des ans, un artisan estimé des scientifiques de son temps. Cet artisanat lui laissait la possibilité, dans une petite pièce attenante à son atelier, de poursuivre la seule tâche qui lui importait, la construction d'une pensée philosophique capable d'englober la totalité du monde, de l'existence et des actions humaines. Vu de dehors, son parcours se résume alors à quelques maisons en Hollande, pays dont il n'est jamais sorti. Il vécut de peu, avec une rigueur faite de densité et de gravité. On dit qu'il aurait conservé longtemps un manteau troué d'un coup de couteau, vestige d'une tentative d'assassinat à laquelle il avait échappé. Après son exclusion, en effet, un fanatique avait voulu l'assassiner.

Ce ne fut pas la seule fois qu'il vit la violence de près. Leibniz, qui avait rendu visite à Spinoza, rapporte que ce dernier, après le lynchage des frères De Witt, aurait voulu aller placarder sur les murs de la ville des panneaux avec l'inscription « *Ultimi barbarorum* » (« les pires des barbares »). Son logeur l'en aurait dissuadé, craignant de voir son propre logis saccagé et certain que la vie de Spinoza serait en danger.

Sur fond de violence et de fanatisme se découpe donc une existence retirée, silencieuse, consacrée à l'étude. Spinoza y a composé une œuvre qui n'est pas fort abondante, mais qui est décisive parce qu'elle témoigne d'une profonde nécessité interne. Dès le *Traité de la réforme de l'entendement*, inachevé, qui fait partie des premières œuvres de Spinoza, le philosophe indique que la pensée est une aventure vitale : « Après que l'expérience m'eut appris que tout ce qui arrive fréquemment dans la vie commune est vain et futile… »

La philosophie exige donc qu'on s'y consacre, en espérant qu'elle permette de trouver un bien qui ne sera ni futile ni vain. Il se pourrait que le chemin soit long, qu'il faille y observer des règles strictes, mais la réussite est envisageable. C'est ce que va confirmer, bien des années plus tard, la dernière phrase de l'*Éthique* : « Tout ce qui est beau est difficile autant que rare. » Sur quoi se fonde cette mutation du regard ? Impossible de le résumer en quelques phrases. Malgré tout, il semble que l'on puisse faire entrevoir l'essentiel de la démarche de Spinoza en cinq points principaux.

## « *Dieu, c'est-à-dire la Nature* »

Le premier point qui éclaire sa singularité est cette
définition, à la fois surprenante et fondamentale pour sa
philosophie : « *Deus sive Natura* » (« Dieu ou, si vous
préférez, la Nature », ce qui peut encore se rendre par
« Dieu, c'est-à-dire la Nature »). Dieu se trouve syno-
nyme de la nature, la nature équivaut à Dieu. Les deux
noms renvoient à la même réalité. « Dieu », « Nature »
sont deux dénominations d'une seule et même substance. Il faut le répéter, car c'est une étrangeté majeure :
ces deux appellations humaines ne désignent pas des réalités distinctes ni séparées.

Voilà qui est profondément déroutant et révolutionnaire, en fin de compte peut-être rassurant. Déroutant :
Spinoza rompt avec la conception traditionnelle de la
séparation de Dieu et du monde. Il refuse l'idée d'un
Dieu « pur esprit », dépourvu de toute matérialité. Il
rompt aussi avec la conception habituelle selon laquelle
Dieu et le monde seraient extérieurs l'un à l'autre. Voilà
qui est révolutionnaire, car l'affirmation d'équivalence
Dieu-Nature peut se lire dans les deux sens. On peut la
considérer comme une proclamation d'athéisme : en dis-
solvant Dieu dans la nature, on le supprime. On compren-
dra en ce cas que Spinoza soutient que seul l'univers
matériel existe. Mais on peut également considérer qu'il
s'agit d'une divinisation du monde, non pas transformation de Dieu en matière mais transmutation de la réalité
physique en substance divine.

C'est pourquoi cette équivalence est finalement, du
point de vue même de Spinoza, un énoncé que l'on
pourrait dire rassurant ou, en tout cas, porteur de délivrance et d'émancipation. En effet, c'est en comprenant
que Dieu et Nature ne font qu'un qu'il devient possible,

en élucidant les mécanismes naturels, de saisir leur nécessité. On peut alors comprendre que la perfection divine est présente dans la moindre des réalités. Cette présence de la perfection n'est pourtant pas le résultat d'une décision quelconque, d'un plan divin librement créé par la volonté de Dieu. Aucun choix n'est opéré par Dieu-la Nature. Car la volonté libre – voilà le deuxième énoncé à considérer – ne se rencontre nulle part dans le monde, ni dans la nature, ni en Dieu, ni en l'homme.

Cet énoncé est lui aussi bouleversant. Les hommes se croient libres. Ils ont le sentiment de prendre des décisions, de constituer ainsi le cours de leur propre existence. Ils pensent que cette faculté de choix les différencie radicalement des choses et des vivants sans liberté de choix, plantes ou animaux, guidés par leur instinct. Du coup, les humains attribuent à Dieu une volonté et une liberté qui lui feraient prendre, à lui aussi, telle ou telle décision. Dieu pourrait dire « oui » ou « non ». Rien de tout cela, aux yeux de Spinoza, n'existe. Ce ne sont que des constructions imaginaires engendrées par notre ignorance.

En réalité, Dieu-la Nature obéit à des enchaînements de causes à conséquences qui sont tous régis par une absolue nécessité. Et les hommes, eux aussi, sont régis par ce déterminisme absolu. Il n'est pas en leur pouvoir de décider librement quoi que ce soit. S'ils le croient, c'est qu'ils ignorent les causes réelles qui les font agir. Autrement dit, je me crois libre à la mesure de l'ignorance où je suis de ce qui me détermine. Quant à Dieu, il est soumis à la nécessité interne de son essence. Le propre de Dieu-la Nature, c'est de n'être soumis à aucune nécessité extérieure. Rien ne vient peser sur la nature, si l'on peut dire, « du dehors » : rien ne cause en elle des effets dont elle n'est pas elle-même la cause.

On pourrait imaginer, pour illustrer cette représentation, que Dieu-la Nature soit une figure géométrique.

Un carré, par exemple. Ses propriétés découlent inévitablement de sa forme, sans la moindre intervention de
quelque cause extérieure, sans la moindre volonté capable
d'y changer quoi que ce soit. Les propriétés du monde
découlent de l'essence de Dieu de manière analogue,
sans que Dieu en décide, sans qu'il en choisisse le moindre
élément. Nos décisions, elles aussi, découlent mécani-
quement des causes qui nous déterminent, à cette différence près que ces causes sont extérieures à nous.

Une telle représentation paraît exclure radicalement
toute morale du champ de l'existence. C'est sans doute
par ce troisième point que Spinoza fit le plus fortement
scandale. Il explique en effet que « Bien » et « Mal » ne
correspondent à rien, qu'il s'agit de représentations
vides. Les hommes construisent ces illusions en fonction
de l'agrément ou du désagrément qu'ils trouvent aux
situations qui se présentent. On eut alors le sentiment
qu'une telle affirmation ruinait définitivement tout
ordre social, toute possibilité de rétribution des mérites
ou de punition des méfaits. Voilà qui est faux, une fois
encore.

## Justice, désir, béatitude

Car un nouveau tour de force de la pensée spinoziste
est de parvenir à sauver ordre et justice tout en ruinant
les fondements de la morale. Contre la conception, qu'il
juge illusoire et mystificatrice, d'une morale fondée sur
le choix libre, opéré par une volonté souveraine, entre
des réalités opposées que seraient le « Bien » et le « Mal »,
Spinoza instaure une éthique. Elle repose sur la connaissance de la réalité. Elle ne consiste pas à se conformer
à des valeurs abstraites, mais à se comporter selon les
conséquences tirées de la connaissance des causes qui

agissent sur nous. Concrètement, qu'est-ce que cela signifie ? La question du crime et des pénalités fournit un
bon exemple.

Si celui qui tue ou qui saccage n'est pas libre, au nom
de quoi va-t-on le punir ? Le blâme et le châtiment ne
supposent-ils pas, comme l'éloge et la récompense, des
humains responsables de ce qu'ils font ? Voilà qui est
mal conçu, aux yeux de Spinoza. En effet, nul ne tient
le chien enragé pour responsable, pourtant on l'abat
parce qu'il est dangereux. Plus encore, il ne viendrait à
l'idée de personne de blâmer un nuage, et de soutenir
qu'il devrait être réprimandé pour sa volonté mauvaise
d'envoyer des grêlons sur les récoltes ! Cela n'empêche
nullement qu'on se protège de l'orage aussi efficacement
que possible. De ce point de vue, l'appareil judiciaire et
le Code pénal gardent leur sens et leur fonction, même
en l'absence de toute responsabilité. Ils servent à proté-
ger la paix publique des méfaits des criminels, de leurs
désirs nuisibles pour les autres.

Car c'est le désir qui se trouve au cœur de la pensée
de Spinoza. Quatrième point essentiel : sa philosophie
établit la plénitude du désir, conçu comme affirmation
et non comme manque. Depuis Platon, le désir était
pensé comme privation, expression de ce qui fait défaut.
Spinoza affirme l'inverse : il soutient la positivité du
désir, il en fait la source de nos jugements et de nos
conduites. Selon lui, par exemple, un homme trouve
une femme belle parce qu'il la désire. Il ne la désire pas
parce qu'elle est belle, comme on le croit généralement.

Une fois encore, Spinoza opère donc un renversement : à la place de l'illusion où vivent les hommes, il
montre cette réalité dont ils ignorent généralement l'existence. Se croyant libres, ils pensent être attirés par des
objets « du dehors », alors qu'ils sont déterminés « du
dedans » par l'enchaînement des causes naturelles émanant

de leur corps et de leur esprit. Doit-on en conclure que
le monde de Spinoza est triste, déterminé de part en
part, mécanisme sans faille et sans liberté ? Ce serait le
pire des contresens.

Car il s'agit avant tout d'une philosophie de la joie et
non de la tristesse. Dans la joie, Spinoza voit un accroissement de notre puissance d'agir, une expansion de
notre être qui s'oppose à la diminution, à la restriction
de l'existence que la tristesse comporte et entraîne. Sa
pensée relie en profondeur le fait de connaître la nécessité, celui de connaître la nature et donc le point de vue
de Dieu, et le fait de parvenir à la joie. Ce lien profond
correspond au changement d'attitude et d'existence que
la connaissance vraie provoque dans l'individu. Comment comprendre ce changement ? Connaître les déter-
minismes ne permet pas toujours de les modifier !
Pourquoi cela rendrait-il heureux ?

Admettons que la connaissance d'un déterminisme ne
change rien à son déroulement. Mourir en connaissant
exactement les causes du mal incurable dont on est victime n'est pas du tout identique au fait de mourir en
croyant que l'on a été puni par la volonté de Dieu, châ-
tié pour des actions supposées mauvaises. La connaissance exacte des causes – et Spinoza insiste : « connaître
vraiment, c'est connaître par les causes » – inclut une
voie de libération qui défait les illusions, les faux savoirs,
les fausses attentes, les fausses craintes qui sont sources
de tristesse et de malheur.

Ainsi la pensée de Spinoza peut-elle être caractérisée,
au premier regard, comme union des contraires. Il parvient à trouver un point de vue où Dieu et la raison se
révèlent identiques. Plus encore, Dieu, la nature et la
raison semblent devenir une seule et même réalité. Du
coup, le savoir ne s'oppose pas au salut, il y conduit. De
même, la nécessité la plus absolue se conjugue avec la

possibilité d'une libération et d'une sérénité qui n'ont rien à voir avec le caprice ou l'artifice du refus de vivre. Enfin, cette compréhension complète de la réalité conduit à une transformation radicale du regard.

Selon Spinoza, la béatitude, cet état dans lequel vit le sage, n'est pas une extase, un abandon de la raison. Ce n'est pas un état différent de la science, plutôt la plénitude ultime du savoir qui conduit à la vie bienheureuse, une vie qui se comprend elle-même comme nécessaire et comme incluse, malgré son caractère éphémère, dans l'éternité de Dieu-la Nature. C'est en ce sens que Spinoza affirme, par exemple, que « nous ressentons et nous expérimentons que nous sommes éternels ». Cette éternité est celle que nous éprouvons quand notre raison parvient à des vérités qui ne sont pas soumises au temps, telles les vérités de la géométrie.

En un sens, on pourrait dire aussi que Spinoza retrouve le double sens grec de *sophos*, désignant à la fois celui qui est savant et celui qui est sage. Aux yeux des Grecs, être savant et être sage n'était qu'une seule et même chose, constituait les deux faces d'une seule et même démarche. Il en est rigoureusement de même pour Spinoza. Comme les Grecs, Spinoza ne répond qu'à une seule question : « Comment vivre ? » La puissance de sa philosophie consiste à comprendre que la réponse à cette question ne tient pas simplement dans l'énoncé de règles pour la manière de vivre. Elle inclut une compréhension de la substance du monde, de la nature de l'âme, du mécanisme des passions et de la sérénité propre à la connaissance. Tel est le contenu même de l'*Éthique*. En un sens, Spinoza réalise la philosophie en cessant d'en faire un idéal pour en faire une réalité.

## De Spinoza, que lire en premier ?

*L'Éthique*, mais en commençant par la lecture des scolies et des appendices, et en accompagnant cette lecture de celle des lettres de Spinoza.

## Sur Spinoza, que lire pour aller plus loin ?

Martial Gueroult, *Spinoza* (t. I *Dieu*, t. II *L'Âme*), Paris, Aubier, 1968 et 1974.

Ferdinand Alquié, *Le Rationalisme de Spinoza*, Paris, PUF, 1981.

Gilles Deleuze, *Spinoza, philosophie pratique*. Paris, Éditions de Minuit, 1981.

Pierre-François Moreau, *Spinoza et le spinozisme*, Paris, PUF, « Que sais-je ? », 2003.

☞ *La béatitude du sage, telle que Spinoza la décrit, fait revivre au début des Temps modernes un idéal antique : la sérénité parfaite obtenue par le travail de la raison.*
*De nouveau, la découverte de la vérité par la pensée semble suffire pour assurer un bonheur éternel.*
*Mais il faudra longtemps avant qu'on s'en avise, car l'œuvre de Spinoza suscite longtemps trop de malentendus.*

☞ *Leibniz a rendu visite à Spinoza, et ensuite a nié l'avoir rencontré.*
*Ce n'est pas sans raison qu'il se méfiait.*
*Sa manière à lui d'envisager la vérité, et l'existence, et Dieu, est fort différente…*

- **NOM : LEIBNIZ**

- **LIEUX ET MILIEUX**
Sciences et diplomatie dans l'Allemagne de la
fin du XVIIᵉ siècle.

- **9 DATES**
**1646** : Naît à Leipzig dans une famille d'uni-
versitaires.
**1661** : Entre à quinze ans à l'Université de
Leipzig.
**1666** : Soutient sa thèse de droit et publie un
traité de mathématiques sur les combinatoires, alors qu'il a seulement vingt ans.
**1672** : Mission diplomatique à Paris auprès de Louis XIV.
**1676** : Devient bibliothécaire à Hanovre.
**1685** : Devient historiographe de la maison de Brunswick.
**1703** : Entame la rédaction des *Nouveaux Essais sur l'entendement
humain*.
**1714** : Rédige *La Monadologie*.
**1716** : Meurt à Hanovre.

- **SA CONCEPTION DE LA VÉRITÉ**
La vérité pour Leibniz :
est affaire à la fois de totalité et de point de vue,
variable selon le point où l'on se trouve, elle demeure une du point
de vue de Dieu, qui englobe tous les points de vue,
englobe en fait tous les jugements qui paraissent opposés.

- **UNE PHRASE CLÉ**
« Comme il y a une infinité d'univers possibles dans les idées de
Dieu et qu'il n'en peut exister qu'un seul, il faut qu'il y ait une raison suffisante du choix de Dieu, qui le détermine à l'un plutôt qu'à
l'autre. »

- **SA PLACE DANS L'HISTOIRE DE LA PHILOSOPHIE**
Parfois sous-estimée, en raison probablement de la complexité de son
système, qui demeure malgré tout l'un des plus complets et des plus
puissants qui aient été construits.

## 11

## Où les calculs de Dieu deviennent
## pour Leibniz des vérités transparentes

« Dieu existe-t-il ? – Calculons ! » Cet étrange dialogue pourrait bien constituer un résumé de la démarche de Leibniz. L'essentiel s'y trouve : interrogation fondamentale sur la métaphysique et sur l'Être suprême, réponse sous forme d'algèbre, utilisant une sorte d'alphabet des pensées permettant de traiter les problèmes philosophiques comme on résout une équation. Sous des formes diverses, ce fil directeur traverse toute l'œuvre de ce philosophe à nul autre pareil.

À vingt ans seulement, quand Leibniz publie l'*Ars combinatoria* (la « technique combinatoire »), le jeune génie rêve déjà d'inventer une méthode universelle pour la solution rationnelle de toutes les questions possibles. Sa pensée ne cessera de tourner autour des mêmes foyers : théologie, calcul, combinatoire. Sa réflexion porte autant sur des questions scientifiques et mathématiques que sur leur soubassement métaphysique.

À cause de ces intersections inhabituelles entre mathématiques et métaphysique, l'œuvre de Leibniz n'a pas toujours été comprise. Elle a même fait l'objet de bien des caricatures. On a pris son auteur pour un alchimiste, un artisan de l'ésotérisme, une sorte de magicien. On l'a jugé abscons, trop compliqué, trop subtil. On l'a considéré comme un optimiste excessif, et du coup risible.

C'est Leibniz que Voltaire moque, dans *Candide*, sous la figure célèbre du docteur Pangloss, répétant sans cesse, au milieu des catastrophes, que tout va « pour le mieux dans le meilleur des mondes » – comme si tout était toujours parfait, ce qui n'est pas du tout ce que dit Leibniz.

Mais il est parfois difficile de savoir ce qu'a dit cet auteur prolixe, tellement il a écrit ! Bien qu'il ait peu publié de son vivant, son œuvre est immense : deux cent mille pages manuscrites ! Elles représentent le travail de toute une vie, puisqu'il n'est pas excessif de dire que Leibniz, enfant extrêmement précoce, a travaillé presque soixante années durant. Son œuvre constitue, à elle seule, une sorte d'encyclopédie universelle des savoirs de son temps, la seconde moitié du XVIIᵉ siècle. On y trouve des traités de mathématiques où il expose les découvertes essentielles qu'on lui doit, comme celles de la notion de fonction, de dérivée, de puissance. Leibniz est avec Newton un des fondateurs du calcul infinitésimal. On rencontre également sous sa plume des études traitant de la physique, de la géologie, de la métaphysique, de la théologie. On n'oubliera pas que cet homme-orchestre fut également diplomate, historien, bibliothécaire, fondateur de plusieurs collections et revues savantes. Plus que tout, cet esprit universel a fait le lien, d'une manière puissante et subtile, entre Anciens et Modernes, entre l'héritage conceptuel de l'Antiquité et notre temps.

## Un génie précoce

Né en 1646 à Leipzig, Leibniz fut un génie précoce. Sa mère mourut alors qu'il avait six ans et il fut élevé par son père, professeur de droit à l'université. L'enfant a probablement appris seul le latin, et a lu très jeune, dans la bibliothèque paternelle, l'essentiel des classiques grecs et latins. À quinze ans il entre à l'université, à vingt et un ans devient docteur en droit. Sa formation de juriste comme sa réflexion sur les cas de perplexité dans le droit se retrouvent dans bien des aspects de sa pensée et de son œuvre. Le jeune homme est remarqué par plusieurs notables de son temps. Il aura comme premier protecteur le comte de Boyneburg.

À vingt-huit ans seulement, le voilà à Paris, en mission diplomatique auprès de Louis XIV pour le persuader d'aller conquérir l'Égypte plutôt que l'Allemagne... Au cours de son séjour à Paris, quatre ans durant, il perfectionne sa formation mathématique. Il a déjà construit une machine à calculer plus performante que celle proposée par Pascal. Il rencontre Malebranche, Huygens. Bientôt, il lira les œuvres de Newton. À son retour vers l'Allemagne, il rencontre Spinoza à La Haye. À trente ans à peine, Leibniz s'est déjà imposé comme un des grands esprits européens, interlocuteur des principales figures scientifiques et philosophiques de son temps. Il est bientôt nommé conservateur de la Bibliothèque de Hanovre, poste qu'il conservera jusqu'à sa mort en travaillant, pendant une quarantaine d'années, à ses innombrables travaux. Parmi ceux-ci, ses réflexions sur le mal ont sans doute le plus contribué à le rendre célèbre.

Écrits par Leibniz alors qu'il a soixante-quatre ans, les *Essais de théodicée*, qui le rendront célèbre, portent en effet sur la question du mal dans sa relation à Dieu. Comment comprendre, si Dieu existe, et si ce Dieu est bon, que le monde comporte tant de souffrance, d'horreur, de méchanceté, de misère et d'injustice ? Voilà le thème que Leibniz traite, à la suite de nombreux autres penseurs, depuis le Livre de Job jusqu'à Pascal, en passant par Augustin, Thomas et une foule d'auteurs. Mais il renouvelle profondément l'approche de cette thématique déjà ancienne.

« Théodicée » est un mot nouveau que Leibniz invente. Il ne s'explique pas à son propos, à tel point que, voyant le titre *Essais de Théodicée*, certains des contemporains ont pensé qu'il s'agissait d'un nom d'auteur... Théodicée était celui qui avait rédigé le livre ! Le terme, composé de deux mots grecs, *theos* (« dieu ») et *dikè* (« justice »), peut signifier soit la « justice de Dieu », soit le fait que Dieu, dans ce livre, passe en justice. Et les deux sens semblent exister dans l'esprit de Leibniz.

Quoi qu'il en soit, l'essentiel se trouve dans le fait que Leibniz invente un mode de calcul et d'analyse pour montrer que Dieu choisit, parmi les innombrables combinaisons du monde, qui contiennent chacune à chaque instant des biens et des maux, des lumières et des ombres, des moments de joie et des cruautés, le plus parfait des mondes parmi les possibles. Cela ne signifie pas, contrairement aux erreurs d'interprétation courantes, que le monde est parfait.

Voltaire se trompe donc en caricaturant Leibniz sous la figure du docteur Pangloss qui, dans *Candide*, ne cesse de répéter que tout va « pour le mieux dans le meilleur des mondes possibles », alors qu'il est confronté aux tremblements de terre et aux maladies. Voltaire oublie – ou feint d'oublier – l'élément essentiel : le meilleur des mondes *possibles*. Ce que Leibniz soutient, c'est que chacun des choix successifs opérés par Dieu possède un certain degré de perfection, de même que chaque individu possède un degré de perfection sans être pour autant entièrement parfait. C'est donc le calcul des avantages et des inconvénients, des lumières et des ombres, qui aboutit à élire « ce qu'il y a de mieux à l'intérieur de ce qui est possible » et non pas ce qui serait, dans l'absolu, constamment le meilleur.

*Monadologie* est le titre, devenu courant, d'un des derniers traités de Leibniz. Deux ans avant sa mort, il développe dans ces *Principes de la philosophie* (c'est le titre d'origine) une conception extraordinairement originale du rapport entre les organismes et l'ensemble des parties qui les composent. Ce qu'il appelle les « monades », ce sont des substances autonomes. Chacune a une représentation du monde, bien qu'elles n'aient « pas de fenêtres ».

On pourrait se représenter une chambre noire, close, hermétique. « Les monades n'ont point de fenêtre par lesquelles quelque chose y puisse entrer ou sortir », écrit Leibniz. Elles n'ont « pas de trous ni de portes », dit-il ailleurs. Les monades ne sont pas des âmes ni des esprits tels qu'on pouvait les concevoir avant lui. Elles tirent tout de leur propre fond, qui est sombre. Chacune exprime le monde entier mais n'en exprime clairement qu'une partie.

Chaque organisme, vivant ou non, est donc à lui seul un monde et se représente à l'intérieur de lui-même la totalité du monde extérieur. C'est en ce sens que Leibniz a pu écrire : « Le marbre aussi a des idées, quoique extrêmement confuses. » Le monde n'est que représentation, chacune de ces représentations est une sorte d'image intérieure plus ou moins claire, plus ou moins nette, qui atteint son maximum de vivacité et de clarté dans l'intelligence et la raison humaines. Avec cette construction d'une extrême subtilité, d'un abord souvent aride, Leibniz renouvelle l'approche de questions métaphysiques essentielles, comme l'union de l'âme et du corps et l'immortalité de l'âme.

Ce ne sont que deux aperçus d'une œuvre colossale. Il n'est pas excessif de dire que le système de Leibniz est véritablement un système universel, dans la mesure où il tente, avec beaucoup de subtilité, de complexité aussi parfois, de tenir ensemble tous les aspects de la pensée, de l'histoire et de la réalité. Peut-être la finesse d'élaboration de ses développements a-t-elle empêché que son acuité et sa nouveauté soient directement perçues par nos contemporains. Tentons d'esquisser une voie d'approche.

## Le bruit des vagues

Pour mieux comprendre Leibniz, on pourrait se promener au bord d'une plage en prêtant attention au bruit des vagues. Si on creuse cet exemple simple, on peut en effet tirer plusieurs fils de sa pensée. En entendant le bruit des vagues, nous entendons la somme du bruit de toutes les gouttes qui viennent frapper le sable. Or, à plusieurs mètres, voire à plusieurs dizaines de mètres, jamais nous n'entendrions le bruit provoqué par *une seule* goutte d'eau frappant le sol. Pourtant, nous entendons effectivement le bruit des vagues, lequel est constitué par l'addition de tous ces bruits que… nous n'entendons pas.

Il faut donc admettre l'existence de ce que Leibniz appelle de « petites perceptions », des bruits en l'occurrence – mais ce pourraient être aussi des couleurs, des odeurs ou des données tactiles –, qui ne parviennent pas à notre conscience. Nous ne les entendons pas, nous ne les voyons pas, nous ne les sentons pas, et cependant ces petites perceptions, additionnées et accumulées, produisent des effets de seuil et aboutissent à de « grandes perceptions », comme, par exemple, le bruit des vagues.

Un principe de continuité se trouve ici implicitement posé. Il faut que les perceptions s'additionnent et que leur nombre parvienne, de proche en proche, de façon infinitésimale, en ajoutant un élément très ténu à un autre, à produire une « macroperception ». Un autre grand principe est également mis en œuvre par ce simple exemple du bruit des vagues : le principe de « raison suffisante » ou encore, comme dit parfois Leibniz, « le grand principe du pourquoi ». On peut l'énoncer ainsi : rien ne se produit sans raison. Nous n'entendons pas « sans cause » le bruit des vagues et, comme la vague est composée de gouttes, nous devons entendre, de manière nécessaire, le bruit d'une seule goutte, puisque rien ne se produit sans motif.

Si quoi que ce soit dans le monde se produisait absolument sans aucun motif, il n'existerait plus la possibilité, pour la raison, de pouvoir connaître de quoi il s'agit. C'est parce qu'il y a toujours une raison suffisante à ce qui se produit que le monde demeure connaissable et intelligible. Cela ne signifie évidemment pas qu'il soit effectivement connu et réellement compris, mais il est assuré qu'il peut l'être.

L'exemple du bruit des vagues se relie enfin à une autre dimension essentielle de tout le système de Leibniz : le rapport entre l'unité et l'infini. Ce bruit, tel que nous l'entendons, forme un seul bruit. Nous n'entendons qu'un bruit unique, dans sa globalité et sa cohérence singulière, bien qu'il soit composé de myriades de petites perceptions correspondant aux millions ou même aux milliards de gouttes qui s'échouent sur la grève.

Cette relation se retrouve dans tout le mouvement de pensée de Leibniz : son attitude centrale consiste toujours à tenir ensemble l'unité et l'infinité. Son projet est de penser, dans une cohérence qui reflète la réalité du monde, l'infinie variété des possibles entrant en combinaison les unes avec les autres. De ce point de vue, Leibniz est conduit à renouveler l'idée même de la vérité. Il faut souligner de quelle manière.

On attribue à Leibniz, à tort et à raison, l'invention de ce qu'on appelle l'« éclectisme ». À tort, si le terme signifie opérer un choix dans la succession des systèmes philosophiques de telle sorte qu'on retient de tout un peu, transformant ainsi la vérité en une sorte de patchwork. Si l'éclectisme désigne une pensée-macédoine qui s'efforce de mêler toutes les œuvres, toutes les pensées et toutes les écoles, ce n'est pas ce que Leibniz a voulu dire. Au contraire – et cela correspond à la mise en relation de l'unité et de l'infinité –, Leibniz entend par « éclectisme » le fait qu'une part essentielle de vérité est contenue dans chaque système, lequel se trouve être vrai par ce qu'il affirme et faux par ce qu'il nie.

Il s'agit donc de toujours essayer de tenir ensemble toutes les affirmations, de combiner les vues même les plus apparemment contradictoires. Cette démarche se rapproche de l'idée de combinatoire, mais elle n'est pas non plus sans parenté avec le travail de diplomate que n'a cessé de mener ce philosophe. Finalement, Leibniz, dans la pensée, est aussi et toujours diplomate. Il ne cherche pas à concilier des positions adverses par des compromis « chèvre-chou », mais il s'efforce de concevoir comment peuvent coexister des combinaisons de points de vue et même d'univers de pensées qui semblent, au premier regard, devoir s'exclure. En cela, il prépare le style d'analyse qui sera repris et transformé par le système de Hegel.

Malgré tout, cette pensée difficile conserve et son mystère et sa puissance propres. « Leibniz, disait Nietzsche, est dangereux en bon Allemand qui a besoin de façades et de philosophies de façade, mais téméraire et en soi mystérieux jusqu'à l'extrême. » Derrière les façades du maître de Hanovre – perruques de cour, missions diplomatiques, habileté de polémiste, curiosité encyclopédique –, le système du philosophe demeure effectivement, pour une part, énigmatique. La dispersion de l'œuvre en opuscules, correspondances, écrits de circonstance n'en est pas vraiment la cause – pas plus que son usage constant des modèles mathématiques ou sa fonction d'avocat de Dieu.

La difficulté tient au projet lui-même. Leibniz parvient en effet, plus qu'aucun autre sans doute, à penser ensemble l'unité du monde et son infinie diversité, l'harmonie du tout et la singularité des individus, l'unicité du réel et la multiplicité innombrable des points de vue. La maxime de sa philosophie pourrait être : tout est toujours la même chose, tout diffère cependant par la manière.

---

*De Leibniz, que lire en premier ?*

Le *Discours de métaphysique*.

*Sur Leibniz, que lire pour aller plus loin ?*

Gilles DELEUZE, *Le Pli. Leibniz et le baroque*, Paris, Éditions de Minuit, 1988.

Michel SERRES, *Le Système de Leibniz et ses modèles mathématiques*, Paris, PUF, [1968] 2007.

Yvon BELAVAL, *Leibniz. Initiation à sa philosophie*, Paris, Vrin, [1962] 2005.

Jean BARUZI, *Leibniz et l'organisation religieuse de la terre*, Paris, Félix Alcan, 1907.

☞ *Éminemment moderne dans ses formes mathématiques, la vérité telle que la conçoit Leibniz appartient par plus d'un trait à un ancien régime de la pensée.*
*Car cette vérité, finalement, est réservée à quelques-uns, elle est aride et ardue et décourage, par sa complexité, le partage avec tous.*

☞ *Ce que les philosophes des Lumières ne vont cesser de vouloir formuler et diffuser, ce sont des vérités accessibles et libératrices, des outils critiques dont tout le monde puisse s'emparer.*
*Autrement dit, une philosophie populaire.*
*Et d'autres aventures de la vérité.*

# Quatrième partie

## VÉRITÉS DES LUMIÈRES, VÉRITÉS POUR TOUS

*Où l'on proclame que la vérité
doit être universelle et libératrice,
ou ne pas être*

L e siècle des Lumières change radicalement d'optique dans la manière de concevoir la vérité. La vérité devient critique : elle a pour rôle essentiel de rendre inopérants les subterfuges des pouvoirs, les mensonges des puissances, les leurres de la superstition. La vérité est désormais considérée comme libératrice – à tous points de vue : dans les mœurs individuelles, dans les croyances collectives, dans les pratiques politiques.

Il ne s'agit donc plus une forme d'objectivité immuable. Plus question de vouloir accéder à des vérités éternelles. La vérité critique devient une manière de passer au crible les croyances, les institutions, les régimes pour en finir avec les autoritarismes et les asservissements. La vérité devient instrument de contestation, de destruction des supercheries et des despotismes.

Voilà ce que mettent en place Voltaire, Diderot, Hume et Rousseau. Il existe bien évidemment entre eux des différences majeures. Mais ils partagent finalement l'idée que la vérité est créatrice de liberté. Que rien ne peut l'arrêter, et qu'il convient de surmonter tous les obstacles pour la faire éclater au grand jour et permettre à tous d'y accéder.

Car les vérités des Lumières sont destinées à se répandre. Plus d'initiés, de cercles réservés, de paroles secrètes. Il s'agit d'instruire, du plus humble au plus grand, l'ensemble des hommes. Finies les hiérarchies, les clivages, les zones d'ombre. En principe, du moins. Les philosophes des Lumières s'adressent d'emblée au genre humain. Les vérités qu'ils défendent n'ont à leurs yeux ni patrie ni frontières. Elles doivent parler, directement, aux humains quels qu'ils soient. Et leur permettre de s'émanciper.

Car l'idée centrale des Lumières est que tous les progrès vont ensemble. Les vérités scientifiques, politiques, historiques, philosophiques ont en commun de promouvoir un seul et même progrès. Sous des formes diverses mais convergentes, ce progrès concerne aussi bien l'accroissement des connaissances et celui des capacités morales, l'augmentation des richesses et celle des possibilités de justice. La totalité des progrès marche d'un seul pas : ce qui fait progresser les sciences fait également avancer les techniques, fait par ailleurs croître le libre examen, augmente ainsi le partage des savoirs, assure par là même plus de liberté et d'égalité et de fraternité. Alors le bonheur, « idée neuve en Europe », comme le dira Saint-Just, devient à l'ordre du jour. Le XIX$^e$ siècle héritera de cette conception du progrès et contribuera à l'amplifier, à la rendre plus sociale et plus politique. Mais c'est bien au siècle des Lumières qu'elle trouve sa première formulation.

Sans doute n'y a-t-il pas, malgré tout, une parfaite unanimité. Rousseau marque sa dissonance en soutenant que les connaissances viennent obscurcir en nous la voix de la nature, dont la vérité parle à notre cœur tant que nous ne l'étouffons pas sous des raisonnements pervers. Le scepticisme de Hume s'inscrit lui aussi en retrait. Si le philosophe anglais combat la superstition religieuse et lutte pour la liberté d'expression, il montre aussi comment la vérité scientifique est une pétition de principe, comment l'idée même d'une connaissance vraie est fragile, sinon illusoire.

Ainsi, au sein même des Lumières, la conception nouvelle de la vérité se trouve déjà secrètement minée.

• **NOM : VOLTAIRE**
François Marie Arouet a choisi ce nom de
plume vers vingt-cinq ans et ne l'a plus quitté.

• **LIEUX ET MILIEUX**
Paris, Londres, Potsdam, Genève, Ferney, mais
aussi châteaux, prisons, exils, fortunes, cours
royales : la vie de Voltaire a tout d'un roman-
feuilleton.

• **12 DATES**
**1694 :** Naît à Paris.
**1711 :** S'inscrit à la faculté de droit, passe son temps ailleurs.
**1716 :** Emprisonné pour des vers moquant le Régent.
**1718 :** Succès de sa tragédie *Œdipe*.
**1726-1728 :** Querelle avec le chevalier de Rohan, nouveau séjour à
la Bastille, départ pour Londres.
**1729 :** Fait fortune en achetant tous les billets d'une loterie.
**1734 :** Publie les *Lettres philosophiques*.
**1745-1746 :** Triomphe à la Cour, entre à l'Académie française.
**1750-1753 :** Séjourne en Prusse.
**1758 :** S'installe à Ferney, près de la frontière suisse.
**1764 :** Publie le *Traité sur la tolérance*.
**1778 :** Revient triomphalement à Paris et y meurt.

• **SA CONCEPTION DE LA VÉRITÉ**
La vérité pour Voltaire :
peut être révélée par l'ironie, l'humour, le trait d'esprit,
du point de vue rationnel, conclut à l'existence d'un Dieu architecte,
doit rassembler les hommes au lieu de les diviser.

• **UNE PHRASE CLÉ**
« Le paradis terrestre est où je suis. »

• **SA PLACE DANS L'HISTOIRE DE LA PHILOSOPHIE**
Celui qui fut en son temps le penseur le plus célèbre d'Europe, et qui
incarnait l'esprit philosophique aux yeux de ses contemporains, paraît
avec le recul plus un diffuseur d'idées qu'un créateur de concepts. Mais
cela ne doit pas conduire à négliger son rôle dans l'histoire intellectuelle, qui s'étend bien au-delà de son temps.

## 12

## OÙ VOLTAIRE INVENTE
### LES COMBATS DE L'INTELLECTUEL POUR LA VÉRITÉ

Un style, de la clarté, des formules qui frappent, une façon singulière de dire allègrement toute chose, même tragique – voilà, au premier regard, ce qui caractérise Voltaire. De l'esprit, assurément. De l'ironie, toujours. Un sens permanent de la provocation, du détail assassin, un talent pour mettre les idées en situation et les transposer en images puis en récits. Ce sont ses traits principaux. Malgré tout, cela ne suffit pas encore pour le cerner. Car cet homme est d'abord un frondeur, doué pour narguer les pouvoirs, faire sourire aux dépens de l'universelle bêtise. Il n'a pas son pareil pour esquisser, en quelques phrases, l'équivalent d'une caricature ou d'un croquis. Sous sa plume, les théories deviennent des personnages, les querelles entre doctrines des scènes de comédie.

Ces qualités sont connues. On les retrouve, sous mille formes, au long d'une œuvre-fleuve qui marque à jamais l'histoire des lettres : pas moins d'une centaine de volumes, où des chefs-d'œuvre toujours jeunes (les contes, par exemple) voisinent avec des succès vieillis (le théâtre, les odes). Mais cela implique-t-il que Voltaire appartienne pleinement au monde de la philosophie ? Un embarras s'installe dès qu'on demande s'il est philosophe ou ne l'est pas. Le motif de ce trouble est simple : il existe de

solides arguments pour dire « oui » comme pour dire
« non ».

Les raisons ne manquent pas, aux yeux des puristes,
pour refuser à Voltaire un titre de philosophe à part
entière. Le fait est qu'on ne lui doit aucune véritable
innovation conceptuelle. Il n'a pas construit de système,
s'est au contraire employé à les combattre tous, se riant
toujours des attitudes dogmatiques. Le travail technique
d'élaboration de la philosophie, souvent austère et ingrat,
lui est donc demeuré étranger. Dès lors, on devrait
conclure aisément qu'il convient de continuer à l'appeler
poète, dramaturge, historien, polémiste, épistolier… ou
d'autres noms encore, mais pas philosophe.

Pourtant, toute son époque le nomme philosophe. Et
toute l'histoire à sa suite. « Voltaire-philosophe » est une
figure centrale de son siècle, appelé à son tour « siècle
des philosophes ». Dans ces conditions, il devient difficile de classer dans la seule littérature un auteur qui
incarne l'esprit philosophique de son temps, mène le
combat des Lumières contre le despotisme et la superstition, rédige des « lettres philosophiques », un « dictionnaire philosophique » et cent autres traités et libelles. Il
semble impossible d'écarter de la philosophie un homme
dont toutes les interventions défendent le pouvoir
suprême de la raison : soumettre à examen toutes les
formes d'autorité, de croyances, de savoir.

Philosophe d'un côté, non-philosophe de l'autre, la
figure de Voltaire est-elle signe de contradiction ? Cette
difficulté n'est peut-être qu'apparente. Car il se pourrait
que cet homme ait inventé, plutôt que de nouveaux
concepts, de nouvelles postures. En d'autres termes,
Voltaire permet aux philosophes d'adopter des attitudes
inédites. Lesquelles, exactement ? Pour le comprendre, il
faut esquisser le parcours d'un mondain qui finit par
devenir justicier.

*Avant tout, réussir*

Né en 1694 dans une famille relativement modeste, François-Marie Arouet s'est révélé très jeune, vers dix ou douze ans, exceptionnellement doué pour l'expression littéraire. Il semble tourner des vers comme d'autres respirent. On le voit multiplier les impromptus, les traductions rimées, les odes de toutes sortes, à l'âge où d'autres commencent à déchiffrer des poésies. Aux études de droit il préfère évidemment les salons et les succès mondains. Car ce jeune homme veut, avant tout, briller et réussir, ce qui signifie, pour lui, à la fois se tailler une réputation au royaume des lettres et faire fortune. Toute sa vie, Voltaire travaille autant à sa réussite financière qu'à sa gloire littéraire. Avec obstination, avec succès. Mais pas vraiment avec cohérence.

Car cet arriviste paradoxal ne cesse de se mettre en péril, de provoquer sa propre chute. Déjà connu durant les premières années de la Régence, quand il prend, en 1718, à vingt-quatre ans, son nom de plume, il finit par aller trop loin. Exerçant son ironie envers les puissants, moquant les autorités, piquant de traits aigus des gens redoutables, Voltaire s'attire des ennuis à répétition. Il joue son destin pour le plaisir d'un bon mot, au risque de se faire tomber de l'arbre auquel il grimpe. Les résultats ne se font pas attendre : premier séjour à la Bastille puis exil à Londres.

Les années londoniennes (1726-1728) lui permettent de découvrir des philosophes encore mal compris en France, principalement John Locke et Isaac Newton. Voilà que l'arriviste des lettres commence alors à se métamorphoser en connaisseur des doctrines philosophiques. Il complète ensuite cette formation avec « Pompon Newton », madame du Châtelet, qui devient sa compagne. Voltaire l'avait surnommée ainsi en raison de sa connaissance des œuvres de Newton, qu'elle traduisait en français, et de son goût pour les robes à pompons…

Ce qui frappe Voltaire et lui permet d'entrer dans le débat philosophique, c'est ce qu'on pourrait appeler une « différence de potentiel » entre Paris et Londres. Le contraste entre les configurations théoriques d'un côté de la Manche et de l'autre lui fournit les premiers ressorts de ses interventions. Surtout, il décrit ces divergences sur un ton inédit. Il faut s'arrêter, un instant, sur ce ton. Les *Lettres philosophiques*, en 1734, provoquent un véritable scandale. Elles font l'effet d'une bombe et finissent par être interdites.

Y a-t-il donc dans les idées qui y sont développées tant de choses qui puissent choquer ou surprendre le public du temps ? Ce n'est pas le cas. On connaît déjà, en France, les idées des Quakers, le système de Locke, la science de Newton – du moins pour l'essentiel. Nul n'ignore, en outre, les critiques envers le fanatisme religieux et les excès du dogmatisme.

Alors pourquoi Voltaire frappe-t-il l'opinion de manière si vive ? À cause du ton, de l'irrespect radical que ce ton manifeste avec éclat. Le fait est inédit. Jamais fronde ne fut si allègre. On perçoit soudain une voix, à chaque page extraordinairement ironique, détachée, comique même. On dirait que l'observateur des doctrines sort du tableau, s'adresse directement au public, avec une superbe et vivante désinvolture. Les idées ont beau être connues, elles acquièrent un tranchant qu'on n'avait jamais remarqué. Tout est bousculé par ce ton abrupt, distant – et souverainement pédagogue.

Il faudrait entrer dans les *Lettres philosophiques* de Voltaire comme dans un café. On viendrait y retrouver des amis, et surtout écouter des histoires. Quoi de plus

étonnant, en effet, que la rencontre inaugurale avec un
Quaker ? Au premier abord, cet homme est une curiosité. Il est même plutôt ridicule, avec son refus d'ôter
son drôle de chapeau et son tutoiement systématique.
Pourtant, il va se révéler bien plus sensé qu'on aurait pu
le croire. À mesure qu'on avance, on découvre une critique intense et forte du christianisme, une attaque en
règle de Descartes, une autre de Pascal, mais aussi une
forme d'enjouement, d'allégresse de l'écriture. Ce qui
pourrait n'être qu'un persiflage, une moquerie badine et
légère, se métamorphose en affirmation souveraine de la
liberté de l'esprit.

Le génie de Voltaire ramasse en quelques phrases
l'essentiel d'une question complexe. Il sait éclairer d'une
expression vive un débat qui, autrement, serait pesant. Il
n'invente certes pas la clarté pédagogique ni l'ironie
railleuse. Elles ont existé de tout temps, mais il leur
donne une dimension neuve. Car il transforme la clarté
et l'esprit en machines de démystification. En raillant les
pesanteurs et les aveuglements, Voltaire élabore, au sein
de la modernité européenne, une forme d'action philosophique de type nouveau. D'abord frondeur seulement
par jeu, par simple goût de la satire, il finit par créer,
dans le paysage de la philosophie, une forme d'intervention publique qui n'existait pas avant lui.

## Après la réussite, la justice

Ce sens de la parole publique, Voltaire va le porter au
point d'intensité le plus vif durant les combats des dernières années de sa vie. Car, en avançant en âge, l'arriviste va profondément changer de registre. Voltaire a
obtenu tout ce qu'il ambitionnait. Il est célèbre dans
l'Europe entière, admiré pour son théâtre comme pour

ses œuvres d'historien. Il possède une fortune considérable qui lui a permis d'acquérir le château de Ferney où il fait vivre plusieurs dizaines de personnes. Il correspond chaque jour avec l'Europe savante comme avec plusieurs princes. À soixante-quatre ans, ayant écrit *Candide*, cet homme au faîte de sa réussite va-t-il se contenter de cultiver son jardin ?

Pas du tout. Au contraire, il entame alors les combats les plus décisifs de son existence. Il se bat pour Jean Calas, un protestant de Toulouse accusé à tort d'avoir tué son fils. Exécuté, Calas fut la victime innocente d'une justice emportée par le préjugé, aveuglée par les idées préconçues de la foule. Voltaire entame une action pour obtenir la réhabilitation de cet innocent. Lui n'a absolument rien à gagner en cette affaire, ni financièrement ni socialement. Ce combat pour la justice, pour la mémoire d'un innocent assassiné au nom de la loi, risque de lui attirer les pires ennuis. Voltaire le sait. Il continue.

Dans cette lutte, notre homme se transforme et se révèle. Il passe en effet d'une réussite personnelle – légitime, certes, mais encore égoïste – à un combat décisif pour l'universalité, les valeurs, l'humanité. Par-delà les cas de Calas puis de Sirven, pour lesquels il lutte bec et ongles, par tous les moyens à sa disposition, c'est la tolérance que Voltaire défend et illustre. Autant que des individus ou des familles, ce sont des principes qu'il sauve et s'acharne à réhabiliter.

## *Naissance de l'intellectuel*

C'est également la figure de l'intellectuel moderne que le patriarche de Ferney fabrique – au jour le jour, texte par texte, lettre par lettre. À l'évidence, il s'agit bien là d'un geste philosophique. À moins de restreindre excessivement le cercle des philosophes, au point de ne plus y admettre que les créateurs de concepts, il faut reconnaître que le fait d'intervenir dans le débat public, par la plume et le verbe, au nom de valeurs universelles, est aussi un attribut des philosophes. Sans exclure d'ailleurs les dimensions polémique, politique, idéologique que peut revêtir cette attitude.

En créant cette figure de l'intellectuel moderne, Voltaire prolonge et transforme une attitude qui existait depuis l'apparition de la philosophie. Cette forme de fronde et d'intervention directe dans la communauté politique n'existait-elle pas déjà chez Socrate, comparé à un taon qui vient piquer le peuple assoupi ? Le rire, la provocation, les sarcasmes n'étaient-ils pas déjà des armes de Diogène le cynique, ce « Socrate devenu fou », comme disait Platon ? L'ironie mordante, parfois acide, ne traverse-t-elle pas toute l'œuvre de Lucien, ce Voltaire antique ? En dehors du monde de l'Antiquité, Rabelais ou Montaigne surent aussi, avant Voltaire, utiliser un regard caustique comme mode d'intervention philosophique.

Il écarte les erreurs religieuses pour mieux laisser place à ce qu'il considère être la vérité. Là aussi, plutôt que de construire de nouvelles conceptions, la tâche du philosophe selon Voltaire est de nettoyer l'esprit des égarements qui le déforment. De ce point de vue, il inaugure à sa manière dans la modernité une forme de « nettoyage philosophique » que d'autres vont poursuivre avec des moyens plus radicaux.

Sans doute Voltaire ne pouvait-il imaginer à quel point, plus de deux siècles après sa mort, son combat pour la tolérance et la raison serait d'une pleine actualité. Dans son esprit, en effet, le combat philosophique devait déboucher sur la disparition des préjugés, voire

l'émergence d'une concorde et d'une tolérance universelles. « Je fais la guerre », disait-il. Mais il espérait une
victoire lointaine. Elle aurait dû conduire à la disparition des philosophes. Leurs interventions seraient devenues inutiles à mesure que les différentes causes qui les
motivaient – inégalités, injustices, dogmatismes, préjugés… – se seraient progressivement effacées sous les
effets conjugués de l'éducation, des libertés, de la tolérance et de la compréhension mutuelle.

Finalement, Voltaire espérait un avènement des
comportements rationnels. Il supposait les humains
capables de réduire ou de dissiper les fantasmagories de
la superstition et les aveuglements de la haine. Chacun,
chaque jour, peut constater que ce n'est pas le cas. Nous
vivons au contraire le retour des fanatismes, la résurgence des préjugés, l'affrontement des dogmes. De ce
point de vue, jamais Voltaire n'a été aussi actuel ni aussi
nécessaire.

---

*De Voltaire, que lire en premier ?*

Les *Lettres philosophiques*.

*Sur Voltaire, que lire pour aller plus loin ?*

Pierre Lepape, *Voltaire le conquérant*, Paris, Seuil,
1994, 1997.
Pierre Milza, *Voltaire*, Paris, Perrin, 2007.
Raymond Naves, *Voltaire*, Paris, 1966.
Jean Orieux, *Voltaire*, Paris, Flammarion, 1966.
René Pomeau, *Voltaire*, Paris, Seuil, 1994.

☞ *Voltaire est volontiers mordant, acide, pour combattre efficacement. On lui a reproché de préférer les plaisanteries aux concepts.*
*En tout cas, il combat les erreurs et les idées fausses plus qu'il ne s'attache à élaborer de nouvelles vérités.*

☞ *À ce talent polémique, on peut préférer plus de douceur, d'allégresse, d'enchantement.*
*On peut aussi souhaiter plus de savoir, transmis avec souveraineté et sourire.*
*Autrement dit, rencontrer Diderot.*

• **NOM : DIDEROT**

• **LIEUX ET MILIEUX**
Famille d'artisans dans la province française du
XVIII$^e$ siècle, puis bohème d'un écrivain vivant
de sa plume, jusqu'au jour où Catherine II de
Russie permet au philosophe quelque aisance.

• **9 DATES**
**1713** : Naît à Langres.
**1728-1732** : Études à Paris.
**1732-1743** : Années de bohème, dettes et petits
métiers.
**1747** : Prend avec d'Alembert la direction de l'*Encyclopédie*.
**1749** : Publie la *Lettre sur les aveugles*. Emprisonné à la Bastille.
**1759** : *L'Encyclopédie,* après six volumes parus, est suspendue par le
Parlement. Publication clandestine de la suite.
**1765** : Catherine II de Russie lui verse une pension.
**1773-1774** : Voyage en Russie.
**1784** : Meurt à Paris à soixante et onze ans. La plupart de ses œuvres
sont posthumes.

• **SA CONCEPTION DE LA VÉRITÉ**
La vérité pour Diderot :
est d'abord une affaire physique et matérielle,
est liée à la sensibilité dont la matière est pourvue,
participe au développement de la civilisation.

• **UNE PHRASE CLÉ**
« Il n'y a qu'une vertu, la justice ; qu'un devoir, de se rendre heureux ; qu'un corollaire, de ne pas se surfaire la vie, et de ne pas craindre
la mort. »

• **SA PLACE DANS L'HISTOIRE DE LA PHILOSOPHIE**
Difficile à cerner, dans la mesure où le paradoxe de l'œuvre de Diderot
est d'avoir été connue par étapes, bien après sa mort. Il avait en effet
choisi de ne presque rien publier de son vivant, en tout cas rien qui
eût pu lui occasionner des ennuis. Pour un philosophe résolument
athée, sous l'Ancien Régime, ce n'était pas déraisonnable.

## 13

## OÙ DIDEROT S'EFFORCE DE RENDRE LA VÉRITÉ
### ENCHANTERESSE

« Enchanteur », « enchanté », « enchantement »… les termes reviennent fréquemment à propos de Diderot, s'appliquant à l'homme comme à l'œuvre. Ils disent ce que les contemporains ressentent, aussi bien que ce qu'éprouvent les lecteurs d'aujourd'hui. Que signifient au juste ces jugements ? Par quoi sont-ils justifiés ? Dans le registre philosophique en particulier, l'enchantement n'est pas une donnée habituelle.

Sans doute faudrait-il revenir sur ce qu'évoque, ordinairement, l'idée d'enchantement. Une conjugaison de bonheur et d'émotion liée à l'imagination, une certaine euphorie s'emparant de l'esprit, à laquelle le corps a sa part – voilà d'où l'on pourrait partir. Pas d'enchantement sans la puissance d'une histoire qui transporte, sans une singulière gaieté qui enflamme le cœur. L'enchantement suppose des passions, une sensibilité, un mélange particulier d'excitation et d'abandon. Il semble bien que cela corresponde à notre homme.

Car Diderot n'a pas son pareil pour conduire le lecteur où il veut, pour le désorienter et le laisser enthousiaste et troublé tout à la fois. De tous les penseurs de son temps, c'est lui le plus doué pour les mises en scène et les dramaturgies. Le siècle où il vit, celui des Lumières et de la montée des libertés, est pourtant riche en écrivains fort inventifs

en la matière. De Voltaire à Rousseau, d'Holbach à
Helvetius, de La Mettrie à d'Alembert, nombreux sont les
penseurs qui donnent vie aux abstractions et mettent des
couleurs, si l'on ose dire, aux joues de Dame Philosophie.
Mais avec Diderot les idées s'animent, s'incarnent, se
toisent et se répondent comme avec personne d'autre. Les
voilà qui s'aventurent dans des récits, se transforment en
images, se glissent dans des dialogues inattendus. Ainsi naît
une première sorte d'enchantement, celui d'un style.

Ou plutôt de plusieurs styles. Car Diderot change de
plume, de registre, de ton avec autant de maîtrise que
d'allégresse. Romans, nouvelles, théâtre, critique, pam-
phlets, essais, lettres, poèmes… tous les genres littéraires
sont pour lui matière à charmer, à exceller et à surprendre.
Libertin dans *Les Bijoux indiscrets* (des sexes féminins
doués de la parole…), discrètement provocateur dans
*La Religieuse* (où les règles monastiques et les désirs du
corps sont en conflit), virtuose dans *Le Neveu de Rameau*
(invention d'un personnage hors norme), moderne avant
l'heure dans *Jacques le fataliste et son maître* (récit apparemment sans ordre et sans but), cet écrivain de génie est
homme de lettres et homme d'esprit, brasseur d'idées, fine
plume comme d'autres sont fines lames. Voilà ce que personne ne saurait honnêtement nier.

Mais on demandera : ce pédagogue, ce polémiste, ce
conteur est-il à proprement parler philosophe ? Tout
dépend, justement, de cet « à proprement parler ». Si le
nom de philosophe ne doit s'appliquer qu'aux auteurs de
traités austères, constructeurs de systèmes et inventeurs
de concepts, on ne rangera pas Diderot parmi eux. Au
contraire, si l'on admet, comme le fait le siècle des
Lumières, qu'il convient d'appeler aussi « philosophes »
des stylistes, des diffuseurs d'idées, des auteurs multiformes
travaillant de mille manières à faire progresser la conscience
de leur temps, alors Diderot est au premier rang.

## Le défi de l'Encyclopédie

Le principal motif de lui accorder cette place de choix est le combat de toute sa vie pour faire exister l'*Encyclopédie*. Le projet, au départ, ne devait être qu'une traduction et adaptation de la *Cyclopedia* de Chambers. À la place, Diderot va forger, imposer, promouvoir et soutenir à bout de bras une entreprise très différente. Ce sera à la fois une aventure éditoriale, une « machine de guerre » contre les dogmatismes et pour la liberté de pensée, un outil incomparable d'éducation intellectuelle et scientifique. Autour de lui, Diderot rassemble en effet les meilleures plumes, les savants les plus qualifiés, mais aussi les techniciens, ingénieurs et artisans les plus ingénieux.

L'originalité de cet ouvrage-fleuve est de rassembler à l'usage du public toutes les connaissances humaines disponibles, dans tous les domaines, sans en exclure les outils ou les machines propres aux différents corps de métier ni les procédés de fabrication mis au point par l'industrie naissante. Ce que donne à voir l'*Encyclopédie* est un panorama sans équivalent de l'ingéniosité humaine. Elle regroupe, sur une étagère de bibliothèque, ce que des générations d'artisans et de scientifiques ont su concevoir et réaliser pour améliorer la puissance d'agir de l'humanité dans une foule d'activités concrètes.

Indépendamment de son rôle capital dans l'histoire des idées et dans les combats idéologiques, l'*Encyclopédie* enseigne beaucoup de choses sur l'homme qui l'a dirigée, défendue et menée à bien. Pour consacrer l'essentiel de son activité durant vingt-deux ans à une telle entreprise, pour y rédiger soi-même près de mille articles, pour tenir au milieu des combats et des querelles, il faut d'abord être animé d'un appétit exceptionnel pour les découvertes de toutes sortes. Avant d'enchanter les autres, il semble bien que Diderot soit d'abord enchanté lui-même par le tourbillon des connaissances nouvelles. Ce qui le meut ? Un désir de savoir sans pareil, une jubilation d'apprendre et de diffuser.

Cette circulation ouverte des connaissances était alors très neuve, en particulier dans le domaine des métiers et des techniques artisanales et industrielles. La transmission était généralement restreinte, circonscrite à des compétences régionales. Soudainement, cette transmission devenait générale, ouverte, mêlait les régions du savoir comme les régions géographiques. Les experts parlaient au public, les volumes de planches donnaient à voir les dispositifs pratiques et leurs fonctionnements. Le progrès n'était plus une idée, une conception générale et vague. Il se constatait, de page en page, à travers tout ce que la raison et l'observation avaient su édifier, tout ce que l'expérience avait pu perfectionner.

La conviction centrale de la philosophie des Lumières – la marche conjointe des sciences et techniques, de la liberté de critique et du progrès moral et social – trouvait là son illustration la plus éclatante. L'optimisme des Lumières consistait à croire que ces différents types de progrès étaient liés, et en fin de compte n'en faisaient qu'un. L'accroissement des connaissances s'accompagnait d'une émancipation politique croissante, et l'humanité, en devenant plus libre, devenait aussi, de manière indissociable, moralement meilleure. Pour que ce mouvement s'accentue, il fallait que la philosophie devienne populaire.

## Un penseur populaire

Populaire, au meilleur sens, Diderot l'est à plusieurs titres. En premier lieu par ses origines familiales, qui ne le rattachent ni à l'aristocratie ni à la bourgeoisie mais au peuple des artisans. Son père est en effet coutelier à Langres, et le jeune Denis lui doit son sens de l'observation pratique et des techniques manufacturières. Même quand il fréquentera les princes et deviendra l'un des conseillers de Catherine II de Russie, Diderot restera proche du peuple. Nanette, sa femme, qu'il a épousée à trente ans contre l'avis de son propre père, n'a rien d'une comtesse. Et Diderot lui-même a fait toutes sortes de métiers pour subvenir à ses besoins : traducteur, correcteur, précepteur...

Avant que l'impératrice de Russie ne finisse par acheter sa bibliothèque en viager et par lui verser une confortable pension, le philosophe a plus d'une fois souffert de difficultés d'argent. Il eut, somme toute, plus de mal à y mettre un terme qu'à clore ses démêlés avec la censure royale. De ce côté, Diderot a retenu la leçon des quatre mois qu'il a passés à Vincennes pour avoir publié, en 1749, la *Lettre sur les aveugles*. Après cet épisode, il décida une fois pour toutes de ne rendre publiques que les œuvres qui ne lui vaudraient pas de représailles majeures. Même si l'*Encyclopédie* fut interdite (en 1752) puis bloquée (le privilège est suspendu en 1759), elle ne lui fit jamais risquer la prison ni la mort.

En revanche, les proclamations d'athéisme, la critique ouverte du christianisme, le refus de la monarchie auraient pu lui occasionner de graves ennuis. C'est pourquoi Diderot, athée, matérialiste, opposé aux privilèges de l'aristocratie comme à l'absolutisme royal, préféra ne rien publier, de son vivant, des ouvrages où il développait de telles idées. Une large partie de ses œuvres était donc destinée à n'être publiée qu'après sa mort. Certains textes n'ont été connus qu'au XIX$^e$ siècle, et d'autres seulement au milieu du XX$^e$. Ce n'est donc que progressivement, par vagues successives, que l'on a pris réellement conscience de l'ampleur et de la diversité de sa pensée, où se juxtaposent des hypothèses hardies et une volonté de rendre la philosophie accessible à tous.

Sans doute est-ce avant tout à cause de cette volonté que Diderot peut être nommé populaire. Il a en effet profondément désiré que la philosophie puisse devenir accessible au plus grand nombre et que le peuple se transforme par la pratique de la réflexion philosophique. Cette ambition est sans conteste l'une des clés majeures de son style, de son travail éditorial aussi bien que de ses œuvres. Le projet d'édifier une telle philosophie n'est certes pas de son invention. On le voit émerger tout au long du XVIIIᵉ siècle, en particulier en Allemagne.

Mais Diderot lui a donné une dimension et une forme nouvelles. Il en a souligné l'aspect proprement politique. Il a commencé à en formuler les applications concrètes dans le mémoire sur la réforme de l'université préparé pour Catherine II de Russie. Bien que ces projets soient restés lettre morte de son vivant, ils annoncent clairement ce que feront certains des philosophes français de la Révolution, comme Destutt de Tracy ou Cabanis, fondant l'École normale supérieure et d'autres institutions fondamentales du système républicain.

La popularisation de la philosophie est aussi en relation directe avec la question de l'enchantement. Sans une part de spectacle, sans une apparence de conte, voire de quelque folie, il est difficile de rendre la pensée attractive. C'est aussi pour des raisons pédagogiques, et en fin de compte profondément politiques, que Diderot se fait enchanteur au lieu de se faire professeur.

## L'hypothèse la plus folle

Malgré tout, ce n'est pas encore là le sens le plus décisif de cet « enchantement » qu'on lui attribue. En fait, c'est la nature elle-même et, mieux encore, la matière inerte que Diderot va « enchanter » en lui attribuant une sensibilité. Sans doute, la première fois que l'on lit que les pierres sentent ou qu'il n'y a pas de différence majeure entre l'homme et la statue, se dit-on que Diderot est en pleine extravagance. Il en eut lui-même si pleinement conscience qu'il n'a cessé de multiplier les précautions et les garde-fous en présentant cette idée comme pure hypothèse, théorie énoncée en rêve. Il y a là, cependant, une aventure théorique qui possède sa justification rationnelle.

Il faut d'abord rappeler que Diderot, dès ses premiers écrits, apparaît comme un philosophe résolument athée et matérialiste. À l'opposé de Voltaire qui est profondément convaincu de l'existence d'un Dieu architecte créateur du monde naturel, à la différence de Rousseau qui célèbre l'Être suprême, Diderot ne voit dans la nature qu'un assemblage temporaire d'atomes destinés à se disperser. Ses *Pensées philosophiques*, qui forment son premier ouvrage, bien que moins violentes que celles du baron d'Holbach ou du marquis de Sade, ne disent, en fait, rien de différent : dépourvu de créateur, le monde est constitué uniquement de matière, les corps seuls existent, et l'âme pure pensée, l'âme immatérielle, distincte du corps, n'est qu'une fiction. L'originalité de Diderot est de parvenir, dans ce contexte, à trouver des solutions inédites à l'existence de la morale et de l'esthétique.

La *Lettre sur les aveugles* est centrée sur une question qui fascinait les penseurs de l'époque. Un aveugle de naissance, sachant reconnaître par le toucher des formes géométriques, les reconnaîtrait-il sans hésitation si, d'un coup, il recouvrait la vue ? Il nous semble à présent qu'une telle interrogation est pour une large part artificielle et ne constitue pas réellement une expérience cruciale. Si l'époque de Diderot voit autrement la situation, c'est en raison de l'impact de la philosophie empiriste développée notamment par Locke et ensuite par Hume.

Selon ces philosophes, rien ne peut exister dans notre esprit qui ne provienne du monde extérieur et donc qui soit passé par nos sens. Nos idées proviennent, directement ou indirectement, de ce que nous avons vu, goûté, touché, entendu, etc. Ce que résume la formule célèbre « *nihil in intellectu nisi quod fuerit prius in sensu* » (« il n'y a rien dans l'esprit qui n'ait été auparavant dans la sensibilité »). Or, dans cette perspective, l'image du carré ou du triangle, telle que la vision les fait percevoir, n'a jamais pu se former dans l'esprit de l'aveugle. Ce qui s'est gravé en lui n'est que le toucher. L'esprit peut-il passer seul d'un registre à l'autre ? Peut-il faire le lien de son propre chef ? Voilà la question qui se posait. En soutenant que même nos idées morales dépendent de nos sens, Diderot se retrouvera au donjon de Vincennes.

Et pourtant, dans le matérialisme, dont Diderot se réclame, il existe à ses yeux un point faible. Si tout est corps, si seuls des assemblages de molécules expliquent la vie, la sensibilité, la pensée, la conscience, la volonté, on ne saisit absolument pas comment ces phénomènes se produisent à partir de la matière inerte. L'explication habituelle par l'organisation et l'assemblage des molécules est aux yeux de Diderot parfaitement insuffisante : si une molécule est dépourvue de sensibilité à tel endroit, pourquoi et comment deviendrait-elle capable de sentir en étant seulement située à un autre emplacement ?

Le philosophe en vient donc à cette conclusion aussi logique que déconcertante : si la sensibilité ne peut venir du dehors aux molécules, il faut supposer qu'elle est déjà présente au sein de chacune d'elles ! Ce qui veut dire qu'à leur manière les pierres pensent, tout comme les plantes désirent. Les qualités qui se développent chez les êtres organisés, *a fortiori* chez les mammifères et les êtres humains, existent partout, mais à l'état latent, inhibé, immobile. Il appartient à la vie complexe de rendre mobiles et vives ces forces liées.

Ce « matérialisme enchanté », selon la belle formule d'Élisabeth de Fontenay, consiste donc à pourvoir toute la nature de vie et de sensibilité. Celles-ci ne peuvent, en effet, venir du dehors ni surgir d'un coup. « Un corps s'accroît ou diminue, se meut ou se repose ; mais s'il ne vit pas par lui-même, croyez-vous qu'un changement quel qu'il soit puisse lui donner la vie ? […] Cela ne se peut. Le sentiment et la vie sont éternels. » Voilà ce que Diderot écrivait déjà en 1759, dix ans avant de rédiger *Le Rêve de d'Alembert*. L'élaboration de sa pensée va cheminer dans la même direction, à partir de ce dîner de 1759 chez le baron d'Holbach dont il parle en ces termes : « Le reste de la soirée s'est passé à me plaisanter sur mon paradoxe. On m'offrait de belles poires qui vivaient, des raisins qui pensaient. »

Le paradoxe persiste, s'affirme, s'amplifie et se consolide. Dans l'article « Naître » de l'*Encyclopédie*, Diderot n'hésite pas à écrire : « La vie est une qualité primitive et essentielle dans l'être vivant ; il ne l'acquiert point, il ne la perd point. » En 1765, il étend la portée de cette affirmation : « Selon moi, la sensibilité est une propriété universelle de la matière. » Nous voilà fort proches de cette formule qui saisit le lecteur au tout début du *Rêve de d'Alembert* : « Il faut que la pierre sente. »

Dans l'*Entretien entre d'Alembert et Diderot*, qui ouvre le fameux *Rêve de d'Alembert*, le philosophe renoue avec un procédé que seul Platon avait utilisé : l'entretien imaginaire entre des contemporains réels et célèbres. De même que l'illustre maître grec faisait dialoguer Socrate avec Protagoras ou avec Alcibiade, connus de tous les Athéniens, de même Diderot se met en scène avec d'Alembert pour développer l'extraordinaire hypothèse de la sensibilité universelle de la matière, entravée dans la pierre et libérée dans le vivant.

Voilà en quoi, philosophiquement, Diderot est enchanteur : il réanime le monde, lui rend une sensibilité que l'on croyait effacée par la science. Au « désenchantement du monde » qu'entraîne le déclin des croyances religieuses il répond par une animation universelle de toutes les molécules, une vie partout présente.

## Un maître à vivre

La plus grande singularité de Diderot est sans doute d'être moraliste et esthète en matérialiste. Ce n'est ni simple ni habituel. La difficulté vient du fait que si nous ne sommes que des amas de molécules inertes, on ne sait sur quoi fonder la dignité humaine, la nécessité de la respecter. Cette question n'est évidemment pas close. Elle se pose encore au biologiste et au physicien contemporain : d'où provient la règle qui régente la relation entre deux « êtres humains », s'ils ne sont, en fait, que deux brouillards de particules ? Les normes esthétiques paraissent aussi mal en point que celles de l'éthique : sur quoi se fonde la beauté quand tout, de l'œuvre comme du spectateur, est seulement agencement de matière ?

Le matérialisme semble donc saper dans leur principe et l'éthique et l'esthétique. Ce n'est évidemment qu'une première impression. Les penseurs des Lumières se sont tous diversement employés à la dissiper. Diderot y parvient avec une grâce qu'on ne trouve chez aucun autre, faisant découler la morale de la nature, la piété filiale des relations familiales, les vertus de la sensibilité inhérente à la matière. L'émotion esthétique est elle aussi un effet de la nature, renforcé par le spectacle de la vertu.

S'il ne fallait retenir qu'une seule phrase dans l'océan de toutes celles écrites par Diderot, on devrait choisir les dernières lignes des *Éléments de physiologie*. Ce livre athée, intégralement matérialiste, se termine en effet par cette triple recommandation : « Il n'y a qu'une vertu, la justice ; qu'un devoir, de se rendre heureux ; qu'un corollaire, de ne pas se surfaire la vie, et de ne pas craindre la mort. » Cette sagesse s'appuie sur la conviction qu'il existe comme une grammaire spontanée des relations humaines et du rapport à soi-même.

De ce point de vue, cet enchanteur est aussi un maître à vivre. Il enseigne que le corps est habité de sentiments, la matière traversée d'émotions, la pensée composée aussi de passions. Une leçon qu'on ne répétera jamais trop. Diderot écrivait à Sophie Volland le 11 septembre 1769, à propos du *Rêve de d'Alembert* : « Il n'est pas possible d'être plus profond et plus fou. » En fait, c'est à Diderot tout entier que la formule convient.

---

*De Diderot, que lire en premier ?*

N'importe quelle page !

*Sur Diderot, que lire pour aller plus loin ?*

Milan Kundera, *Jacques et son maître*, Paris, Gallimard, « Folio », 1998.

Raymond Trousson, *Denis Diderot ou le vrai Prométhée*, Paris, Tallandier, 2005.

Élisabeth de Fontenay, *Diderot ou le matérialisme enchanté*, Paris, Grasset, 1981.

Colas Duflo, *Diderot philosophe*, Paris, Honoré Champion, 2003.

☞ *Matérialiste allègre, athée sensible, génie du style, Diderot incarne à la perfection la figure du philosophe des Lumières.*
*S'il prête à la nature sentiments et émotions, il lui manque toutefois cette forme d'inquiétude secrète que vont cultiver les romantiques, en y trouvant une vérité supposée plus authentique.*

☞ *La nature qui parle au cœur, qui dit la vérité simple et pure, sans souci des convenances ni des artifices de la civilisation.*
*Le cœur qui sait d'emblée ce qui est vrai, même quand la raison tente de le persuader qu'il a tort.*
*C'est là un tout autre paysage mental.*
*Celui de Rousseau.*

• NOM : ROUSSEAU

• LIEUX ET MILIEUX
Genève, Grenoble, Chambéry, Venise, Paris au
siècle des Lumières, entre petits métiers et
petites gens, salons littéraires et retraites de campagne.

• 11 DATES
**1712 :** Naît à Genève.
**1725 :** Apprentissage chez un graveur.
**1728 :** Quitte Genève, rencontre Mme de Warens.
**1742 :** S'installe à Paris, commence à fréquenter les philosophes.
**1751 :** Publie le *Discours sur les sciences et les arts*.
**1755 :** Publie le *Discours sur l'origine et les fondements de l'inégalité parmi les hommes*.
**1758 :** Rompt avec Diderot.
**1762 :** Publie l'*Émile, ou de l'éducation* et le *Contrat social*.
**1766 :** Voyage à Londres, se brouille avec Hume.
**1776 :** Crise délirante, se croit persécuté.
**1778 :** Meurt à Ermenonville.

• SA CONCEPTION DE LA VÉRITÉ
La vérité pour Rousseau :
est d'abord sensible, affective, ressentie plutôt que conçue par l'intelligence,
est la voix de la nature qui parle en nous,
peut servir à réparer les méfaits de l'histoire humaine.

• UNE PHRASE CLÉ
« Je suis mon cœur. »

• SA PLACE DANS L'HISTOIRE DE LA PHILOSOPHIE
Capitale, car son influence se prolonge jusqu'à nos jours dans des
domaines aussi variés que l'anthropologie, l'histoire, la pédagogie, la
philosophie politique, le droit, etc.

## 14

### OÙ L'ON CONSTATE QUE ROUSSEAU TROUVE DANS LA NATURE LA VOIX DE LA VÉRITÉ QUI S'ADRESSE À TOUS

Réservé, sensible, fragile, Rousseau est aussi radical, résolu, intransigeant. Dans un seul et même mouvement. Et pour les mêmes motifs : c'est en étant sensible qu'il est révolutionnaire. Car il constitue, à lui seul, une révolution dans l'histoire de la pensée comme dans celle de la littérature. Il bouleverse la philosophie en profondeur. Mais d'une étrange façon, pas toujours repérable au premier abord.

Pour comprendre la singularité de sa démarche, il ne suffit pas de répéter qu'à ses yeux « l'homme est bon » mais que « la société le corrompt ». Des générations d'élèves et d'étudiants ont ressassé cette formule en croyant la comprendre. Elle n'est certes pas totalement fausse. Mais, la plupart du temps, on l'interprète de travers. Pour la saisir vraiment et entrevoir l'étrangeté propre de Rousseau, mieux vaut repartir d'ailleurs.

D'où ? Du cœur. Car, à la question « Qui suis-je ? » Rousseau ne répond pas, comme Descartes : « Une chose qui pense », il affirme de manière directe : « Je suis mon cœur. » Plutôt que la réflexion, donc, le sentiment. Il est possible d'entendre, par le moyen du cœur, la voix de la nature parlant en nous. Rousseau est donc le premier philosophe qui choisit d'accorder la primauté à l'émotion. Jusqu'à lui, l'affectivité, la sensibilité, les passions étaient jugées plus ou moins inférieures et dangereuses. Pour devenir philosophe, il convenait de s'en défier. Mieux valait les tenir en bride, en les maîtrisant par la raison. Avec Rousseau, tout change.

« Cœur », « sentiment », « intuition », « voix de la conscience », expressions toutes utilisées par Rousseau, ne sont pas sous sa plume exactement synonymes. Mais elles convergent à l'évidence vers une source unique qu'on peut nommer « sensibilité » et qui se trouve désormais privilégiée. Pour lui, ce qui compte le plus est cette voix pure qu'on perçoit en soi-même. Rousseau juge donc ce qui parle en nous plus décisif que tout ce que nous lisons. La sagesse de la nature, la voix de la conscience, le divin lui-même se lisent ainsi, à cœur ouvert, sans intermédiaire, sans livres. Du coup, la réflexion et les connaissances ne sont plus des soutiens indispensables pour la philosophie. L'intelligence, livrée à elle-même, risque au contraire de brouiller ou d'étouffer la voix de la nature. Elle peut instaurer en nous des distances avec notre propre cœur. Elle est capable de dresser des barrières artificielles et de tendre des pièges où nous risquons de nous perdre.

## La raison rend insensible

Le plus clair exemple de cette révolution introduite par Rousseau est fourni par la pitié, « pur mouvement de la nature, antérieur à toute réflexion ». Voyant un être vivant souffrir, nous souffrons aussi, du moins tant que nous ne sommes pas dénaturés. Nous ressentons une émotion pour ce qu'il éprouve, nous sommes portés à le secourir, de façon spontanée, non réfléchie. Face à la détresse de notre semblable, nous n'allons pas d'abord réfléchir, demander qui est cet individu, quelles sont les raisons de son malheur. Nous sommes poussés à agir par le mouvement même de notre cœur. Nous agissons tout naturellement pour alléger, dans la mesure de nos moyens, cette souffrance. Si l'on en doutait, que l'on pense aux innombrables actions de solidarité suscitées aussi bien par les accidents quotidiens que par les grandes catastrophes humanitaires.

Si la raison étouffe en nous ce mouvement originaire que déclenche la pitié, nous sommes profondément dénaturés. Le philosophe, suggère Rousseau, est capable de se rendormir pendant qu'on égorge son semblable sous sa fenêtre. La voix de la nature se trouve neutralisée par la raison. Voilà qui révolte Rousseau. Voilà qui constitue aussi un des motifs essentiels de sa radicalité : il ne saurait supporter l'insensibilité, la froideur, les cœurs éteints.

Une autre nouveauté de la posture de Rousseau, par rapport à la philosophie antérieure, est de rendre la conscience morale indépendante de la raison. Cette conscience ne résulte pas d'un processus logique ni d'un dispositif théorique. Elle nous permet de discerner directement le bien du mal, nous indique notre devoir de façon immédiate, spontanée, non réfléchie. Cette voix de la nature constitue pour Rousseau ce que Dieu nous dit. Nous le lisons dans notre cœur sans avoir à y réfléchir de manière logique et déductive. Bref, la vérité, en ce qui concerne la morale, s'éprouve avant de se prouver.

Cette primauté du cœur est aussi, dans le même mouvement, celle de la subjectivité. Je ne découvre pas le devoir, le bien et le mal, la vérité dans un monde idéal et objectif ; je les éprouve au contraire à l'intérieur de moi-même, dans mon histoire, avec mes sentiments et mes mots. Ce double mouvement conjuguant cœur et subjectivité entraîne plusieurs conséquences qui forment autant de points cruciaux de la démarche de Rousseau. Par exemple, la critique de l'histoire humaine. Car l'évolution de l'humanité tend à nous éloigner des mouvements de notre cœur. Elle nous entraîne dans une spirale d'artifices, de froideur, de passions dénaturées, nous rend sourd à la voix de la nature. Cette critique de l'histoire est aussi, à l'évidence, critique de la société – considérée par Rousseau comme abus de l'artifice et des conventions. La solidarité y fait place à des rivalités absurdes, la pitié y est écrasée par le flot des égoïsmes. Il ne faut pas oublier la critique de la philosophie, vue comme une hypertrophie de la rationalité, le triomphe des arguties sur la simple évidence des sentiments. Finalement, au regard de la pureté de la nature, la culture peut toujours être entendue dans un sens péjoratif.

Cette intuition est déjà celle du *Discours sur les sciences et les arts,* le premier texte qui rendit Rousseau célèbre, et qu'il a conçu au terme d'une sorte d'illumination. À peine a-t-il lu le sujet proposé par l'Académie de Dijon pour le prix de morale de 1750 (la question de savoir « si le rétablissement des sciences et des arts a contribué à épurer les mœurs ») qu'il est frappé d'une véritable vision. « À l'instant de cette lecture, je vis un autre univers et devins un autre homme. » Tombant au pied d'un arbre, il y demeure dans un état second.

Plutôt qu'une simple mise en cause de la technique, ce qu'il est aussi, ce *Discours* est avant tout une description de notre éloignement progressif de la nature et une méditation sur l'obscurcissement de notre âme. Aujourd'hui, nous lui trouvons une saveur fort différente. Ce que dit Rousseau parle en effet de manière proche à ceux qui vivent en un temps où sont quotidiennement dénoncés les méfaits des machines, les ravages réels ou possibles de l'hypertrophie des sciences.

La révolution que propose Rousseau consiste bien, en fin de compte, à faire renaître la pureté première de la nature dans notre cœur, dans nos mœurs et dans l'histoire universelle. Car la pureté n'est jamais tout à fait morte. Elle n'est qu'obscurcie, enfouie, déformée, transformée par l'histoire et par la société. Il est toujours possible qu'elle ressurgisse.

Dans le *Discours sur l'origine et les fondements de l'inégalité parmi les hommes* de 1754, Rousseau reprend et transforme la célèbre fiction de l'« état de nature » qu'avaient développée les jurisconsultes de l'âge classique, et la pensée politique de Hobbes, pour imaginer la situation de l'homme sans société. Pour Rousseau, dans cette situation de « pure nature », les hommes vivent dépourvus de tout lien social.

Ces animaux humains dispersés, errant solitaires dans les forêts, se nourrissant de leur cueillette de fruits et de glands, dépourvus de langage et de techniques, privés de tout instinct communautaire, n'ont aucun motif de quitter cet état de nature. Il n'y a pas de principe interne qui déstabilise cet état originaire et pousse à en sortir. Tout est certes présent pour que ces humanoïdes puissent devenir des humains à part entière ; toutefois, rien ne vient mettre en œuvre ces possibilités. Rousseau doit donc imaginer des catastrophes externes (éruptions, inondations, changements climatiques) qui contraignent les hommes à se regrouper, les forcent à vivre ensemble, à se parler, à échanger des biens ou des services, à se transmettre des découvertes.

Ils commencent donc à inventer et les techniques et le pouvoir, et bientôt la propriété, comme le premier des malheurs. Cette sortie de la nature va enclencher de proche en proche la détérioration et la corruption. Les humains, à mesure qu'ils progressent, inventent, découvrent, apprennent, deviennent également de plus en plus inhumains et violents jusqu'à ce dernier cycle, celui du despotisme et de la tyrannie, qui appelle une révolution.

Ce retour de la pureté au cœur de l'artifice, résurgence de la nature dans la civilisation, correspond à un mouvement profond de la vie de Rousseau lui-même. On l'aura compris : il est impossible, s'agissant de Rousseau, de dissocier son existence intime et le mouvement de sa pensée. Il faut donc évoquer, comme il le fait lui-même, sa trajectoire biographique.

## Une vie solitaire

Faire le récit de la vie de Rousseau pourrait exiger plusieurs volumes. Lui-même, dans *Les Confessions*, a consacré plusieurs centaines de pages à quelques épisodes, relativement restreints, de son existence. Le geste importe plus que la multitude de détails. Avouer tout lui semble une nécessité pour se faire aimer. Cette exigence de l'aveu fut évidemment un grand facteur d'incompréhension avec son entourage, en particulier avec les philosophes de son temps. C'est pourquoi sa vie est ponctuée de brouilles, marquée par une succession de rencontres et d'éloignements.

Ce qui domine est la solitude, qu'elle soit subie ou choisie. Sa mère est morte quelques jours après sa naissance, son père qui l'a élevé doit quitter Genève et mettre Jean-Jacques en pension alors qu'il a dix ans seulement. Fils d'horloger, Rousseau demeure toute sa vie du côté des petits, des humbles, du peuple. Il sera laquais, secrétaire, musicien, précepteur, copiste de musique. Jamais riche, ni même propriétaire.

Son existence est tout l'inverse de celle de Voltaire, qui cherche et trouve la gloire, la fortune et le luxe. Rousseau demeure un citoyen très modeste, qui ne cesse de voyager à pied et fait en marchant le trajet de Paris à Genève. Ces longues marches conjuguent son lien à la nature, son goût de la solitude et sa propension à la rêverie. Les salons littéraires ne lui conviennent guère, les mœurs de l'élite intellectuelle non plus. Après avoir rédigé quelques articles de musique et de science politique pour l'*Encyclopédie* de Diderot et d'Alembert, il se brouille avec les philosophes. Il se fâchera avec Voltaire. Après avoir rejoint Hume en Angleterre, il rompra avec lui aussi.

À la fin de sa vie, comme on le voit dans *Les Confessions* et dans l'*Émile*, publiés l'un comme l'autre en 1762, Rousseau est obsédé par le projet de rejoindre cette voix de la nature. Elle persiste en effet toujours à exister en nous, quand bien même elle se trouve temporairement recouverte par nos lâchetés ou nos indifférences. Il est possible de la rejoindre par l'aveu, l'exposition de soi-même sans fard ni faux-semblant, ou de la préserver par une éducation différente de l'ordinaire contrainte.

Ainsi se précisent les différents traits qui font bientôt de Rousseau une icône du romantisme et encore de la modernité : homme seul contre les pouvoirs, homme simple contre les puissants, homme vertueux contre les intrigants, naïf contre les pervers, révolutionnaire contre les despotes. Il faudrait ajouter, à certains moments, homme malade contre ses démons, car il dérive à plusieurs reprises, vers la fin de sa vie, dans les parages de la folie.

## Critique des Lumières

Sous la diversité des visages de Rousseau, la critique des Lumières demeure un point fixe. L'optimisme des Lumières est à ses yeux excessif et mensonger. Il se pose, d'emblée, en adversaire des sciences et des techniques. Ce qui ne signifie pas qu'il en condamne tout. Il est plus juste de dire qu'il combat l'idée que ce progrès doit entraîner nécessairement un progrès humain et moral. Au centre de sa réflexion se trouve en effet la conviction que toute avancée sur un plan se double d'une face sombre.

Illustrations simples et contemporaines : l'automobile et l'ascenseur nous permettent de nous déplacer plus loin et plus vite sans fatigue. Rousseau ne l'aurait certes pas nié. Il n'affirme jamais, contrairement à ce que l'on croit, qu'un progrès est purement et simplement négatif. La technique a du bon, mais elle a toujours un prix. Depuis qu'existent partout des ascenseurs et des voitures, nous sommes moins endurants, moins entraînés, plus facilement essoufflés ou plus vite fatigués, nos muscles s'affaiblissent.

Il faut donc abandonner l'idée, chère aux penseurs des Lumières, d'une marche parallèle du progrès moral et du progrès des sciences et des techniques. Au contraire, plus nous sommes savants, moins nous sommes sages. Voilà ce que Rousseau ne cesse de dire, de toutes les manières possibles. Il faut ajouter : au lieu d'être meilleurs, nous sommes pires. Car nos savoirs, selon Rousseau, ne nous rendent pas plus sages mais plus froids, plus égoïstes, voire plus pervers. Du côté des savoirs, nous sommes de plus en plus puissants. Mais notre âme devient plus difforme et desséchée. Sa laideur interne croît à mesure que se développe la face brillante des savoirs et des techniques.

Rousseau rompt ainsi avec l'idée que toutes les améliorations marchent ensemble. Inutile d'attendre de la science une éducation plus rationnelle et une amélioration de l'humanité, c'est un leurre. Mais il ne s'agit pas seulement de tourner le dos à l'esprit des Lumières.

La révolution est plus radicale et plus profonde qu'une opposition à son siècle. Dans le fond, il s'agit bien d'en finir avec l'antique conception, héritée de Socrate et de Platon, selon laquelle la connaissance accroît la vertu. Un savant n'est pas nécessairement un sage.

Comment en sommes-nous arrivés là ? Comment se sont mis en place cette dégradation, cet éloignement de la nature, ce départ si loin de la vie authentique ? Telle est la question majeure à laquelle Rousseau se confronte. Il cherche à comprendre comment l'on est passé de « l'homme de la nature » à « l'homme de l'homme ». Entre eux, l'écart est immense. On le mesurera en comparant le sauvage – supposé simple et vertueux, proche de la nature originelle, solidaire de ses semblables – et le courtisan – jugé capable de trahir son ami le plus proche pour obtenir du tyran une faveur éphémère. Le passage d'un type humain à l'autre résulte de cette mauvaise spirale de l'histoire : son point d'aboutissement combine le malheur, la corruption, le despotisme. La voix de la nature se trouve alors presque entièrement étouffée sous les artifices de la perversion.

Une fois éclaircie l'énigme de la dégradation des mœurs, le problème est de savoir si l'on peut y remédier, et si oui, comment. Si la nature en nous n'est pas détruite, il s'agit de savoir comment faire renaître l'homme de la nature dans la société. Cette vaste question se développe à la fois sur le versant politique et sur le versant pédagogique. L'éducation va devoir réapprendre à écouter la nature, s'efforçant d'éviter de la déformer ou de la contrecarrer. Ce sera la tâche de l'*Émile*, événement majeur pour la naissance de la pédagogie moderne. Les connaissances ne viennent pas à l'enfant du dehors, il les découvre en lui s'il n'est pas entravé ni contraint.

Sur le registre politique, le *Contrat social* propose un modèle de pacte selon lequel chacun est à la fois gouvernant et gouverné, et ne se dessaisit pas de sa liberté. Avec ce classique de la philosophie politique, Rousseau ne se contente pas de forger des concepts essentiels pour analyser la démocratie moderne, comme ceux de « volonté générale » ou de « Souverain » (terme qui désigne le peuple). En fait, il énonce la solution politique permettant de retrouver la liberté de la nature au sein de la société. Le modèle du contrat que propose Rousseau engage en effet chacun à renoncer à l'usage de la force, non pas au profit d'un seul (le Prince) – qui devient alors le maître de tous –, mais envers tous les membres de la communauté, à laquelle lui-même appartient. Chacun est ainsi à la fois gouverné et gouvernant, et demeure donc libre tout en étant en sécurité.

Plus de deux siècles après la Révolution française, dont la constitution républicaine a mis en pratique les idées de Rousseau, le modèle du contrat social s'est étendu à presque toute la planète. Dès lors, les débats sur les avantages et les limites de ce contrat se confondent presque avec la totalité de la pensée politique contemporaine.

Le projet d'ensemble de Rousseau ne consiste donc pas, comme on l'a cru parfois, à revenir en arrière, à retrouver la nature perdue. Voltaire l'accuse de vouloir nous faire marcher à quatre pattes. Sous la polémique se tient un malentendu. Car Rousseau n'appelle pas à revenir à une situation antérieure à la société, que l'humanité a définitivement quittée. Il souhaite, ce qui est fort différent, faire de la pureté première une pureté de l'avenir. Et il faut pour cela revenir non à ce qui était autrefois mais à ce qui est en nous. La nature est là, ici, maintenant, dans notre propre cœur : il s'agit de la désenfouir, d'y puiser de nouveau, de s'y ressourcer. Retour au-dedans, et non retour en arrière.

———————

*De Rousseau, que lire en premier ?*

Le *Discours sur les sciences et les arts.*

*Sur Rousseau, que lire pour aller plus loin ?*

Paul Audi, *Rousseau, une philosophie de l'âme*, Verdier, 2008.

Jacques Derrida, *De la grammatologie*, Paris, Minuit, 1967.

Jean Starobinski, *Jean-Jacques Rousseau. La transparence et l'obstacle.* Paris, Plon, 1958, Gallimard, 1999.

Robert Derathé, *Jean-Jacques Rousseau et la science politique de son temps,* Paris, PUF, 1950, Vrin, 1992.

☜ *Fils des Lumières, Rousseau est aussi leur ennemi. Il ne croit plus que les vérités des sciences et celles de la raison assurent à l'humanité un progrès régulier et bienfaisant.*
*Au contraire, dénonçant les méfaits des savoirs et de l'histoire, il en appelle à un réajustement qui puisse faire de nouveau coïncider la vérité de la nature et celle de la société.*

☞ *David Hume, qui accueille Rousseau à Londres avant qu'ils ne se brouillent, conteste lui aussi la conception habituelle de la vérité scientifique et des pouvoirs de la raison.*
*Malgré tout, son approche est toute différente.*
*Il se pourrait que sa critique soit plus radicale, en son genre, que celle de Rousseau.*

- **NOM : HUME**

- **LIEUX ET MILIEUX**
L'Écosse, la Touraine, Londres, Paris au XVIIIᵉ siècle, poste de bibliothécaire, de secrétaire d'ambassade, réseau des encyclopédistes.

- **9 DATES**
**1711 :** Naît à Édimbourg dans une famille de petite noblesse.
**1734 :** Entame en Touraine, à vingt-trois ans, la rédaction de son *Traité de la nature humaine*.
**1739 :** Publie les deux volumes de son *Traité*. Échec total.
**1742 :** Rencontre le succès avec ses *Essais Moraux et politiques*.
**1752 :** Conservateur de la bibliothèque des avocats d'Édimbourg.
**1758 :** Publie *Enquête sur l'entendement humain*.
**1762 :** Secrétaire d'Ambassade à Paris, fréquente notamment Diderot et d'Alembert.
**1768 :** Se retire à Édimbourg.
**1776 :** Meurt à Édimbourg.

- **SA CONCEPTION DE LA VÉRITÉ**
La vérité pour Hume :
se fonde sur les sensations et non sur les idées,
est relative aux croyances de notre raison,
est marquée par la vraisemblance plus que par la certitude.

- **UNE PHRASE CLÉ**
« Soyez philosophe ; mais, au milieu de toute votre philosophie, soyez toujours un homme. »

- **SA PLACE DANS L'HISTOIRE DE LA PHILOSOPHIE**
Plus décisive qu'on ne pourrait le croire. Au premier regard, Hume est un représentant de l'empirisme et du scepticisme, plutôt à l'écart des grandes lignes de force de l'histoire de la pensée. En fait, il exerce une influence importante sur toute la philosophie anglo-saxonne et propose des éléments pour une critique radicale des vérités métaphysiques.

## 15

### OÙ L'ON APPREND COMMENT HUME,
### L'AIR TRANQUILLE,
### DÉTRAQUE LES VÉRITÉS LES MIEUX ÉTABLIES

Avec les philosophes aussi, il convient de se méfier des apparences. David Hume paraît avoir été le meilleur des hommes. Il semble avoir été doté d'un naturel parmi les plus doux. On le décrit comme un garçon affable, ami fidèle, homme d'humeur égale, plutôt placide, peu querelleur et se liant facilement. Ceux qui l'ont approché ne tarissent pas d'éloges sur son allure joyeuse, sa manière d'avoir toujours un mot gentil pour les uns et les autres. Cette égalité d'humeur s'est poursuivie jusqu'à son dernier jour. Alors qu'il était gravement malade et approchait de la mort dans la souffrance, il continuait d'accueillir chacun avec le sourire, rassurant même ceux qui s'inquiétaient de son sort.

Les derniers jours de la vie de David Hume, décrits avec précision par son ami et collègue Adam Smith, le célèbre économiste, sont particulièrement édifiants. On y voit un homme qui se sait condamné par un cancer de l'intestin, mais demeure tout à fait serein. Il plaisante avec les uns et les autres, détrompe ceux qui tentent de lui faire miroiter un vain espoir de guérison et console ses meilleurs amis de sa prochaine disparition. Ce spectacle étonnant indique combien cet homme possédait une heureuse complexion.

Alors, de quoi faut-il donc se méfier ? De ses textes. Par certains aspects, ils paraissent aussi simples, aussi faciles, aussi aimables dans leur abord que l'homme qui les a écrits. Mais ils se révèlent vite, à l'usage, parmi les plus corrosifs, les plus critiques, en un sens peut-être les plus destructeurs que la philosophie ait produits. Car rien, finalement, n'échappe à la critique attentive de Hume s'interrogeant sur les manières dont nous connaissons, sur les façons que nous avons de penser, sur les processus de notre raison. De proche en proche, cette analyse radicale ne laisse derrière elle aucun édifice stable.

## Un penseur précoce

Cet aimable dévastateur eut une existence relativement modeste. David Hume est né dans une famille de petite noblesse, en 1711, à Édimbourg en Écosse. Sa précocité philosophique est sans conteste le point le plus frappant de sa trajectoire biographique. En effet, après avoir manifesté son aversion pour les études de droit, il commence à gagner sa vie dans le commerce et voyage en France alors qu'il n'a qu'une vingtaine d'années. C'est en Touraine qu'il se fixe assez longtemps pour écrire, de façon retirée, un grand ouvrage intitulé *Traité de la nature humaine*. Hume achève de publier cette somme à… vingt-six ans seulement ! Ce philosophe appartient donc à l'espèce rarissime de ceux qui, très jeunes, ont défini leur pensée et achevé leur œuvre majeure. Par la suite, ces génies précoces se bornent le plus souvent à tourner autour de leur intuition première. Il leur arrive de l'affadir, de la résumer ou de la monnayer en opuscules divers mais plus de changer fondamentalement de doctrine.

C'est plus ou moins ce qui est arrivé à Hume, sur fond de grande déception. Car ce *Traité* dont il attendait beaucoup, qui lui avait demandé trois années d'efforts, et qui demeure un des grands jalons de l'histoire de la philosophie, n'a rencontré au moment de sa publication rigoureusement aucun écho. « Le livre est tombé mort-né de la presse », dira plus tard l'auteur, que cet échec conduit d'abord à remettre en question son ambition philosophique.

Hume, après cet échec, va gagner sa vie comme précepteur puis comme secrétaire. Il vit à Vienne, à Turin, publie une nouvelle mouture de son œuvre maîtresse, sous le titre *Enquête sur l'entendement humain*, qui n'a pas plus de succès que la version initiale. Revenu en Écosse, Hume écrit des *Discours politiques*, une *Enquête sur les principes de la morale*. Il devient bibliothécaire du corps des avocats d'Édimbourg, ce qui le conduit à écrire une *Histoire de l'Angleterre*.

À la fin de son existence, le philosophe s'installe à Londres. Sa situation est plus aisée matériellement, puisqu'il devient secrétaire à l'ambassade de France. Elle est également plus sereine, car ses écrits commencent à rencontrer une grande audience. Sa renommée s'étend à toute l'Europe des Lumières et sa brouille avec Rousseau, qui lui a rendu visite à Londres, suscite d'innombrables commentaires. Il meurt en 1776.

Cet homme affable, à la carrière sans grand éclat, qu'a-t-il écrit de si terrible et de si destructeur ? Que détruit-il donc ? La métaphysique. Hume s'emploie à désagréger et à dissoudre l'édifice de la métaphysique occidentale. C'est contre cette dissolution, contre le scepticisme qui la rend possible, que Kant essaiera bientôt de dresser des digues. C'est encore contre Hume, donc à cause de lui, que Hegel et l'idéalisme allemand, à la suite

de Kant, s'emploieront à réédifier autrement la rationalité en s'efforçant de conjurer le spectre de l'empirisme.

Qu'appelle-t-on empirisme ? Le courant de pensée qui
affirme que toutes nos idées proviennent de l'expérience
(*empeïria*, en grec ancien, d'où vient le nom « empirisme »,
signifie « expérience »). La maxime formulant l'axiome
de base de l'empirisme était, en latin : « *Nihil est in
intellectu quid non fuerit prius in sensu* », c'est-à-dire :
« Il n'y a rien dans l'esprit [ou l'entendement] qui n'ait
été auparavant dans les sens. »

Cet empirisme est pour Hume l'outil principal qui lui
permet de développer un nouveau scepticisme. Celui des
Anciens se contentait principalement de mettre en doute
nos capacités d'accéder à la vérité. Celui des Lumières
met l'accent sur les limites et les imperfections de notre
raison, qui est sujette à des croyances et se révèle soumise à une forme d'accoutumance. Mais le scepticisme
de Hume, bien qu'il se présente lui-même comme
modéré, est par certains côtés plus radical que celui des
écoles de l'Antiquité. Il ne laisse aucune place aux idées
de cause ou de miracle.

Il en ira autrement avec les idées de « bien » et de
« mal », auxquelles Hume, après avoir envisagé qu'elles
puissent ne correspondre à rien, finit par rendre une
légitimité. Cette démarche est suivie dans l'*Enquête sur
les principes de la morale*, publiée à Londres en 1751.
C'est un livre bien plus étrange qu'on ne pourrait le
croire au premier regard. En effet, Hume y adopte une
démarche d'observation et de description tout à fait rare
dans le registre moral, où domine généralement l'attitude normative. Que constate-t-il ? Que l'intérêt est le
principal moteur des actions dites morales, y compris les
plus altruistes. Mais il ne se résout pas pour autant à transformer toute la morale en un utilitarisme, car il existe

également une propension incontestable des humains à la bienveillance et à la solidarité désintéressée.

En introduisant dans la réflexion morale des éléments qui en étaient avant lui exclus (comme l'agrément ou l'approbation unanime), Hume esquisse une éthique qui s'efforce de tenir compte de tous les aspects de la nature humaine et de la vie réelle. Il aboutit finalement à une très singulière combinaison de scepticisme et d'altruisme, d'immoralisme et de solidarité, d'indifférence et de compassion qui demeure, aujourd'hui encore, pratiquement sans équivalent.

## Les étapes d'une critique radicale

Pour comprendre l'ampleur et la profondeur de l'entre-prise de Hume, sa force sous son apparente facilité, on peut retenir cinq points principaux. En premier lieu, l'origine de nos connaissances réside, avant tout, dans nos sensations. Tout provient de l'expérience. Ce que nous connaissons est, d'une manière ou d'une autre, venu à notre esprit par l'intermédiaire de nos sens. Comme Épicure dans l'Antiquité ou Locke au XVIIe siècle, Hume insiste sur l'absence d'idées innées. Notre entendement est d'abord comme une table rase où viennent s'inscrire les données transmises par nos sens.

Toutefois, Hume va beaucoup plus loin que ses pré-décesseurs en distinguant deux principaux types de réa-lité que l'expérience nous fournit : les « impressions » et les « idées ». Les impressions regroupent toutes les per-ceptions que nous avons lorsque nous voyons, entendons, goûtons ; il s'agit de nos sensations présentes, dans leur vivacité et leur intensité immédiates. Les idées sont pour Hume des impressions secondes, réactivées, plus ou moins estompées ou affaiblies. Je goûte ou je vois quelque chose, et de proche en proche, je me forge, dans une étape secondaire, l'idée du salé ou l'idée du sucré, l'idée du rouge ou l'idée du bleu. Ces idées se trouvent être des synthèses d'impressions. Aucune n'aura jamais la vivacité, la brillance, la puissance de ce qui est effectivement perçu.

C'est un profond renversement que Hume opère ainsi dans la perspective philosophique antérieure. Classiquement, les sensations étaient méprisées et les idées magnifiées. Lui soutient au contraire que les sensations sont plus vives, plus fortes. Les idées sont en quelque sorte des sensations grises, estompées, passées, comme on le dit d'une couleur. Il y a là, véritablement, une mise à l'envers de ce qu'était antérieurement le monde habituel des philosophes. Ce n'est pas la seule révolution de Hume.

Le deuxième élément de sa critique est sans doute plus radical. Il consiste à mettre en cause l'idée classique, centrale dans la métaphysique, de causalité. Qu'entendons-nous habituellement par « cause » ? Quelque chose possédant la puissance d'engendrer un effet de manière inéluctable : la relation entre la cause et l'effet est caractérisée par sa nécessité. Ainsi, s'il y a un orage et si les conditions adéquates de température et de pression sont réunies, alors il ne pourra pas ne pas y avoir de pluie. Les nuées sont la « cause » de l'orage veut dire que si nous avons les nuées, alors il s'ensuivra l'orage de manière absolument nécessaire. Voilà ce que nous nous représentons, généralement, pensant qu'il existe, comme dit Hume, une « connexion nécessaire » entre la cause et l'effet.

Or c'est cela même qu'il va mettre en cause, de manière à la fois très simple et très perturbante. Son observation peut se résumer ainsi : j'ai beau tourner et retourner sous tous les angles l'idée d'un nuage, la représentation que j'en ai, jamais je ne tirerai de là l'idée que la pluie est la conséquence nécessaire du nuage. Tout ce que j'ai pu effectivement observer, ce n'est pas cette puissance mystérieuse qui relierait de toute nécessité la nuée et la pluie, c'est uniquement le fait que, s'il y a des nuées, alors il y a ensuite de la pluie. Ce que j'ai toujours observé, ce n'est rien d'autre que cette succession de phénomènes. Or le fait que j'ai noté cette juxtaposition permanente du phénomène A (nuage et baisse de pression) et du phénomène B (pluie) ne m'autorise pas du tout à affirmer, de façon sûre et certaine, que je sais qu'il existe une « connexion nécessaire » entre A et B. Tout ce que je peux dire est : ayant toujours vu A que suivait B, alors je m'attends à B lorsque je vois A.

L'exemple des boules de billard, que Hume utilise, peut servir à finir de comprendre cette argumentation. Voyant une boule de billard en frapper une autre et lui transmettre son mouvement, je vais dire que la boule qui frappe est la « cause » de la mise en mouvement de l'autre. En fait, tout ce que je vois, dans l'expérience réelle, c'est qu'une boule en mouvement en frappe une autre et que celle qui est frappée commence à se mouvoir. Je n'ai aucune perception ni aucune connaissance d'une « connexion nécessaire » entre les deux phénomènes. Je peux seulement constater qu'il en fut toujours ainsi : j'ai un phénomène puis le deuxième. Mais leur juxtaposition permanente n'est pas équivalente à une production inéluctable de l'un par l'autre !

L'idée même de cause se trouve ainsi mise en question, la notion d'effet est elle aussi mise entre parenthèses, parce qu'on découvre qu'elles ne correspondent véritablement à rien. Hume remplace cette idée de causalité comme connexion nécessaire par l'affirmation que notre raison, par habitude, s'est accoutumée à attendre tel phénomène après tel autre. Mais il convient de distinguer radicalement cette accoutumance de la raison d'une nécessité interne aux choses, qui nous demeure tout à fait inconnue. Nous ne l'affirmons que par un saut, tout à fait excessif, en dehors de l'expérience. C'est donc aussi une profonde critique de nos certitudes que Hume entame.

## Le soleil se lèvera-t-il demain ?

Il va la poursuivre – troisième élément de sa machine à douter – par une critique de l'induction. Ce qu'on nomme ainsi ? La généralisation qui fait que nous pensons que le soleil se lèvera demain puisqu'il s'est toujours levé. Nous déduisons, de la multitude des expériences constatées, une loi générale qui nous paraît bien fondée. C'est pourquoi nous pensons avoir raison si nous affirmons : « Le soleil se levant tous les jours, il se lèvera demain, puisqu'il s'est levé toujours antérieurement. » Or c'est cela même que Hume va mettre en cause. Il s'efforce de montrer qu'il n'y a véritablement aucune nécessité à ce qu'une expérience qui s'est toujours produite se produise de manière identique à l'avenir, fût-ce à l'heure suivante.

Sans doute pouvons-nous admettre qu'il y a une probabilité extrêmement forte pour que le soleil se lève encore demain. Mais nous ne pouvons pas parler de certitude. Qu'est-ce qui nous prouve que le comportement des galaxies tel qu'il fut jusqu'à présent doive se poursuivre, à l'heure suivante, de manière rigoureusement identique ? Il en découle des conséquences vertigineuses. Car il faut admettre que la permanence du monde physique, la constance des lois de la nature, la régularité des phénomènes constituent des *croyances* de notre raison, pas du tout des certitudes absolues. Nous ne détenons, en ce domaine, aucun savoir dont nous serions absolument et clairement assurés. Certes, personne, dans la vie quotidienne, ne doute véritablement que le soleil se lèvera demain ou que les objets qu'on lâche tombent par terre plutôt que de monter au ciel. Mais il faut clairement distinguer entre ces croyances spontanées, dont nous avons besoin pour organiser notre quotidien, et les vérités que nous pouvons énoncer avec certitude.

Nous pouvons être sûrs et certains que deux et deux feront toujours quatre : il s'agit d'une vérité logique. En revanche, dans l'ensemble des vérités empiriques, au sujet des « lois de la nature » que nous prétendons généraliser avec les lois scientifiques, nous ne pouvons pas être aussi catégoriques. C'est donc l'idée même de vérité scientifique que Hume met en cause. Nous avons des habitudes plus que des certitudes. Nous vivons sur des routines plutôt que sur des connaissances assurées.

Là encore, pour la tradition philosophique, le résultat est ravageur : voilà que la raison se révèle sujette à des croyances ! Elle perd cette pureté et cette transparence que la métaphysique, d'emblée, lui attribuait. La raison n'est plus « divine ». Elle devient, avec Hume, un fait du monde, une réalité dont on observe le fonctionnement sans en connaître forcément les tenants et les aboutissants. C'est ainsi que l'on constate que nous sommes convaincus que le soleil se lèvera demain, que nous avons besoin de croire que les lois de la physique sont uniformes et universelles.

Point capital : ces besoins de notre raison ne constituent ni des démonstrations ni des preuves de vérité. Pire : la raison elle-même a quelque chose de peu intelligible. Hume ébranle donc, l'un après l'autre, les principaux piliers de l'édifice philosophique et scientifique. Et il ne s'arrête pas. Il interroge aussi – quatrième ravage – la conviction que nous avons d'avoir un « Moi », d'être un individu « substantiel », pourvu d'une existence permanente, indépendamment de l'ensemble des sensations, des états et des impressions qu'il reçoit.

Cette critique du Moi par Hume rejoint des argumentations développées par les penseurs bouddhistes de l'Inde ancienne, bien qu'il les ait tout à fait ignorées. La ligne directrice peut se résumer ainsi : je trouve « en moi » des souvenirs, des sensations, des plaisirs, des peines, des faits de conscience, mais nulle part quoi que ce soit qui serait « le Moi » à l'état pur. Ce que je connais sous le nom de « Moi » est toujours affecté par une sensation ou par une autre. La conséquence n'est pas mince. Car, au lieu de considérer qu'il existe un Moi substantiel, support fixe de l'ensemble de mes pensées et de mes sensations, on peut envisager qu'il y ait seulement des sensations, qui sont toutes affectées d'une sorte de « coefficient de subjectivité ».

Dans cette perspective, j'éprouve bien « mes » sensations (et non pas celles d'un autre !), mais cela ne signifie pas du tout qu'il existe un Moi-substance, un Moi-support, un Moi-sujet auquel se rapporterait l'ensemble de ces diverses données. Après la notion de cause, après le pouvoir de la raison d'atteindre la vérité, c'est le Moi lui-même et la conception classique du sujet qui se trouvent mis en question. Pour finir, ce sont la morale et la religion que, sous ses dehors si aimables et si affables, Hume n'épargne pas.

Il soutient en effet qu'il n'existe aucune justification rationnelle possible des normes de la moralité. « Bien » et « mal », « moral » et « immoral » peuvent sans doute, selon les cas et les points de vue, être affaires de sensibilité, d'émotion, de convention, d'utilité. Jamais ils ne seront légitimement affaire de raison. Il n'est pas contraire à la raison de préférer la destruction de l'humanité à une écorchure de son pouce ! Ni le calcul ni la puissance logique ne parviendront à faire pencher la balance, en morale, d'un côté ou de l'autre. Avec Hume, éthique et rationalité se trouvent disjointes.

Du coup, il ne reste pas grand-chose de ce qu'a été, jusqu'à Hume, la totalité de la philosophie. Dans cette Angleterre qu'il faut imaginer semblable au film *Barry Lyndon*, au fil d'une vie passée entre Édimbourg, Londres, Paris et Vienne, dans l'Europe des Lumières travaillée par les progrès de la science, les critiques de la religion, la marche apparemment triomphale de la rationalité, le placide David Hume, avec des raisonnements apparemment simples, des idées apparemment frustes et des airs bonhommes, ne laisse de la métaphysique qu'un champ de ruines.

---

*De Hume, que lire en premier ?*

L'*Enquête sur l'entendement humain*.

*Sur Hume, que lire pour aller plus loin ?*

Suzanne SIMHA, *Comprendre Hume*, Paris, Armand Colin, 2007.

Michel MALHERBE, *La Philosophie empiriste de David Hume*, Paris, Vrin, [1992] 2001.

Yves MICHAUD, *Hume et la fin de la philosophie*, Paris, PUF, 1983.

Gilles DELEUZE, *Empirisme et subjectivité. Essai sur la nature humaine selon Hume*, Paris, PUF, [1953] 2003.

☞ *Après Hume, il semble que peu de vérités parviennent à demeurer stables et fermement établies.*
*Il ébranle la clarté des idées, la relation de cause à effet, l'idée du Moi, la rationalité des jugements moraux… voilà qui fait beaucoup !*

☞ *Sur tous ces points, des contre-attaques vont avoir lieu.*
*L'immense travail de Kant est pour une grande partie destiné à répliquer à Hume, pour limiter les dégâts.*

# Cinquième partie

## VÉRITÉS MODERNES, VÉRITÉS INSTABLES

*Où l'on finit, en explorant les coulisses,*
*par tout remettre en question*

Qu'y a-t-il donc derrière la vérité ? Comment s'est construite cette conviction qu'il existe des idées vraies, et qu'il est bon de tout faire pour les découvrir ? À quoi correspond une telle conviction ? S'agit-il d'un préjugé ou d'un savoir ? La vérité est-t-elle au service de tels ou tels intérêts ? Si elle se modifie d'une époque à l'autre, quelle conclusion en tirer ? Qu'elle n'existe pas durablement ? Qu'il faut intégrer tous ces éléments partiels dans un mouvement d'ensemble ?

Voilà quelques-unes des interrogations qui traversent les générations modernes. Pour faire image, on peut dire que le regard des philosophes tente de passer derrière la vérité, de regarder dans les coulisses, les arrière-boutiques, d'entrevoir les faces cachées. Les philosophes des siècles précédents cherchaient des vérités, ou les mettaient en cause. Certains, comme les sceptiques, niaient qu'on pût les atteindre. Désormais, c'est l'idée même de vérité que l'on scrute, sa possibilité qu'on interroge, sa réalité qu'on questionne.

On n'oubliera pas le contexte historique : le XIXᵉ siècle voit se multiplier révolutions scientifiques, bouleversements politiques, changements esthétiques. L'irruption de l'histoire ne signifie pas simplement qu'elle devient un thème majeur dans la pensée, qui doit prendre en compte l'évolution des idées, des peuples, des régimes politiques, des sciences. L'histoire se manifeste d'abord par les bouleversements qui se produisent dans tous les domaines en quelques générations seulement. Ils vont laisser le paysage de la vérité entièrement modifié.

Dans la conception même de la raison humaine, et des vérités qu'elle engendre, vont avoir lieu en peu d'années une série de révolutions. Une première révolution est opérée par Kant, qui va marquer les limites de la pensée humaine. En marquant les bornes de la validité des savoirs, il départage le domaine des connaissances, où l'on peut discerner ce qui est vrai ou faux, et le domaine des croyances, où seul un acte de foi existe. De ce point de vue, Kant inaugure la modernité.

C'est pourquoi, bien que sa pensée se soit élaborée, chronologiquement, à l'époque des Lumières, il voisine ici avec des philosophes du siècle suivant. Car l'impulsion de sa pensée traverse toute la modernité, depuis les grandes œuvres de l'idéalisme allemand (Fichte, Schelling) jusqu'au néo-kantisme de l'École de Marbourg au début du XX$^e$ siècle.

Alors que Kant balise le domaine de la vérité, et s'emploie à le restreindre pour le conforter, Hegel insiste au contraire sur le caractère illimité et ouvert du processus de la vérité. Avec lui, qui forme le projet de parvenir à penser la totalité de l'histoire et des doctrines forgées par les hommes, la vérité doit être envisagée en perspective, comme un processus, comme un chemin, une évolution et non simplement une réalité figée.

On passe aussi, dans le domaine politique, d'une forme de révolution à une autre : révolution démocratique avec Tocqueville, qui comprend très tôt les chances et les dangers qui guettent le devenir de la démocratie, révolution prolétarienne avec Marx, qui met en perspective les conditions politiques de l'idée de vérité. À ses yeux, en effet, la théorie seule ne détient pas la clé de ce qu'est la vérité. C'est le processus historique réel, les affrontements économiques et sociaux, les luttes pour le pouvoir, le choc des classes dominantes et dominées qui modifient la représentation même de la vérité.

Changement radical encore avec Nietzsche, qui défend l'idée d'une sorte de vérité artiste. L'idée de vérité, cette fois, n'appartient plus au registre de la logique et de la démonstration rationnelle, elle s'exprime en termes de passions, de pulsions, d'instincts, de désirs. Du coup, les catégories du vrai et du faux finissent par être disqualifiées. On ne peut pas dire qu'un peintre ou un musicien est plus « vrai » ou plus « faux » qu'un autre… Pour Nietzsche, il faut concevoir la même diversité quand il s'agit des systèmes philosophiques. Ils construisent des mondes, comme les artistes.

Voilà donc la vérité lancée dans de bien folles aventures.

• **NOM : KANT**

• **LIEUX ET MILIEUX**
Königsberg, sur la mer Baltique, aujourd'hui Kaliningrad, dans la seconde moitié du XVIIIᵉ siècle, un professeur qui ne vit que de ses leçons, sans presque jamais quitter la ville où il est né et où il mourra.

• **10 DATES**
**1724** : Naît à Königsberg.
**1755** : Habilitation à enseigner à l'Université.
**1770** : Professeur à l'Université.
**1772** : Commence à travailler à la *Critique de la Raison pure*.
**1781** : Publie à Riga *Critique de la raison pure*.
**1785** : Publie les *Fondements de la métaphysique des mœurs*.
**1788** : Publie la *Critique de la raison pratique*.
**1790** : Publie la *Critique de la faculté de juger*.
**1795** : Publie le *Projet de paix perpétuelle*.
**1804** : Meurt à Königsberg.

• **SA CONCEPTION DE LA VÉRITÉ**
La vérité pour Kant :
dépend seulement de la raison pour certains jugements (les mathématiques),
dépend de la raison et de l'expérience pour d'autres jugements (la physique),
dans le domaine du devoir moral nous est immédiatement accessible.

• **UNE PHRASE CLÉ**
« Que puis-je savoir ? Que dois-je faire ? Que m'est-il permis d'espérer ? Qu'est-ce que l'homme ? »

• **SA PLACE DANS L'HISTOIRE DE LA PHILOSOPHIE**
Cruciale pour tout le développement de la pensée moderne, qui s'est construite soit dans son sillage, soit en réaction contre sa pensée, ou bien toujours en tenant compte de la problématique qu'il a mise en place.

# 16

## OÙ KANT S'EFFORCE D'OPÉRER LE PARTAGE DES VÉRITÉS POUR RÉTABLIR LA PAIX

Y a-t-il vraiment, dans l'histoire de la pensée, un « avant-Kant » et un « après-Kant » ? Sans doute faut-il se méfier, de façon générale, des découpages de ce genre. Chaque grand philosophe, en fin de compte, peut légitimement être considéré comme décisif de tel ou tel point de vue. C'est pourquoi on affirme fréquemment, à la suite d'une œuvre majeure, qu'il n'est plus possible de voir la philosophie de la même manière ou de continuer à méconnaître tel problème qu'elle a posé. Affirmation souvent excessive, car ces proclamations de discontinuité masquent les relations fortes existant d'une pensée à une autre.

Toutefois, avec Kant, il est légitime de parler d'une mutation décisive dans la philosophie. La pensée européenne ne peut plus être la même après sa philosophie critique, exposée dans ses trois ouvrages fondamentaux que sont la *Critique de la raison pure*, la *Critique de la raison pratique* et la *Critique de la faculté de juger*. Le changement introduit demeure, au premier abord, relativement difficile à cerner. Pas de révolution radicale qui modifierait de fond en comble la pensée. La réforme profonde opérée par Kant est à la fois discrète d'apparence et fondamentale dans ses effets.

Il ôte de la philosophie des questions inutiles, il interdit de s'engager dans des voies sans issue. Finalement, il modifie le paysage de la réflexion et la définition même de la vérité, en précisant les limites de validité de la pensée. Son intervention consiste donc principalement en un inventaire des capacités de notre raison et des résultats qu'il lui est possible d'obtenir. Que peut-elle connaître ? À quelles vérités peut-elle accéder ? Dans quels domaines ? Avec quelles limites ? Telles sont les questions dont traite la *Critique de la raison pure*, pour répondre à une première interrogation : « Que puis-je savoir ? »

« Que dois-je faire ? » est une autre question fondatrice. La raison peut-elle nous permettre de connaître de notre devoir, nous éclairer sur notre conduite ? Tel est l'objet de la *Critique de la raison pratique*. Enfin, une part importante de la *Critique de la faculté de juger* porte sur les problèmes de l'esthétique, en particulier la nature du Beau et la question de savoir dans quelle mesure le Beau est « culturel » – pour parler dans nos termes – ou universel, s'adressant à chacun, quels que soient son instruction et son milieu social. Une part importante de la réflexion de Kant concerne également le domaine de l'histoire, les libertés, la différence entre despotisme et république, la paix internationale et la construction d'institutions mondiales.

La difficulté de ce penseur considérable est bien connue. Encore faut-il s'entendre sur la nature de cette difficulté. Car l'organisation de ses analyses n'est pas d'une complexité extraordinaire. Ce qui rend Kant difficile ? La lourdeur de son style, un manque d'élégance dans la construction de ses phrases ? Pas seulement. Il a surtout choisi, délibérément, d'utiliser un vocabulaire spécifique, en quelque sorte technique. À la première lecture, quand on a sous les yeux des termes comme « transcendantal », « esthétique transcendantale », « jugements synthétiques a priori », « impératif catégorique », on risque d'avoir l'impression de formules obscures, qui interdisent d'entrer dans cette pensée. Pourtant, dès qu'on se reporte aux définitions précises de chacun de ces termes, on saisit l'utilité de leur usage spécifique, et Kant se révèle plus facile que des auteurs usant d'un vocabulaire quotidien et limpide, mais finalement trompeur parce que leur pensée est difficile à saisir.

## Une vie sans histoire ?

Cet homme qui a bouleversé la philosophie fut un philosophe à maturation lente. La légende veut qu'il ait mené une vie extraordinairement régulière, au point que les habitants de la ville de Königsberg, sur la mer Baltique, où il est né en 1724 et mort en 1804, et qu'il n'a pratiquement jamais quittée, réglaient leur montre, dit-on, sur son passage. La légende veut aussi qu'il n'ait été en retard qu'une seule fois sur son horaire habituel : le jour où il apprit la nouvelle du début de la Révolution française...

Cette image conventionnelle est loin de la réalité. Elle correspond à l'homme de la maturité et même de la vieillesse, le plus connu. L'éclosion de son œuvre ne vient en effet que fort tard dans sa vie, au terme d'une longue réflexion, d'un parcours compliqué qu'on oublie fréquemment. Fils d'un artisan cellier, le petit Kant avait perdu sa mère à treize ans. Il poursuivit ses études dans une Allemagne qui était alors peu ouverte aux activités intellectuelles. Frédéric-Guillaume Ier, qui règne sur la Prusse jusqu'en 1740 – Kant a seize ans –, passe pour lire uniquement la Bible et les bulletins de l'armée.

Dans ce contexte, choisir de faire des études, pour un jeune homme issu d'une famille piétiste marquée par la ferveur religieuse, dans une ville décentrée, c'est une démarche presque insolite. Pendant longtemps, cet esprit curieux a erré. Disciple de Leibniz et de Wolff, étudiant pauvre puis professeur devant subvenir à ses besoins, il gagne sa vie en enseignant. Kant est le premier des philosophes-professeurs. Il n'enseigne d'ailleurs pas seulement la philosophie. Ses cours vont de la physique aux sciences naturelles en passant par la logique et la géographie. Il assure seize à vingt heures de cours par semaine, quarante et une années durant ! Ses deux cent soixante-huit cycles de cours représentent donc une masse de travail colossale. Parmi les innombrables sujets qui ont attiré sa curiosité figure l'œuvre de Swedenborg, Suédois illuminé proche de l'ésotérisme, de l'occultisme et des illuministes.

Il faut donc imaginer le cheminement de Kant comme une longue obstination, le résultat d'une grande patience. Il aurait pu n'être qu'un professeur éclectique. Petit enseignant d'une ville étriquée, il était parfois, dans sa jeunesse, assez ivre pour ne plus retrouver sa maison. Mais il devint celui qui fit prendre à la philosophie européenne un tournant décisif, à force de génie et aussi de travail. Son œuvre couvre vingt-neuf volumes dans la grande édition de l'Académie de Berlin.

Ce n'est qu'à la cinquantaine bien passée qu'il commence à rédiger ses œuvres fondamentales. Lui-même se trompe totalement sur l'estimation du temps qui lui sera nécessaire. Au début de son entreprise, il annonce par exemple à l'un de ses correspondants que, dans trois mois, celui-ci pourra lire la *Critique de la raison pure*. Ce n'est que neuf ans plus tard que Kant achèvera cette œuvre... Dans la même lettre, il annonce la *Critique de la raison pratique*, qui devrait être terminée presque en même temps et qui ne le sera que... dix-sept ans plus tard. Il sut donc endurer la réflexion, ne pas céder à la facilité du temps, faire preuve d'une constante retenue.

À ce prix, il est parvenu à cette œuvre primordiale qui ouvre véritablement les Temps modernes, d'une manière qu'il faut maintenant préciser.

## La « Révolution copernicienne »

Avec la *Critique de la raison pure*, Kant voulut en quelque sorte instaurer une paix durable dans le monde philosophique. La métaphysique était un champ de bataille (« *Kampfplatz* »), où chacun prétendait avoir atteint la vérité et avoir réfuté les théories adverses. Des positions incompatibles ne cessaient de s'affronter. Pour mettre fin à ces combats permanents, Kant interroge la construction même de nos vérités. Au lieu de chercher d'emblée ce qui est vrai ou faux, il commence par examiner les conditions de possibilité d'une vérité et les limites de validité des opérations de notre raison. Dans le long cheminement pour mettre en lumière les réponses à ces interrogations nouvelles, Kant a dû résoudre des problèmes naissant à mesure de l'approfondissement de sa démarche.

Il lui a fallu par exemple préciser quelles données, dans ce que nous connaissons, proviennent du dehors et quels éléments dépendent de nos capacités d'organisation des données qui sont fournies par les sens. Les empiristes, comme Hume, affirmaient que tout l'ensemble de nos connaissances provient de l'expérience et de ce que nous ressentons et éprouvons par nos sens. Kant, pour sa part, insiste sur la conjugaison de la sensibilité et de l'entendement. La sensibilité est purement passive : elle reçoit couleurs, sons, formes, que nous expérimentons constamment. Mais, pour que cette expérience ne demeure pas informe, pour qu'elle se structure, s'organise, compare et combine des données (sans quoi nous ne pourrions jamais reconnaître et nommer des choses semblables), il est indispensable que l'entendement opère, avec ses catégories propres, sur ce matériau fourni par la sensibilité. Sur ce point, Kant prolonge la formule de Leibniz : tout dans l'entendement provient de l'expérience, à l'exception de l'entendement lui-même.

Mais il va bien plus loin, opérant ce qu'il appellera lui-même une « révolution copernicienne », en faisant passer le temps et l'espace... du côté du sujet. Spontanément, on les croit du côté des choses. Le travail de Kant souligne au contraire que temps et espace sont des formes de la sensibilité. Nous ne connaissons rien sans l'intermédiaire de ces deux filtres. Nous savons donc comment sont les choses dans l'espace et dans le temps, mais nous n'avons pas accès à ce qu'elles sont « en elles-mêmes », indépendamment de ces formes de notre sensibilité qui sont comme des verres de lunettes à travers lesquels nous percevons la réalité sans pouvoir les ôter. Finalement, nous ne connaissons des choses du monde que leur apparence – les « phénomènes », du verbe grec *phaïnomaï*, « apparaître », « briller ». Indépendamment de nous, ce qu'est « la chose en soi » demeure inconnaissable. Nous ne savons donc pas « comment sont » les choses, nous connaissons seulement la façon dont elles nous apparaissent dans l'espace et dans le temps.

La suite du cheminement importe moins, dans cette brève esquisse, que son résultat : Kant va finalement opérer un partage décisif entre savoir et croyance. Relèvent du savoir, de ce que nous pouvons connaître de manière certaine, les connaissances rationnelles constituées au sein du domaine de l'expérience, même s'il s'agit d'une expérience pure, comme l'expérience pure de l'espace pour la géométrie ou l'expérience pure du temps pour l'arithmétique. En revanche, lorsque nous sortons du domaine de toute expérience, la raison tourne à vide, elle s'illusionne

et croit obtenir des résultats alors qu'elle ne fait que spéculer sans aucune certitude.

Quelle que soit, dans le détail, la complexité de son chemin, Kant trace bien une frontière claire et nette entre les
disciplines scientifiques et les spéculations métaphysiques.
Ce qui est scientifique relève d'un domaine d'expérience.
Ce qui est métaphysique relève de la croyance et non pas
du savoir. Il pourra s'agir d'une croyance rationnelle, jamais
d'un savoir correspondant à une réalité assurée. C'est ainsi
que Kant critique radicalement, par exemple, les preuves
rationnelles de l'existence de Dieu.

Le philosophe a donc élaboré, avec la *Critique de la
raison pure*, une nouvelle théorie de la connaissance,
éclairant les mécanismes de notre faculté de connaître et
les procédures de constitution des sciences. En distinguant savoir et croyance, il a renvoyé les débats métaphysiques du côté des discussions vaines. Ce ne sont que
des batailles sans issue, parce que leurs enjeux se révèlent
inaccessibles par les moyens de notre raison. Pour la
morale, heureusement, il n'en va pas du tout de même.

## Clarté de la loi morale

Au premier abord, l'examen de la question « Que
dois-je faire ? » prend lui aussi la forme d'une interrogation sur le critère de la moralité. Comment puis-je
connaître mon devoir ? Est-ce une découverte facile ? La
loi morale est-elle affaire d'éducation, de tradition, de
choix individuel, ou bien possède-t-elle une universalité,
une clarté absolue, une visibilité parfaite ? Sur ces points,
les réponses de Kant sont nettes.

La loi morale, selon lui, est connue intuitivement et
immédiatement de tous les êtres humains. La moralité
d'une action n'est donc en aucune manière une affaire

de science ou d'éducation. Il existe toujours, pour quiconque, un critère simple, immédiat et direct, de cette
moralité : puis-je transformer la maxime de mon action
en loi universelle ? Pour que mon action soit morale, je
dois pouvoir transformer la règle à partir de laquelle
j'agis en une loi valable pour tous. Il y a moralité dès
lors que ce que je fais contient une loi que je peux
rationnellement proposer à tous comme universelle.
Aucune exception. Nul ne peut juger une règle valable
pour lui seul en affirmant la moralité de cette règle.

Kant construit des exemples simples pour illustrer cette
inconditionnalité de la loi morale. L'histoire qui suit est,
dit-il, compréhensible même pour un enfant de dix ans.
Imaginons un homme à qui son prince demande de porter un faux témoignage. Personne ne connaîtrait la super-
cherie. Ce faux témoignage permettrait au prince de se
débarrasser d'un de ses ennemis. S'il accepte de mentir, et
donc de voir condamner un innocent, l'homme sera pro-
tégé, récompensé, sa famille rassurée. Si, au contraire, par
souci de ne pas mentir, de ne pas faire condamner un
innocent, l'homme refuse, il sera emprisonné, peut-être
exécuté, ses biens dispersés, sa famille persécutée.

On pourrait imaginer une épouse éplorée, des enfants
en larmes venant supplier notre homme de se plier à la
volonté de son prince. Savoir ce qu'il fera est impossible,
car cela ne concerne que sa décision intime. Savoir ce
qu'il *doit* faire, en revanche, ne pose pas la moindre difficulté. Pour que son acte soit moral, il doit refuser de
porter un faux témoignage, parce qu'on ne peut rendre
universelle la règle selon laquelle il faut mentir. Seule
peut devenir universelle cette règle : un témoignage doit
être véridique – sinon, plus aucun témoignage n'a de
sens, plus aucune parole ne tient.

Kant va plus loin encore. Une action n'est morale que
si elle est uniquement motivée par le respect de la loi

universelle, et non par une quelconque considération d'intérêt ou de satisfaction personnelle. Si l'homme refusait de porter un faux témoignage pour pouvoir se féliciter d'avoir si bien agi, il n'agirait pas de manière proprement morale, mais par amour-propre et par estime de soi. Le seul critère est donc le souci du devoir, indépendamment de toute autre considération.

Cette réflexion radicale a pour mérite de dissocier entièrement la moralité des traditions, des coutumes, du bonheur ou du malheur, de l'intérêt et même de l'altruisme. Son principal inconvénient est qu'on ne saura jamais si une telle pureté peut exister réellement dans le monde. Kant a fini par dire qu'aucune action morale n'avait peut-être jamais été accomplie. En effet, comment être certain que les actions les plus respectables, les plus conformes en apparence au pur devoir, n'ont pas été faites pour d'autres motifs que la pure obéissance à la règle ?

Penseur de l'universel de la loi morale, Kant est aussi, dans la *Critique de la faculté de juger*, le philosophe de l'universalité du Beau. Malgré les déterminations sociales, culturelles, historiques ou anthropologiques qui semblent diviser et cloisonner à l'infini la question esthétique, Kant soutient que « le Beau plaît universellement sans concepts ». Ainsi, indépendamment de son instruction, de sa langue, de son ethnie, un être humain peut être sensible d'emblée à la beauté d'une œuvre créée par un autre être humain. Les Indiens de l'Amazone peuvent apprécier la musique de Mozart et les mélomanes le chant des conducteurs de pirogues.

L'ensemble des interrogations kantiennes convergent vers la question qui les contient toutes : « Qu'est-ce que l'homme ? » Penseur des Lumières, Kant est aussi un penseur de la paix, convaincu que la raison répugne fondamentalement à la guerre. Sur ce plan, ses écrits politiques et son *Anthropologie* constituent un apport majeur, qui demeure actuel par plus d'un trait. Il ne s'agit pas d'un autre registre de son œuvre, mais du développement, dans le domaine des relations internationales, de ce qu'on pourrait appeler la thérapeutique de la philosophie critique.

*Vers la paix perpétuelle* renferme l'essentiel des leçons de Kant en matière de cosmopolitisme et de relations internationales. L'idée centrale est que la Terre entière peut se constituer en une république d'États tenant compte de l'ensemble des États du monde. De ce point de vue, les institutions internationales apparues au XX<sup>e</sup> siècle s'inspirent du projet de paix perpétuelle de Kant, qu'il s'agisse de la Société des Nations, mise en œuvre après la Première Guerre mondiale, ou de l'Organisation des Nations Unies (ONU), édifiée après la Seconde Guerre mondiale.

« L'effet de la philosophie est la santé de la raison », écrit Kant dans le *Projet de paix perpétuelle*. Voilà qui s'applique aussi bien à sa manière de borner la métaphysique qu'à son projet d'éclairer la moralité. Il précise que cette santé ne s'obtient pas comme par une gymnastique : la philosophie n'est pas un entraînement de la raison, un exercice lui permettant d'être au meilleur de sa forme. La philosophie est une médication de la raison, qui doit rétablir et assurer sa santé.

C'est pourquoi Kant insiste fréquemment sur la nécessité pour chacun de pouvoir faire un « usage public de sa raison ». S'exprimer sans être menacé ou puni, publier ses réflexions sans être censuré, pouvoir user des libertés publiques, critiquer si besoin est le pouvoir ou les institutions religieuses, s'exposer soi-même à des contre-arguments ou à des objections, voilà en quoi consiste cet usage. C'est pourquoi il n'est pas possible ni souhaitable de faire taire les philosophes : ce serait vouloir imposer le silence à la raison humaine.

Dans ce combat toujours actuel, le texte intitulé *Qu'est-ce que les Lumières ?* – célèbre et très accessible – insiste sur la nécessité pour chacun de sortir de la minorité, de la dépendance, de la situation dominée pour affirmer sa propre capacité à penser et à s'exprimer. Il faut « oser savoir » (« *sapere aude* »), oser s'instruire, oser penser. Voilà une leçon de Kant qui ne cesse de s'adresser au monde d'aujourd'hui.

Ceci donne la vue la plus simple et la plus claire de ce geste particulier de la philosophie critique mise sur pied par Kant. Le traitement consiste à laisser tomber les recherches sans objet, à délaisser des chimères prises pour des sciences. Cette médication évoque une cure de désintoxication. Elle suppose une déflation des visées de l'esprit. Mais cette modestie, on l'aura compris, est infiniment tonique.

---

*De Kant, que lire en premier ?*

   *Qu'est-ce que les Lumières ?*

*Sur Kant, que lire pour aller plus loin ?*

Jules Vuillemin, *L'Héritage kantien et la révolution copernicienne*, Paris, PUF, 1954.

Gilles Deleuze, *La Philosophie critique de Kant*, Paris, PUF, 1963.

Gérard Lebrun, *Kant et la fin de la métaphysique*, Paris, A. Colin, 1970.

Alexis Philonenko, *L'Œuvre de Kant*, Paris, Vrin, 1972.

Monique Castillo, *Kant et l'avenir de la culture*, Paris, PUF, 1990.

☞ *Si Kant délimite les domaines de validité de la vérité, il maintient toutefois des points fixes, des acquis éternels.*
*S'il prend en compte l'histoire, elle ne tient pas un rôle fondamental dans la conception même de la vérité.*

☞ À l'inverse, chez Hegel, la vérité même est affaire de processus historique.

La vérité, somme toute, ne se comprend qu'à mesure, quand elle se déploie dans le temps et les événements.

Qu'est-ce que cela signifie au juste ?

- **NOM : HEGEL**

- **LIEUX ET MILIEUX**
Tübingen, Francfort, Iéna, Bamberg, Nuremberg, Heidelberg, Berlin... l'Allemagne de la fin du XVIIIe et du début du XIXe siècle, traversée par un jeune homme de milieu modeste devenant grand professeur.

- **12 DATES**
**1770** : Naît à Stuttgart.
**1788-1793** : Études supérieures au séminaire protestant de Tübingen.
**1797-1800** : Précepteur à Francfort.
**1800-1807** : Enseigne à Iéna.
**1807** : Publie la *Phénoménologie de l'Esprit*.
**1807-1808** : Journaliste à Bamberg.
**1808-1816** : Directeur de collège à Nuremberg, publie la *Logique*.
**1816-1818** : Professeur à Heidelberg.
**1817** : Publie l'*Encyclopédie des sciences philosophiques*.
**1818-1831** : Professeur à Berlin.
**1820** : Publie les *Principes de la philosophie du droit*.
**1831** : Meurt du choléra à Berlin.

- **SA CONCEPTION DE LA VÉRITÉ**
La vérité pour Hegel :
intègre et unifie des éléments contraires,
se déploie dans le temps,
s'appréhende seulement à la fin du processus.

- **UNE PHRASE CLÉ**
« Tout ce qui est réel est rationnel, tout ce qui est rationnel est réel. »

- **SA PLACE DANS L'HISTOIRE DE LA PHILOSOPHIE**
Décisive pour au moins deux raisons. La première est que Hegel élabore l'ultime grand système philosophique, censé résumer et englober tous les autres. La seconde est que sa pensée dialectique inspirera Marx, Lénine et les mouvements révolutionnaires qui ont marqué l'histoire contemporaine.

## 17

## OÙ HEGEL TROUVE LA VÉRITÉ
### DANS LE DÉROULEMENT DE L'HISTOIRE

Inutile de feindre : la pensée de Hegel est difficile à saisir. Son écriture paraît souvent lourde et lente, ce qui n'arrange rien. On pourrait se décourager, renoncer à découvrir cet univers. Ce serait une grave erreur. Car une telle difficulté a sa raison d'être. En outre, elle n'est évidemment pas insurmontable. Une fois passée la première impression, franchir les étapes est affaire d'attention. Au bout du chemin, le paysage est grandiose.

Le fait est : ce philosophe ne fait rien pour séduire, il ne cherche ni à capter ni à captiver son auditoire. Dès la première page qu'on lit, on peut constater combien il répugne à enjoliver. Déguiser l'effort en agrément, ce serait à ses yeux affaiblir la pensée. Paradoxalement, c'est là une forme d'aide : le lecteur est tout de suite averti qu'il lui faut s'armer de patience et de bonne volonté. Car il n'y a chez Hegel aucune volonté d'hermétisme. Aucun désir de masquer sa pensée ne le travaille. Au contraire, c'est un philosophe qui expose tout. Ce qu'il pense est difficile, c'est pourquoi ce qu'il dit l'est également, mais il le dit complètement, explicitement. Du coup, il peut suffire de le suivre pas à pas, avec courage, pour faire des découvertes somptueuses.

Car son projet est de tout embrasser par la pensée. Sa philosophie récapitule la totalité de l'histoire. Elle reprend tout ce qui s'est pensé. Telle est la singularité de cette entreprise : forger le système philosophique ultime, capable de totaliser tout ce qui s'est dit et accompli auparavant, sur tous les registres, dans tous les domaines, et rendre compte en même temps du mouvement qui anime cette histoire. C'est pourquoi l'œuvre de Hegel intègre, en les renouvelant profondément, la logique, l'histoire de la philosophie, l'analyse des religions, la réflexion sur l'art et finit par inclure dans son gigantesque système les sciences, la politique, le droit.

Il ne s'agit pas d'un cadre inerte où ces divers éléments prendraient place comme sur les cases fixes d'un échiquier. Hegel cherche avant tout à rendre compte du mouvement de l'histoire. Il veut parvenir à penser dans leur globalité l'épopée des connaissances et des croyances, la succession des empires et la marche de la civilisation. Et il travaille à saisir cette totalité dans son mouvement et sa dynamique interne. Ce philosophe est donc tout le contraire d'un esprit tourné vers les nuées, préoccupé seulement de réfléchir à des principes. Il cherche à penser le processus même à l'œuvre dans la réalité. Dans le spectacle apparemment confus, chaotique et continuellement changeant de l'histoire, il s'efforce de discerner un processus compréhensible.

Cela explique sans doute la diversité des jugements portés sur lui. On a vu en Hegel un penseur athée, ou au contraire une source du renouveau de la théologie moderne. On a fait de lui l'inspirateur des courants ouvriers révolutionnaires ou, à l'inverse, le modèle du penseur conservateur, voire réactionnaire. On l'a considéré tantôt comme un idéaliste ou tantôt comme un penseur de la subjectivité. Tous ces visages ont quelque chose de vrai, même s'ils sont opposés, tant les facettes du système hégélien sont diverses. Avant d'en indiquer quelques-unes, il faut rappeler qu'avant tout c'est un penseur de l'histoire, du temps, et de leurs relations.

## Académique et sismographe

Hegel lui-même est un enfant de l'histoire. Né en 1770, il hérite d'un siècle qui a découvert l'importance cruciale de l'histoire, de la diversité des civilisations, de l'ampleur des progrès humains. Mais il est aussi le fils d'un temps où l'histoire s'accélère. Jeune homme nourri de Rousseau, de Kant, de toute la philosophie française et allemande des Lumières, il a dix-neuf ans quand le peuple de Paris prend la Bastille. Il devient philosophe au moment où s'ouvre, dans l'Europe des monarchies, le siècle des révolutions. Il a vingt-trois ans quand l'espoir immense soulevé par la liberté prend le visage de la Terreur. Le philosophe a un peu plus de trente ans quand Bonaparte étend ses conquêtes révolutionnaires et militaires sur l'Europe.

Hegel découvre donc, dans ses années de jeunesse, les turbulences de la modernité, ses espérances et ses inquiétudes. Sa vie, relativement courte – il meurt à soixante et un ans, à Berlin, emporté par le choléra –, est traversée par cette conviction : une nouvelle et grande période de l'histoire de l'humanité est en train de s'ouvrir. Il est persuadé que ce qui advient alors dans le monde des idées doit aboutir à des modifications cruciales dans l'histoire humaine. La responsabilité de celui qui pense est donc immense. Cette vision directrice évolue à mesure que s'élabore son système, le dernier et le plus grandiose de l'histoire de la philosophie.

La formation initiale de Hegel fut religieuse autant que philosophique. Il fait ses études au séminaire protestant

(*Stift*) de Tübingen, où l'on dispense l'un des meilleurs enseignements de l'époque. Dans le même établissement – fait exceptionnel – se trouvent alors Hegel, qui va devenir un des plus grands philosophes de toute l'histoire, Hölderlin, qui sera un des plus grands poètes, et Schelling, qui se révélera lui aussi grand penseur. Ce trio de génies amis symbolise un temps-charnière dans l'histoire intellectuelle européenne. Pourtant, qui aurait soupçonné que ce jeune étudiant, extrêmement doué mais timide, plutôt renfermé, un peu gauche, allait devenir le premier penseur des temps modernes ?

Au sortir du séminaire, renonçant à une carrière religieuse, Hegel devient précepteur à Berne, puis à Iéna, où il écrit son premier chef-d'œuvre, *La Phénoménologie de l'esprit*. Il travaille ensuite comme rédacteur en chef d'un petit journal à Bamberg, est engagé comme proviseur dans un lycée où il enseigne également, à Nuremberg. Il est ensuite professeur d'université à Heidelberg et finalement, en 1818, à Berlin. Il y succède à la grande figure de la pensée allemande qu'était Fichte. Après treize ans de gloire académique, vénéré par ses étudiants, admiré par l'ensemble de l'université, Hegel meurt brutalement du choléra, au cours d'une épidémie qui décime la population.

Ce philosophe aura fait peu de voyages. Il aura rarement interrompu ses méditations, sauf pour quelques activités temporaires de journaliste et d'administrateur. Il reste l'homme d'un magistère, le modèle du professeur imposant, presque du penseur officiel. On se tromperait toutefois en ne retenant que cette image. Ses rôles publics finirent par être figés. Sa pensée ne l'est pas. Au contraire, dans la série de chefs-d'œuvre qui ponctue ses années de travail, on découvre des forces de subversion considérables.

Chacun de ses livres principaux est un monument. La *Phénoménologie de l'Esprit*, publié en 1807, qu'il achève à Iéna, décrit à sa manière l'histoire de la civilisation. Achevé dans la hâte et la fièvre, au milieu des armées françaises arrivant à Iéna, le texte est parfois déroutant. Cette « galerie d'images », comme Hegel dira bien plus tard, doit se lire sur plusieurs plans. C'est une histoire de l'humanité, depuis la forme de conscience immédiate et sensible voisine de l'animalité jusqu'à la conscience de soi du savoir absolu. C'est aussi une histoire de la culture occidentale, depuis l'Antiquité jusqu'à la science et à l'État moderne. C'est enfin une histoire de la pensée de Hegel lui-même, une forme singulière d'autobiographie intellectuelle.

Encore faut-il souligner que cette « histoire » retrace la vie de l'esprit, et non des faits ou des événements ponctuels. Les « figures » que l'on voit évoquées ne sont ni des personnages ni des faits, mais des moments du développement de la conscience, des postures, en quelque sorte, liées à l'état de développement du savoir et des relations de la conscience aux autres et à elle-même.

Les spécialistes débattent de la place de ce premier grand livre de Hegel par rapport à son système postérieur. Tous les thèmes essentiels sont déjà présents, mais l'ordre et les perspectives diffèrent. Ce sont là des querelles d'experts. Elles n'ont jamais empêché les grandes œuvres de vivre leur vie. Malgré sa difficulté, la *Phénoménologie de l'Esprit* a pris place, à côté des tragiques grecs, du théâtre de Shakespeare ou de l'œuvre de Dante, parmi les sommets de l'histoire occidentale.

La grande *Science de la logique,* qu'il publie en 1816 et qu'il a rédigée à Nuremberg, puis à Heidelberg, explore les processus qui permettent à la réalité de se mouvoir et de se penser. L'*Encyclopédie des sciences philosophiques,* qu'il publie à Berlin, veut rassembler de manière réflexive les connaissances. Voilà les principaux piliers. Mais on ne saurait oublier la série imposante de ses cours, que publient ses élèves après sa mort. À l'évidence, ses leçons sur la philosophie de l'histoire, sur l'esthétique, sur la philosophie de la religion, sur l'histoire de la philosophie constituent des parties essentielles de son œuvre.

Finalement, on devrait imaginer Hegel comme un sismographe. À travers lui, les ébranlements majeurs de l'histoire européenne dont il est contemporain se transposent dans une série de volumes. Des générations de commentateurs n'ont cessé, depuis lors, de les scruter. Et de les réinterpréter de diverses manières. Car la volonté hégélienne d'embrasser par la pensée l'histoire mondiale a débouché sur des postérités opposées. Aucun philosophe moderne n'a fait l'objet de lectures aussi contrastées et même antagonistes.

Peu de temps après sa mort, ses disciples se divisent déjà en hégéliens « de gauche » et « de droite ». Les premiers insistent sur la primauté de la raison et principalement sur les luttes qui travaillent l'histoire et la font avancer. Avec Marx, qui reprend à Hegel sa vision d'une marche de l'histoire conduite par le jeu des contradictions, on voit se développer la branche révolutionnaire de cette gauche hégélienne. Elle se prolonge chez Lénine, qui lit et commente Hegel à Genève, avant la révolution d'octobre 1917 qui conduira les bolcheviks au pouvoir.

À ces lectures, qui « retournent » Hegel pour le rendre matérialiste, s'oppose une postérité fidèle à la tradition de l'idéalisme allemand et à son aspiration fondamentale à l'Absolu. Ces hégéliens « de droite » mettent surtout l'accent sur la place de l'Esprit dans la marche de l'histoire universelle, et sur le lien profond que Hegel leur semble établir entre philosophie et christianisme. À la fin du XIX<sup>e</sup> siècle se développe également, en Grande-Bretagne, un « néo hégélianisme » idéaliste, avec notamment les œuvres de Bradley et de Bosanquet.

La diversité de cet héritage souligne l'ampleur du système hégélien. Selon que l'on privilégie un des points de vue, que l'on accentue une des composantes, le résultat est différent. Car le projet fondamental étant de tout embrasser, des éléments opposés se retrouvent dans cette totalité. Comment parviennent-ils à s'y intégrer ? Selon quelle perspective ? Voilà ce qu'il convient d'examiner.

## Logique et dialectique

La singularité de Hegel est d'avoir tenté de concevoir la totalité de la réalité à la fois dans sa diversité et dans son unité. Pourquoi est-ce tellement original ? Parce que dans « la » réalité se trouvent une infinité de « sous-réalités » incompatibles – éléments qui s'excluent mutuellement, discours qui se contredisent. Habituellement, pour élaborer une vérité, on ne retient qu'un de ces éléments, et on disqualifie ceux qui s'y opposent. « Ceci est vrai », dit-on… donc le contraire est faux. « Ceci est juste », donc l'inverse est injuste. « Ceci est divin », l'opposé est diabolique. Et ainsi de suite.

Cette manière de penser – celle des philosophes avant Hegel, somme toute – ne permet pas de concevoir la totalité. Elle aboutit seulement à privilégier des éléments isolés. Or, pour Hegel, ce qui est partiel, délimité, séparé est justement ce qui est « abstrait » (*abstractus*, en latin, signifie littéralement « extrait », « mis à part »). Le « concret » exige au contraire une pensée capable de tenir ensemble tous les aspects, même ceux qui s'opposent et s'excluent. Cette pensée devrait également être capable de rendre compte du passage d'un élément à son opposé.

Hegel cherche, en fin de compte, un mode de réflexion capable de rendre raison de tous les systèmes de pensée, de toutes les croyances, de toutes les civilisations, de tous les discours. La vérité, considérée de cette manière, ne résidera jamais dans un seul point de vue, quel qu'il soit. Elle est constituée par l'ensemble des éléments contraires, et par le mouvement qui anime leurs relations.

Voilà pourquoi Hegel accorde une place centrale à la contradiction. Dans les pensées antérieures à la sienne, la contradiction était un signe d'impossibilité. Ce qui était contradictoire ne pouvait exister. Avec Hegel, au contraire, la contradiction apparaît comme l'indice même du réel. À ses yeux, ce qui est réel est contradictoire. Et pourtant ce qui est réel est également rationnel, c'est-à-dire compréhensible.

Car la raison, selon lui, est capable de penser les contradictions, de saisir comment une situation donnée se transforme en son contraire. Si l'on peut oser une métaphore, on passe avec lui d'une pensée solide, figée, raide, binaire (« oui ou non », « vrai ou faux », « cohérent ou absurde ») à une pensée fluide, mobile, souple, capable de se mouvoir d'un point à son opposé, et donc d'accompagner la totalité de la réalité concrète dans tous ses aspects.

La pensée « solide », pour Hegel, est celle de l'entendement – qui sépare, classe, range, oppose et cloisonne. La pensée « fluide » est développée par la raison – qui relie, décloisonne, colle au mouvement même de la réalité. Dans cette vision nouvelle de la réalité, seul compte le mouvement, non les points d'arrêt. La vérité n'est pas de ce côté, ou du côté opposé. Elle est parcours, cheminement, passage d'un côté à un autre, et à un suivant encore. Aucune des étapes ne contient « la » vérité. Seul le voyage d'une étape à l'autre constitue la vérité.

Encore faut-il comprendre que ce « voyage » ne consiste pas à visiter des lieux qui existeraient de toute éternité, indépendamment les uns des autres. Ce qui intéresse Hegel, c'est la manière dont la réalité ne cesse de se transformer, dans un processus dialectique. Qu'est-ce que cela signifie ? Tous ceux qui eurent un jour à rédiger une dissertation (presque tout le monde !) se souviennent de la recette traditionnelle : « Thèse, antithèse, synthèse. » Cette formule peut fournir une voie d'approche simple de l'idée de dialectique chez Hegel. À condition, évidemment, de se défaire du préjugé selon lequel il suffirait de dire une chose, puis son contraire, et de conclure que la vérité est entre les deux…

Car la dialectique ne se contente en aucune manière d'un discours qui dirait « blanc », puis « noir » pour conclure par… « gris ». Cela peut toutefois constituer, malgré tout, une première esquisse, dans la mesure où, dans la couleur grise, « blanc » et « noir » sont abolis, supprimés, détruits par le mélange et en même temps ils sont conservés, prolongés sous une autre forme. Or c'est bien cela que Hegel veut concevoir : le processus par lequel, au sein même de la réalité, une dynamique de destruction-conservation modifie les situations et les fait vivre. Les cycles de la nature sont de ce type : le bourgeon est détruit par la fleur, qui le prolonge sous une autre forme, la fleur est détruite par le fruit, qui la conserve malgré tout.

On voit que cette contradiction n'est pas équivalente à ce qu'on entend par ce nom dans la logique classique. Pour Hegel, la fleur « nie » le bourgeon, le fruit « nie » la fleur, alors qu'il n'y aurait évidemment aucun sens à dire qu'ils se « réfutent ». Cette négation est un mouvement interne de dépassement, elle appartient au processus de transformation continue de la réalité. La force du génie de Hegel, ici, est d'avoir compris la puissance du négatif. Celui-ci n'est pas un défaut, un manque ou absence, mais bien une force qui travaille au sein de la réalité, la creuse du dedans, et la fait avancer.

## De l'histoire au savoir absolu

Encore fallait-il appliquer cette dialectique à l'histoire. Or le chaos apparent des événements, le cours hasardeux des guerres, les effondrements et les renaissances des cultures ne semblent pas donner prise, à première vue, à cette éventualité. Le cœur de l'entreprise hégélienne se trouve là : montrer que l'histoire humaine prise dans son ensemble est compréhensible. L'histoire n'est pas, comme le dit un personnage de Shakespeare, « un conte plein de bruit et de fureur raconté par un idiot ». Au contraire. Elle se révèle animée du dedans par une logique profonde. L'Europe que Hegel a sous les yeux le lui confirme.

Considérons en effet la séquence : « Monarchie absolue, Révolution française, Premier Empire ». Elle peut être lue selon un schéma dialectique : la monarchie est détruite du dedans par la Révolution, et la Révolution se détruit à son tour pour engendrer un régime qui n'est ni monarchie ni République, mais qui conserve des traits de l'une et de l'autre, et qui va poursuivre le travail entamé par la Révolution en exportant dans toute l'Europe les exigences de nouvelles libertés et les semences de nouveaux États-nations. En ce sens, Hegel pourra dénommer Napoléon Ier « l'âme du monde ». L'empereur condense en lui, temporairement, l'esprit de l'histoire et son principe d'évolution. En un sens, il a effectivement aboli la révolution, en un autre il en prolonge et diffuse les principes à travers l'Europe, en bousculant l'ordre ancien.

De ce point de vue, Napoléon contribue à la marche de l'histoire. Il réalise un dessein qu'il n'a pas lui-même conçu. Hegel parle d'une « ruse de la raison ». Qu'est-ce à dire ? Les individus n'agissent qu'à court terme, en fonction de leurs intérêts personnels. Objectif de Napoléon : sa propre gloire, et non la réalisation d'un projet global. Toutefois, en consolidant son règne, en étendant son empire, il contribue à autre chose : l'extension des libertés citoyennes, la constitution des États-Nations en Europe.

La conception hégélienne de l'histoire s'organise enfin autour de caractéristiques propres à l'esprit d'un peuple (*Volkgeist*) ou à l'esprit d'un temps (*Zeitgeist*). Cette conception aura elle aussi une longue et diverse postérité. Elle suppose que les multiples aspects d'une époque ou d'une civilisation sont reliés. Les diverses formes d'art (architectural, musical, pictural, poétique) seraient connectées aux croyances religieuses, aux conceptions morales, aux structures politiques. À la place de domaines séparés, suivant des évolutions disjointes, Hegel discerne une forme d'unité profonde, de cohérence interne de chaque civilisation.

C'est à travers le passage dialectique d'une forme de civilisation à une autre que se poursuit la marche de l'histoire. Elle s'accompagne d'une prise de conscience graduelle de l'esprit par lui-même. Le terme de ce processus constitue ce que Hegel nomme « savoir absolu ». L'expression ne doit pas susciter de confusion. Elle ne signifie pas un savoir englobant l'intégralité des données factuelles du monde. Atteindre le « savoir absolu » (en fait, la philosophie même de Hegel !) ne veut surtout pas dire que l'on connaisse l'altitude de tous les sommets, ou le nombre d'habitants de toutes les villes.

Le « savoir absolu » est l'ultime étape de la marche de l'esprit vers la conscience de soi, celle où il se réconcilie définitivement avec lui-même et se comprend en ayant saisi la totalité de son parcours. C'est aussi le point où la vision de l'histoire dans son ensemble s'éclaire, où la philosophie dépasse et conserve la vérité incarnée aux yeux de Hegel par le christianisme en tant que « religion absolue ». Le savoir absolu constitue le point d'aboutissement de l'histoire humaine, celui d'où l'on peut appréhender la totalité du parcours.

Ce point ultime coïncide effectivement avec la pensée de Hegel lui-même. Il en est ainsi, à ses yeux, non pas pour des raisons contingentes, mais par une nécessité interne au déploiement de la pensée elle-même. Voilà pourquoi il est possible de parler de « visionnaire » à propos de Hegel. Cela ne signifie pas qu'il est habité par une vue imaginaire, mais qu'il se situe au point où tout devient visible.

---

*De Hegel, que lire en premier ?*

Les *Principes de la philosophie du droit*.

*Sur Hegel, que lire pour aller plus loin ?*

Alexandre Kojève, *Introduction à la lecture de Hegel*, Paris, Gallimard, 1947.

Jacques D'Hondt, *Hegel en son temps*, Paris, Éditions sociales, 1968.

François Châtelet, *Hegel*, Paris, Seuil, 1969.

Gwendoline Jarczyck, *Le Négatif ou l'écriture de l'autre dans la logique de Hegel*, Paris, Ellipses, 2000.

Jean-Louis Vieillard-Baron, *Hegel, penseur du politique*, Paris, Éditions du Félin, 2006.

☞ *Hegel veut embrasser par la pensée la totalité du mouvement de l'histoire.*
*La vérité à ses yeux n'est jamais simplement localisée, mais se tient dans l'ensemble et dans le mouvement interne qui l'anime.*

☞ *À cette vision grandiose, ne faut-il pas opposer des enquêtes plus restreintes, mais plus attentives aux détails concrets et aux réalités vécues ?*
*Tocqueville ne parle pas de l'histoire universelle, mais de la démocratie telle que les États-Unis des années 1830 la pratiquent au jour le jour.*
*Mais il en tire des conclusions dont la vérité nous concerne encore, au plus haut point.*

• NOM : TOCQUEVILLE

• LIEUX ET MILIEUX
La Normandie d'une famille de grands aristocrates, l'Amérique de 1830, un universitaire et
homme politique dans la France de Louis-
Philippe et du second Empire.

• 11 DATES
**1805** : Naît à Paris.
**1826** : Licencié en droit à Paris.
**1827** : Juge-auditeur à Versailles.
**1831-1832** : Voyage aux États-Unis.
**1835** : Publie le premier volume de *De la démocratie en Amérique.*
**1840** : Publie le deuxième volume de *De la démocratie en Amérique.*
**1841** : Élu à l'Académie française.
**1849** : Élu à l'Assemblée législative.
**1851** : S'oppose au coup d'État, cesse toute activité publique.
**1856** : Publie *L'Ancien Régime et la Révolution.*
**1859** : Meurt à Cannes.

• SA CONCEPTION DE LA VÉRITÉ
La vérité pour Tocqueville :
se déduit par l'analyse des faits sociaux observés,
se confirme par l'analyse des tendances de longue durée de l'histoire.

• UNE PHRASE CLÉ
« Aux États-Unis, la religion ne règle pas seulement les mœurs, elle
étend son empire jusque sur l'intelligence. »

• SA PLACE DANS L'HISTOIRE DE LA PHILOSOPHIE
Elle est récente, dans la mesure où l'on a longtemps considéré
Tocqueville comme un historien, un observateur politique ou un
sociologue plutôt que comme un philosophe. Ce n'est que dans la
seconde moitié du XXe siècle qu'on s'est avisé de la profondeur de
ses analyses, et de la nécessité de prendre en compte leur portée
philosophique.

## 18

### OÙ TOCQUEVILLE S'INTERROGE
### SUR LA VÉRITÉ DE LA DÉMOCRATIE

Philosophe, Tocqueville ? Il y a quelques dizaines d'années, nul n'aurait songé à inclure *De la démocratie en Amérique* dans une série de grandes œuvres philosophiques européennes. L'enquête était jugée intéressante, mais Tocqueville apparaissait comme un auteur relevant des sciences politiques, de la sociologie, et non de la philosophie proprement dite. Certains le jugeaient même dépassé, réservé à quelques spécialistes de l'histoire des idées du XIXᵉ siècle.

Les jugements sur son œuvre se sont profondément modifiés à la suite d'une série d'études, notamment celles de Raymond Aron, de François Furet, de Pierre Manent, qui ont montré la profondeur, la modernité, la pertinence et la richesse des analyses de Tocqueville. C'est pourquoi la question de savoir comment doit être lu Tocqueville est à poser d'emblée.

Son voyage en Amérique date de 1830 et 1831, le premier volume de son livre de 1835, le second de 1840. Tocqueville est-il simplement un observateur des réalités américaines de la première moitié du XIXᵉ siècle ? Ou bien, à l'inverse, est-il une sorte de visionnaire et de prophète qui ne parle pas seulement de l'Amérique du XIXᵉ siècle ni de la démocratie qu'il a sous les yeux, mais de notre présent et de notre avenir ? Annonce-t-il les difficultés que rencontrent les démocraties modernes, les dangers de l'ère de l'individualisme et de l'égalité, le risque du totalitarisme qu'il semble par moments pressentir ?

De quelle époque parle-t-il exactement ? On a tantôt l'impression que cet auteur appartient à son temps, celui de la Monarchie de Juillet, de l'après-Révolution française, époque marquée par la Restauration, travaillée par des mouvements républicains et ouvriers. On peut avoir aussi bien le sentiment que Tocqueville parle de nous, de nos préoccupations actuelles, voire de notre avenir. Tout cela est vrai à la fois. Et cette ambiguïté essentielle est capitale.

Car Tocqueville est un bien un homme de son temps et de sa caste : l'aristocratie française, normande, postrévolutionnaire. Il appartient de ce point de vue à une société qui se vit comme déchue et vaincue, dépassée par le mouvement de l'histoire. Dans le même temps, et en grande partie pour les mêmes raisons, c'est un observateur étonnant des grandes évolutions historiques. Il ne se contente nullement de décrire ce qu'il voit, comme si ce qu'il observe était donné d'emblée. Pour saisir comment évolue la société occidentale, Tocqueville met en œuvre un ensemble de concepts, de grilles de lecture et d'éléments d'analyse qui donnent à son œuvre son importance. C'est à ce titre qu'il doit être lu comme un philosophe : il construit méthodiquement son objet d'étude.

## Un penseur précoce

Pour comprendre la singularité de Tocqueville, il faut repartir de sa situation sociale et familiale. Loin d'être anecdotique, elle constitue au contraire une clé fondamentale de son regard et de sa posture intellectuelle.

Alexis de Tocqueville est né en 1805 dans une famille d'aristocrates normands dont les traces sont repérables depuis le XIᵉ siècle. Cette grande famille de la région de Valognes est liée aussi bien aux Chateaubriand qu'aux Malesherbes. Les parents d'Alexis ont échappé à la guillotine uniquement parce que Robespierre a été renversé. Après un exil en Angleterre, le père d'Alexis s'interroge, dans ses propres travaux, sur les carences de Louis XV et de la monarchie française et sur les raisons de la déchéance de l'aristocratie à l'âge du pouvoir démocratique.

En un sens, ces interrogations sont reprises par Alexis. Mais celui-ci les transforme radicalement. Il n'a rien, en effet, d'un aristocrate désenchanté, plus ou moins aigri. Tocqueville n'est pas un réactionnaire rêvant de restaurer un ordre perdu et de rétablir la situation politique renversée par cet événement, apparemment brusque et sans précédent, que fut la Révolution française. Au contraire, il tente de replacer la question de la déchéance de l'aristocratie dans un cadre bien plus vaste et plus ancien : la lente montée, depuis le XIIIᵉ siècle et la fin du Moyen Âge, de l'égalité dans les conditions sociales et ensuite politiques.

Sans doute a-t-il hérité de son père l'interrogation initiale sur la lente montée des égalités, mais il l'aborde à sa manière. Et très tôt. Car l'itinéraire intellectuel de Tocqueville est d'une extraordinaire précocité. Après des études de droit, il travaille à Versailles comme juge-auditeur et part en mission, en 1831, pour étudier le système pénitentiaire aux États-Unis.

Pourquoi a-t-il choisi l'Amérique ? D'où vient l'idée d'aller étudier non seulement le système pénitentiaire mais aussi – il y pense évidemment déjà – la démocratie dans le lieu où elle est en train de se développer de la manière la plus singulière, à la suite de la Révolution américaine, c'est-à-dire le Nouveau Monde ? Curieuse-ment, on ne sait pas avec précision pour quelles raisons Tocqueville a fait ce choix. Toutefois, une lettre figurant dans sa *Correspondance* montre qu'il s'agit bien d'une décision de prime jeunesse.

Il se pourrait donc que cet observateur soit, en fait, allé voir ce qu'il avait déjà en tête : la montée de l'égalité modifiant profondément la situation politique et sociale. Par la suite, cette précocité de Tocqueville n'a cessé de se confirmer. Il publie à trente ans seulement le premier volume de *De la démocratie en Amérique*, et le second à trente-cinq ans. Il entre à l'Académie française à la qua-rantaine. Bref, Tocqueville semble n'avoir jamais tâtonné. Il semble avoir trouvé, très tôt et très vite, l'essentiel des thèmes qu'il va toute sa vie approfondir et développer.

Il poursuit par ailleurs une carrière politique où il se révèle, certes, conservateur – c'est un homme du parti de l'ordre, un libéral profondément opposé au socia-lisme, au collectivisme, à tout ce qui veut rendre com-mune la propriété –, mais aussi très éloigné des positions réactionnaires des « ultras » de son temps. Car Tocqueville est intensément partisan de la liberté d'expression et se bat pour l'abolition de l'esclavage. S'opposant au coup d'État de Louis-Napoléon Bonaparte, il quitte définiti-vement la vie politique en 1851. Après avoir publié, en 1856, un dernier livre important sur *L'Ancien Régime et la Révolution*, il meurt, jeune encore (à cinquante-quatre ans), de la tuberculose, à Cannes.

*De la démocratie en Amérique*, œuvre unique en son genre, a connu une postérité en dents de scie, tout comme sa réflexion sur la Révolution française. Tocqueville semble susciter une attention à éclipses. Extrêmement lu, influent, reconnu, admiré de son vivant, il a été ensuite oublié et négligé, plus ou moins méprisé, avant d'être de nouveau découvert, et peut-être parfois surestimé ou jugé à travers une série de malentendus. Parce qu'il était libéral, on n'a pas prêté attention à ce que ses analyses ont, à leur manière, de révolutionnaire.

## Quatre points de départ

Ses textes sont par eux-mêmes suffisamment limpides et bien construits pour qu'on se dispense de longs préalables. Malgré tout, mieux vaut indiquer quelques jalons qui éviteront des erreurs. Quatre points peuvent orienter une première approche de son œuvre.

On devrait, pour commencer, s'arrêter sur le titre de l'œuvre : *De la démocratie*, mais *en Amérique*. Or les deux éléments sont à considérer ensemble. C'est de l'Amérique que parle cet observateur. Il est allé sur place ; il possède un sens du détail, du trait marquant. Il sait relever le petit fait significatif avec un talent tout à fait rare et remarquable. Il y a quelque chose, chez Tocqueville, d'un grand reporter philosophe.

Le premier volume de son travail, on l'a dit, paraît en 1835, le second en 1840, soit presque dix années après le voyage initial. C'est que Tocqueville se donne le temps d'approfondir ce qu'il a initialement pensé. Il ne découvre pas, à proprement parler, de faits nouveaux en poursuivant l'élaboration de ses analyses. On trouve d'ailleurs, dans les carnets qui l'accompagnaient durant son périple, pratiquement toutes les idées qui seront ensuite développées. Mais Tocqueville creuse plus profondément le même sillon, il aperçoit de nouveaux prolongements ou de nouvelles justifications.

Le premier volume est plus descriptif et plus factuel. Il est centré sur la description des institutions américaines et l'analyse de leur fonctionnement. Le second, plus réflexif, s'efforce de comprendre l'impact de la démocratie sur les mœurs et les mentalités. Mais qu'importe, qu'on cesse de s'occuper de la table des matières. Qu'on oublie le XIXᵉ siècle, même si c'est là le plus intelligent des récits de voyages qu'on y a publiés. On constate en effet, en lisant ce que Tocqueville dit des élections, de la foule, de la presse, de l'opinion, des mœurs ou même des armées, que c'est notre monde moderne, présent et à venir, que ce philosophe-voyageur observe avec une acuité suraiguë.

La première particularité de son travail est qu'il est centré sur un continent encore mal connu à son époque. Le pays est en plein développement et constitue un laboratoire politique dont Tocqueville exprime, clairement, les particularités. La singularité américaine, il le souligne, dépend d'abord des conditions géographiques : aucune frontière ne limite l'expansion américaine, le départ vers l'Ouest est encore constamment ouvert. D'autre part, on y rencontre une pluralité de religions. Pas moins de sept confessions officielles se partagent la population. Cette situation rend nécessaires des formes de tolérance et de coexistence qui ailleurs sont sans objet. Ces particularités font que Tocqueville semble, par moments, ne parler que de la situation américaine et non pas de l'Europe.

D'autant que c'est la première fois, en philosophie politique, qu'il s'agit de réfléchir sur cette part de l'Occident qui n'est pas l'Europe. Jusqu'au XVIIIᵉ siècle, l'Occident désigne toujours la Vieille Europe (bassin méditerranéen, Europe de l'Ouest, Europe du Nord, éventuellement une partie de la Russie). Ce qui se joue à partir de la Révolution américaine, tout au long du XIXᵉ et plus encore au XXᵉ siècle, c'est le développement d'une pointe de l'Occident hors d'Europe. L'Europe, alors, sort d'elle-même, si l'on ose dire, elle s'échappe et, en retour, le développement de l'Amérique va désormais influencer son identité. Tocqueville est sans doute le premier à percevoir ce phénomène fondamental. S'il ne le souligne pas exactement dans ces termes, le fait même qu'il soit allé en Amérique, qu'il ait tant réfléchi à ce qui s'y jouait, montre qu'il avait parfaitement conscience que l'histoire était sortie de la seule Europe.

Toutefois, tout ne se joue pas en Amérique. Et le projet même de Tocqueville ne s'y limite en aucune façon. Car on ne saurait oublier que le titre de son travail est… *De la démocratie*. Ce qui se passe en Amérique révèle, pour Tocqueville, plusieurs traits majeurs d'une tendance lourde de l'histoire : l'extension progressive de la démocratie. Il y revient à plusieurs reprises : la démocratie est à ses yeux le régime qui va conquérir le monde, qui va gagner une majorité de peuples. Ce mouvement de l'histoire, aux yeux de Tocqueville, est irréversible.

Second point capital : Tocqueville considère la progressive mais irréversible égalisation des conditions sociales comme l'élément de ce mouvement historique de fond qui fait croître la démocratie en Amérique et annonce les démocraties du monde entier. Il insiste sur le fait que la démocratie n'est pas affaire de pure et simple égalité juridique ou politique. « Un individu, une voix » est bien plus qu'une maxime électorale. Le principe renvoie, plus profondément, plus radicalement, à une égalité des conditions.

Égalité des conditions ne signifie pas égalité économique. Il existe dans une société démocratique des riches et des pauvres, des exploitants et des exploités, mais il n'y a plus de disparité entre les conditions du fait de la naissance. Le système aristocratique et le système des castes appartiennent désormais à un passé de plus en plus érodé par cette longue montée de l'égalité.

Plusieurs conséquences importantes en découlent. Premièrement, c'est en termes sociaux qu'il faut penser

274 VÉRITÉS MODERNES, VÉRITÉS INSTABLES

désormais la question de l'égalité à la fois politique et juridique. Cette dimension est pour Tocqueville déterminante. Deuxièmement, cette égalité des conditions implique une conception radicalement nouvelle des rapports sociaux. Un exemple très simple, que Tocqueville met en lumière, peut le faire comprendre : le rapport de maître à domestique subsiste tout en étant modifié en profondeur.

Dans un système aristocratique, ce rapport est fixe et définitif. Maître et domestique n'appartiennent pas au même monde. Ils n'ont pas les mêmes droits. On naît domestique ou on naît maître. Dans un système démocratique, ce rapport de domesticité peut certes perdurer, mais il devient temporaire, contractuel, il n'affecte en aucune manière l'égalité fondamentale des individus.

Troisièmement, Tocqueville voit aussi, avec beaucoup d'acuité, les risques du système démocratique. Il ne s'oppose pas à la démocratie, loin de là, mais il en voit les travers, les possibles dérives, l'envers sombre. Ce qui fait agir les humains, à l'ère de la démocratie, ce sont l'égalité et le souci du bien-être. Or l'hypertrophie de ce bien-être peut déboucher sur une forme d'indifférence envers la culture et envers les idéaux politiques.

Le risque, dès lors, réside dans l'apparition d'une forme nouvelle de despotisme. Ce qu'explique bien Tocqueville, en anticipant parfois sur certains aspects des totalitarismes modernes, c'est la dimension totalitaire possible de la démocratie elle-même. Ce qui nous y attend : une forme d'abêtissement indolore, d'abrutissement doux. Personne n'est torturé ni contraint. Mais la majorité exerce sur les esprits une emprise d'autant plus parfaite qu'elle est moins visible et moins ouvertement violente. Finalement, ce que Tocqueville met en lumière de plus moderne et de plus parlant pour nous, c'est le règne de l'opinion souveraine, contraignante sans violence, accompagnée d'un État-providence qui pourvoit à l'essentiel des besoins des citoyens. Ainsi se trouve finalement dépeinte une grande partie du système dans lequel nous vivons aujourd'hui. Nous trouvons aussi chez Tocqueville le diagnostic d'aspects essentiels de notre actualité et de notre avenir.

Dernier point à souligner : le voyageur, parlant de l'Amérique, pense aussi à la France de la monarchie de Juillet, et nous ne pouvons pas, en lisant son ouvrage aujourd'hui, ne pas penser à ce que sont présentement les États-Unis, ni à ce qu'est aujourd'hui la France. Or les principales caractéristiques qui s'opposent sont celles de la démocratie et celles de la révolution. L'Amérique est démocratique ; la France, dit Tocqueville, ne l'est pas, ou pas vraiment, car elle demeure révolutionnaire, toujours capable d'une forme de violence politique étrangère au rapport qu'ont les Américains, et tous les vrais démocrates, avec une stabilité de la société, des propriétés et finalement de l'ordre dans la liberté. S'il convient évidemment de se méfier des anachronismes, il n'en demeure pas moins qu'en opposant une Amérique démocratique et stable à une France révolutionnaire et capable de violence, il se pourrait que Tocqueville, même aujourd'hui, n'ait pas tout à fait tort.

*De Tocqueville, que lire en premier ?*

Le chapitre 9 de la deuxième partie du tome 1 de *De la Démocratie en Amérique*.

*Sur Tocqueville, que lire pour aller plus loin ?*

Nestor CAPDEVILA, *Tocqueville et les frontières de la démocratie*, Paris, PUF, 2007.

Pierre MANENT, *Tocqueville et la nature de la démocratie*, Paris, Gallimard, 2006.

Jean-Louis BENOÎT, *Comprendre Tocqueville*, Paris, Armand Colin, 2004.

Pierre BIRNBAUM, *Sociologie de Tocqueville*, Paris, PUF, 1970.

☞ *Cherchant la vérité des institutions et des comportements politiques, Tocqueville pense la trouver dans ce qu'il voit, et dans les idées et les croyances que les gens ont en tête.*
*S'il passe derrière les apparences, il ne les critique pas radicalement.*
*Il n'interroge pas leurs origines.*

☞ *Marx, au contraire, cherche à trouver ce qui produit les idées et les croyances.*
*Il scrute l'arrière-plan économique et social des vérités que les uns et les autres prennent pour des évidences, et qui ne sont que des produits d'un système complexe.*

• NOM : MARX

• LIEUX ET MILIEUX
Allemagne, France, Angleterre, entre journalisme
et militantisme politique au cœur du XIXᵉ siècle.

•11 DATES
**1818 :** Naît à Trèves.
**1835-1836 :** Études à Bonn et à Berlin.
**1842 :** Rédacteur en chef de la *Gazette rhénane*,
journal interdit l'année suivante.
**1844 :** Rédige les *Manuscrits de 44* (publiés en 1932).
**1848 :** Publie le *Manifeste du parti communiste*.
**1849 :** S'installe à Londres.
**1857-1858 :** Premières ébauches du *Capital*.
**1864 :** Fondation de l'Association internationale des travailleurs.
**1867 :** Publie le Livre I du *Capital*.
**1871 :** Publie *La Guerre civile en France*.
**1883 :** Meurt à Londres.

• SA CONCEPTION DE LA VÉRITÉ
La vérité pour Marx :
est déterminée par les conditions réelles de vie des hommes,
dépend donc de l'arrière-plan économique,
évolue en fonction des changements sociaux et historiques.

• UNE PHRASE CLÉ
« Les philosophes n'ont fait qu'interpréter le monde de différentes
manières, ce qui importe, c'est de le transformer. »

• SA PLACE DANS L'HISTOIRE DE LA PHILOSOPHIE
Marx a voulu « liquider », selon sa propre expression, sa conscience
philosophique pour se faire révolutionnaire. L'ironie de l'histoire a
transformé sa révolte en un dogme officiel au temps du marxisme
triomphant. Il faut aujourd'hui tenter de le lire à nouveau comme un
philosophe.

## 19

## Où Marx pense découvrir
### LES ARRIÈRE-PLANS DES VÉRITÉS POLITIQUES

Étrange destin que celui de Marx ! Parmi les philosophes occidentaux, sa trajectoire et sa postérité sont des plus singulières. À la différence des autres penseurs, son action politique a profondément marqué l'humanité au XIXᵉ et au XXᵉ siècle. Parmi les modernes, Marx est sans conteste celui qui eut, sur l'histoire mondiale, l'influence la plus déterminante.

Pourtant, de son vivant, sa renommée demeura relativement limitée. Né en Allemagne en 1818 dans une famille juive récemment convertie au protestantisme, le jeune Marx se sent fort éloigné de ses ancêtres rabbins. Proche de ce qu'on nommerait aujourd'hui l'extrême gauche, représentée alors par les « hégéliens de gauche », l'étudiant rédige une thèse sur « la différence des philosophies de la nature de Démocrite et d'Épicure ». Philosophe, matérialiste, déjà engagé dans les luttes pour la démocratie et l'émancipation des travailleurs, Marx est encore loin d'avoir élaboré l'essentiel de son œuvre théorique.

Il n'a pas encore liquidé ce qu'il appellera sa « conscience philosophique ». Multipliant les interventions dans des revues, s'enflammant pour les mouvements républicains et révolutionnaires, il ne dispose pas encore d'une armature conceptuelle originale ni d'une vision politique élaborée. C'est à Paris, dans les années 1840, que

Marx découvre les premières organisations ouvrières et commence à s'initier aux analyses économiques et historiques concrètes comme aux luttes politiques. Il rédige avec Friedrich Engels le *Manifeste du parti communiste*, publié en 1848, qui aura une forte audience et, plus tard, un succès mondial.

« Indifférence à l'égard des hommes » : cette formule, figurant dans le premier de ces *Manuscrits* rédigés par Marx à Paris en 1844, renferme en quelques mots l'essentiel de sa critique de l'économie politique. Les économistes sont indifférents à la réalité humaine de la vie du travailleur, réduit à n'être qu'une variable dans la production. La machine sociale dans son ensemble est indifférente à la vie réelle des hommes, les transformant en producteurs, en consommateurs. L'argent rend les humains, en fin de compte, indifférents les uns aux autres, indifférents à eux-mêmes. Au monde réel des corps, des désirs, des fatigues, des joies et des peines, le capitalisme substitue un univers déshumanisé où ne subsistent que des marchandises qui s'échangent.

« L'argent est le moyen et le pouvoir universels », écrit Marx à la fin de ces *Manuscrits* qui constituent l'une des plus vives dénonciations d'un monde humain mis à l'envers, transformé en inhumanité. Longtemps ignorés, publiés seulement en 1932, ces textes d'un penseur de vingt-six ans préfigurent les critiques d'aujourd'hui envers la société de consommation, aussi bien dans leur pertinence que dans leur excès.

C'est le 25 août 1844 que Friedrich Engels rencontre Karl Marx à Paris pour la première fois. Ils vont rédiger ensemble *La Sainte Famille*, puis *L'Idéologie allemande*, et bientôt le *Manifeste du parti communiste*. Destiné à un public ouvrier, le texte expose de manière claire et directe les principes du matérialisme historique : « Le communisme n'est pour nous ni un *état* qui doit être créé ni un *idéal* sur lequel la société devra se régler. Nous appelons communisme le mouvement *réel* qui abolit l'état actuel. »

Ce mouvement réel passe par l'abolition des frontières, des particularismes régionaux, des identités nationales. Or ce sont d'abord l'industrie et le commerce, la mondialisation des marchés et des techniques qui engendrent, au XIXᵉ siècle, cette mutation. On ne s'étonnera donc pas de trouver, sous la plume de Marx et d'Engels, des pages à la gloire de la bourgeoisie et du triomphe mondial de la technique. Le paradoxe n'est qu'apparent : cette globalisation est jugée nécessaire à la marche réelle de l'histoire vers la société sans classes.

Marx doit bientôt se réfugier à Londres. Il va y mener une existence constamment ponctuée d'ennuis pécuniaires. Il ne cesse de se battre pour écrire dans la grande presse anglaise, afin de pouvoir subvenir aux besoins de sa famille. Constamment endetté, parfois au bord de la misère, incapable de payer son loyer ou ses factures, il doit à l'aide financière de son ami Engels de pouvoir poursuivre son œuvre. Cette vie de journaliste impécunieux a l'avantage, paradoxalement, de le contraindre à étudier de nombreuses questions internationales. La pensée de Marx, à la différence de celle de nombreux autres philosophes, est constamment nourrie d'informations précises sur la vie économique internationale, l'évolution des marchés financiers, les équilibres géopolitiques.

Progressivement, Marx va devenir un des dirigeants et surtout un des penseurs de référence de l'Internationale des travailleurs, appelée aussi Première Internationale, fondée à Londres en 1864, dont il rédige les statuts. Parallèlement à cette activité visible, Marx élabore une œuvre théorique immense, toujours inachevée, publiée de façon seulement très partielle de son vivant. Cet inachèvement est lié à la manière très singulière qu'a Marx de travailler, en particulier pour rédiger *Le Capital*. Il semble n'être jamais en mesure d'embrasser de manière unifiée l'énorme quantité de faits, d'archives, de données qu'il amasse au cours de ses lectures. Son travail se modifie à mesure qu'il avance, reportant l'achèvement de la théorie à un moment ultérieur.

Du coup, la pensée de Marx telle qu'elle était perçue par ses contemporains ne correspond pas exactement à la réalité d'une œuvre complexe qui demeure en suspens. En outre, pour nous, lecteurs de Marx aujourd'hui, il est nécessaire de tenir compte de l'évolution de sa pensée, des différentes optiques qu'il adopte successivement dans un chantier perpétuellement remanié.

Destin paradoxal de la pensée de Marx : sa complexité, son ampleur, son inachèvement auront été largement masqués par la constitution du « marxisme ». Celui-ci a simplifié Marx en fabriquant, à partir de quelques éléments, un dogme schématique, parfois carrément simpliste. Vers la fin de sa vie, Marx disait : « Je ne suis pas marxiste. » Cette doctrine simplifiée a donné naissance à ce que l'on a pu considérer comme une religion politique – avec son corps de croyances, ses cultes publics, ses rituels, ses icônes, ses reliques, ses mausolées, ses luttes de pouvoir, son inquisition et ses autodafés. Le marxisme a eu un immense impact sur l'histoire. Quelques décennies seulement après la mort de Marx, une vaste partie du globe se réclamait de sa pensée, était gouvernée selon des principes présentés comme étant les siens. Le marxisme a fini par inspirer, de façon directe ou indirecte, les régimes sous lesquels vivait, au milieu du XXe siècle, plus d'un tiers de l'humanité – de l'Union soviétique à Cuba, de la Chine populaire à l'Albanie, de la Corée du Nord aux États marxistes d'Afrique. On est donc passé, en quelques générations, des écrits confidentiels

d'un penseur singulier à un poids politique et idéologique sans équivalent dans l'histoire contemporaine.

Œuvre difficile, *Le Capital*, la grande œuvre théorique de Marx, a pour but d'analyser le mode de production capitaliste et les rapports de production qui
l'accompagnent. Au centre du livre I se trouve la théorie de la plus-value, exposant par quels mécanismes se
constitue le profit. Des notions devenues classiques y
sont éclairées : valeur d'usage et valeur d'échange, plus-
value absolue et plus-value relative, baisse tendancielle
du taux de profit. Ces pages mille fois citées et commen-
tées, pas toujours vraiment lues, appartiennent aujourd'hui
à l'histoire des idées et des doctrines politiques. Le fait
est que leur pertinence pour rendre compte des réalités
économiques actuelles et des processus capitalistes contemporains est devenue sujette à caution. En effet, bien des
points essentiels des analyses économiques de Marx se
sont trouvés démentis par les faits : la « baisse tendancielle du taux de profit » ne s'est pas vue confirmée, pas
plus que la « paupérisation croissante » du prolétariat
qu'il avait annoncée.

En fin de compte, le capitalisme a tellement changé
que la plupart des économistes n'ont plus recours aux
analyses de Marx. Malgré tout, elles demeurent au cœur
de certains débats actuels, notamment chez les alter-
mondialistes. Ces analyses restent donc vivaces par le biais
de leur valeur symbolique et de leur charge imaginaire
plutôt que par leur relation à la réalité. Somme toute,
Marx reste un économiste de référence... pour ceux qui
ne sont pas économistes. Étrange destin, décidément !

Après la chute du Mur de Berlin en 1989, après
l'effondrement du bloc communiste et la crise profonde
dans laquelle est entré le marxisme, il semble que Marx
soit devenu, en un autre sens cette fois, la victime de
l'histoire. On risque aujourd'hui – à tort, évidemment –

de lui attribuer la responsabilité du goulag ou de voir en lui l'origine des vices fondamentaux du communisme. Si les régimes communistes ont connu un échec historique, s'ils se sont révélés meurtriers, si leur aventure politique s'est achevée dans une impasse, ces faits doivent-ils entraîner l'abandon total de l'œuvre théorique de Marx ?

## Renverser la philosophie : le matérialisme historique

La question du rapport de Marx à la philosophie a déjà fait couler beaucoup d'encre. Il nie être philosophe, mais prolonge un geste fondamental de la philosophie et transforme radicalement les manières de penser. Le plus simple est sans doute de dire que Marx s'emploie à renverser la philosophie, tout en se souvenant que cette expression possède différents sens.

Renverser la philosophie comme on renverse un monarque, c'est mettre fin à son hégémonie, achever son règne. Certaines affirmations de Marx vont dans ce sens. Il écrit, en 1844, dans la onzième des *Thèses sur Feuerbach* : « Les philosophes n'ont fait qu'interpréter le monde de différentes manières, ce qui importe, c'est de le transformer. » Aux spéculations interminables, au refuge dans les abstractions et dans le ciel des idées, on substituera l'action politique, la transfiguration de l'histoire par le mouvement ouvrier. Le but : voir disparaître le salariat et l'exploitation de l'homme par l'homme, sortir de ce que Marx dénomme la « préhistoire », ce temps des servitudes où dominent des mirages comme la religion et, en grande partie, la philosophie.

Toutefois, on aurait tort de croire que ce renversement de la philosophie doive être un pur et simple adieu à la théorie, aux concepts et à l'héritage des penseurs. On peut entendre « renverser » non plus au sens de la destruction mais de la mise à l'endroit, comme on renverse une image pour la voir différemment. Marx va dans ce sens lorsqu'il écrit, par exemple, en parlant de la dialectique chez Hegel : « Chez lui elle marche sur la tête ; il suffit de la remettre sur ses pieds pour lui trouver une physionomie tout à fait raisonnable. »

Ce retournement mérite explication. Il est lié à un bouleversement profond mis en œuvre par Marx entre ce qu'il appelle la « vie » et la « conscience ». On croyait, dit-il, que la conscience déterminait la vie. Autrement dit, les êtres humains organisaient leur monde matériel, leurs relations économiques, leurs échanges, leurs rapports de pouvoir en fonction des idées qu'ils avaient en tête. On pensait donc que les idées organisaient le monde. Le renversement opéré par Marx consiste à démontrer que c'est tout l'inverse.

À ses yeux, le monde matériel et social produit les idées que les hommes ont en tête. C'est donc en fonction des relations économiques, de la manière dont les humains produisent leurs conditions de vie matérielle à travers la technique, les modalités de l'industrie et du commerce d'une époque donnée, que s'élaborent les représentations. Autrement dit, Marx suggère de remettre le monde à l'endroit : ce sont les conditions matérielles qui engendrent des idées et non pas les idées qui façonnent les conditions matérielles. Cette manière de renverser la philosophie ne signifie pas du tout qu'il s'agit de l'abandonner, mais bien plutôt qu'il convient de s'emparer de ses outils pour les utiliser autrement. Les principaux apports logiques et théoriques de la philosophie doivent être conservés, mais orientés dans une autre direction.

C'est ainsi qu'il faut comprendre les idées mêmes de « matérialisme historique » et de « matérialisme dialectique ». Matérialisme, puisque ce sont les aspects matériels de la vie humaine qui produisent les idées, les croyances que les hommes possèdent. Mais ce n'est évidemment pas un matérialisme biologique. Marx n'affirme pas que l'homme se fait telle ou telle idée en raison de sa physiologie, de ses neurones, de l'organisation de son cerveau. Il soutient que ces idées sont fonction de la société, de l'ensemble des conditions de vie à un moment donné. C'est pourquoi ce matérialisme est dénommé historique.

Du point de vue de sa méthode et de son noyau philosophique, il est dialectique. Le terme, emprunté à Hegel, désigne la perpétuelle transformation d'un élément en son contraire. Parce que les contradictions se résolvent par le jeu dialectique des contraires, l'histoire avance. De ce point de vue, l'apport majeur de Marx est moins d'être philosophe, économiste ou politicien que d'être le penseur qui montre combien la philosophie ne peut pas être coupée de son contexte social, historique, économique, politique. Il n'existe pas d'indépendance radicale de la philosophie, pas d'autonomie absolue des idées. Une pensée est toujours localisée, elle sert les intérêts d'une classe ou d'un camp donné, elle prend part, de façon directe ou indirecte, consciente ou inconsciente, aux luttes qui animent la scène sociale et politique.

Il s'agit là d'un apport décisif pour l'analyse des représentations. Marx exige que l'on devienne attentif à ce qui se tient derrière les affirmations philosophiques, morales ou idéologiques. Au lieu de les considérer isolément, il incite à chercher ce qui les motive, les engendre et, pour une part, les façonne. À ce titre, il figure parmi les « maîtres du soupçon », avec Nietzsche et avec Freud. Leur dénominateur commun : passer derrière le sens apparent pour traquer ses causes cachées. Ce mouvement pour interroger les ressorts masqués des idées est constant chez Marx, et donne sa cohérence à un parcours qui demeure, par ailleurs, traversé par de multiples tensions.

## Une science ou une morale ?

La principale de ces tensions concerne le rapport entre l'aspect scientifique et l'aspect moral et politique de la doctrine de Marx. Elle a été notamment mise en lumière par le juriste autrichien Hans Kelsen, dans les années 1920. D'un côté, le matérialisme historique se présente comme une connaissance scientifique du développement des sociétés, il prétend avoir dégagé les mécanismes essentiels de l'économie et aussi de l'évolution historique. Cette connaissance des lois de l'histoire, jugée objective et scientifique, peut guider l'action politique. D'un autre côté, Marx semble élever une protestation morale, bien plus qu'une analyse scientifique, quand il décrit la misère du prolétariat, les conditions de vie insalubres et indignes dans les *slums*, les taudis de Londres, le travail des enfants, les vies brisées, les corps meurtris, la déshumanisation générale que l'industrialisation et le capitalisme engendrent sous ses yeux.

Entre ces deux versants, il existe non seulement une disparité, mais une forme d'incompatibilité. Quand une analyse scientifique montre comment se produisent des phénomènes naturels, il n'y a aucune place pour le désir de les supprimer au nom de la morale : les éruptions volcaniques ou les tremblements de terre engendrent de grands malheurs mais il ne saurait être question d'y mettre fin. Et quand on s'indigne, qu'on lutte pour la dignité humaine et la justice, a-t-on besoin d'une caution scientifique ? Ces questions ne sont que partiellement résolues dans l'histoire de la pensée de Marx.

Marx n'a cessé de critiquer les utopistes, souvent avec virulence. Sa pensée ne propose pas un modèle idéal de société pour l'avenir. À la différence des socialistes utopistes, il ne donne aucune description détaillée du mode de vie dans la société sans classes ou de l'organisation sociale après la disparition de l'État et de l'exploitation de l'homme par l'homme. Marx s'est plusieurs fois moqué de ceux qui, comme Charles Fourier, cherchaient à déterminer la largeur idéale des portes dans la société parfaite...

On peut douter, malgré tout, de la scientificité du marxisme. La science du développement historique, la connaissance des lois de l'histoire, en fait, ne sont que des horizons lointains. Si cet objectif figurait bien dans le projet de Marx, on peut douter qu'il ait été atteint. Lorsque Lénine affirmait : « La théorie de Marx est toute-puissante parce qu'elle est vraie », il postulait une science achevée, ce qui est loin d'être le cas. Le rôle que Marx fait jouer au prolétariat et à sa victoire, par exemple, n'a rien de scientifique. Pourquoi la libération du prolétariat doit-elle mettre fin à l'exploitation de l'homme par l'homme, à la lutte des classes qui a marqué jusqu'à présent toute l'histoire de l'humanité ? Parce que le prolétaire se trouve être porteur du plus grand espoir, car il est devenu l'être humain le plus aliéné, le plus déshumanisé, privé de tout ce qui faisait jusqu'alors l'humain. Le prolétaire, ayant déjà tout perdu (propriété, identité, famille, patrie, religion), est devenu par cette forme de néantisation le porteur de l'universel à venir. N'y a-t-il pas là une représentation semblable à un mythe, qui semble d'ailleurs ne s'être effectivement concrétisée nulle part dans l'histoire moderne ? Sous l'apparence scientifique, on peut s'interroger aussi sur la survivance, chez Marx, d'un schéma de type religieux. Globalement, l'histoire humaine semble aller de l'antique communisme primitif à la future société sans classes en passant par une sorte de chute, de déchéance dans l'aliénation et l'exploitation, dont la révolution victorieuse sera en quelque sorte la rédemption.

Ces remarques doivent inciter à tenter de lire Marx indépendamment des passions qu'il a suscitées. Sans doute a-t-il pâti de trop de gloire, de trop d'attaques, de trop de jugements. Il faut s'efforcer de le redécouvrir, patiemment, comme un philosophe singulier, à qui l'on doit d'innombrables outils pour la réflexion. Il convient de le lire comme une incitation à la pensée, à la critique des représentations, quitte à le retourner parfois contre lui-même. Marx appelait Hegel « le Vieux ». Il faudrait pouvoir l'appeler ainsi à son tour, avec respect et distance.

---

*De Marx, que lire en premier ?*

Le *Manifeste du Parti communiste*.

*Sur Marx, que lire pour aller plus loin ?*

Auguste Cornu, *Karl Marx et Friedrich Engels. Leur vie et leur œuvre.* Paris, PUF, 1955.

Kostas Axelos, *Marx, penseur de la technique*, Paris, Éditions de Minuit, 1961.

Louis Althusser, *Pour Marx*, Paris, Maspéro, 1965.

Michel Henry, *Marx. I. Une philosophie de la réalité. II. Une philosophie de l'économie*, Paris, Gallimard, 1976.

Jacques Bidet, Eustache Kouvélakis, *Dictionnaire Marx contemporain*, Paris, PUF, 2001.

☞ *Marx croit au pouvoir révolutionnaire de la vérité.*
*En possédant la connaissance exacte du fonctionnement économique, il devient possible, à ses yeux, de transformer l'histoire.*

☞ *Nietzsche est à la fois très loin et très proche de telles convictions.*

*Très loin, parce qu'il est persuadé que la science est une forme de religion laïque et la vérité une forme d'illusion suprême.*

*Très proche, parce qu'il rêve de « casser en deux l'histoire du monde ».*

*Mais comment ?*

• **NOM : NIETZSCHE**

• **LIEUX ET MILIEUX**
Allemagne, Suisse, lacs italiens, Côte d'Azur dans
la seconde moitié du XIX$^e$ siècle, où un esthète
sans argent vit dans des chambres meublées avec
quelques livres.

• **14 DATES**
**1844 :** Naît près de Leipzig.
**1864-1869 :** Études à Bonn, puis à Leipzig.
**1869 :** Nommé professeur de philologie à Bâle avant son doctorat.
**1872 :** Publie la *Naissance de la tragédie.*
**1873-1876 :** Publie les quatre *Considérations inactuelles.*
**1876-1877 :** Congé pour maladie.
**1879 :** Son enseignement est suspendu pour raison de santé.
**1882 :** Publie *Le Gai Savoir.*
**1883-1884 :** Publie *Ainsi parlait Zarathoustra.*
**1886 :** Publie *Par-delà Bien et Mal.*
**1887 :** Publie *Généalogie de la Morale.*
**1889 :** Effondrement à Turin.
**1889-1900 :** Survie silencieuse et paralysée.
**1900 :** Meurt à Weimar.

• **SA CONCEPTION DE LA VÉRITÉ**
La vérité pour Nietzsche :
est une affaire d'instinct, d'affirmation créative,
fait l'objet d'un culte moderne chez les scientifiques,
est toujours, en fin de compte, un rapport de forces.

• **UNE PHRASE CLÉ**
« Sans la musique, la vie serait une erreur. »

• **SA PLACE DANS L'HISTOIRE DE LA PHILOSOPHIE**
Très difficile à situer, car Nietzsche à la fois prolonge, renverse et
quitte l'histoire de la philosophie. S'il exerce une influence déterminante sur une large part de la pensée contemporaine, il se pourrait
aussi qu'il annonce un autre style de réflexion que celui dénommé
jusqu'alors « philosophie ».

## 20

## Où Nietzsche fait de son mieux
### pour en finir avec la vérité

Qui est Nietzsche ? Poète ? Prophète ? Philosophe ? Destructeur de la philosophie ? Artiste ? Musicien ? Génie ? Malade ? Provocateur ? Conservateur ? Révolutionnaire ? Esprit exalté ou réellement, comme il le prétend lui-même, auteur d'une œuvre qui « casse en deux l'histoire du monde » ?

Le seul fait que l'on puisse se poser de telles questions montre combien Nietzsche est difficile à saisir. Cela ne signifie nullement qu'il est obscur, ni que son vocabulaire est compliqué. Au contraire, il écrit la plupart du temps une langue vive, limpide, imagée, bien plus plaisante et plus littéraire que celle de la plupart des philosophes allemands. Le contraste est évident avec Kant ou avec Hegel, dont l'expression est lourde, le lexique souvent inhabituel. Chez Nietzsche, le style est allègre, fréquemment aérien. Et rapide, à l'image d'une pensée qui semble danser, soutenue par une musique interne.

La difficulté centrale, c'est bien ce sentiment qu'il y a plusieurs Nietzsche, et qu'il est malaisé de se repérer dans leur multiplicité. D'autant que l'on trouve, sous son nom, toutes sortes d'affirmations au premier abord incompatibles. Nietzsche affirme quelque chose puis semble soutenir l'inverse trois pages plus loin. En outre, il change d'écriture, de style, de genre littéraire, passant de l'étude au pamphlet, de l'aphorisme au dithyrambe, de l'invective à l'argumentation. Enfin, il écrit principalement par fragments, ce qui accroît encore l'impression d'une sorte de dispersion des points de vue. Les livres de Nietzsche sont nombreux, certains sont volumineux. Ils n'en sont pas moins presque tous composés de bribes, aphorismes ou courts développements, agencés bout à bout. Pour tous ces motifs, saisir Nietzsche, l'immobiliser, le ranger dans une case définie semble presque impossible.

Malgré tout, on ne saurait désespérer. Car l'ensemble du geste de Nietzsche, dans l'histoire de la philosophie, peut se définir nettement. Ce qui est en jeu dans son œuvre, c'est la fin de la vérité. Reste à savoir ce que signifie cette expression. Elle ne figure jamais, sous cette forme, dans les textes de Nietzsche. Mais il n'est pas faux de dire qu'elle ne cesse d'orienter son œuvre et son projet d'ensemble. Elle traverse en effet ses relations à la philosophie aussi bien qu'à la religion et à la science.

## La fin de la vérité

Depuis son commencement, la philosophie s'est donné comme objectif de chercher des vérités, de parvenir à connaître celles qui sont accessibles à la raison humaine. Nietzsche entreprend de dénoncer, de démonter et de dépasser ce but premier. Voilà ce qu'il ambitionne de réussir. Il veut, somme toute, clore le long voyage entamé avec Platon.

Chez Platon s'était constituée pleinement l'idée d'une vérité philosophique immuable, fixe, éternellement identique, située dans un autre monde que le nôtre, celui où tout change, se dégrade et passe. Nietzsche combat de toutes ses forces cette représentation d'un « arrière-monde » proclamé plus réel que ce monde que nous appelons réel. Il n'y voit pas seulement une illusion, mais le signe d'une sorte de maladie profonde, qui porte à se détourner du monde vivant et à inventer, pour s'y réfugier, un univers imaginaire. Ce serait donc par peur de la vie, par incapacité à supporter le monde tel qu'il est que les philosophes auraient forgé cette fiction nommée « vérité ».

Le monde réel est, pour Nietzsche, celui du changement perpétuel, des forces qui s'affrontent, des changements incessants. C'est aussi, et surtout, celui des instincts et de leurs conflits. La réalité est faite de corps menés par leurs instincts, pris entre leur folie et leur sagesse. La raison ne fait que suivre, en croyant commander. En imaginant la fable des vérités immuables, les philosophes ont donc forgé de nouvelles illusions, des artifices conformes à leurs instincts affaiblis, malades, déclinants. Ces vérités sont des mensonges – plaisants, utiles, ingénieux ou méprisables, admirables ou maladroits –, non des réalités.

Par conséquent, les prétendues vérités qu'on nomme « valeurs morales » doivent être mises en cause. Là également, Nietzsche va débusquer, derrière l'intemporel et l'universel, le jeu des affects, des émotions et des désirs. Celui qui veut l'égalité de tous serait incapable de dominer. Son désir de justice ne serait qu'un masque pour son ressentiment, sa rage de se venger de ceux que la nature a mieux dotés. Le châtiment, qui passe pour l'expression de la justice accomplie, est animé par la joie de faire souffrir, la jouissance provoquée par la contemplation des corps se tordant de douleur.

L'un des apports majeurs de Nietzsche est donc d'éclairer les valeurs d'une lumière très inhabituelle avant lui. Au lieu d'y voir des vérités unanimement partagées et des repères valables pour tous, il y discerne l'expression de sentiments particuliers, le résultat d'instincts souvent opposés à ce que les valeurs proclament. C'est ainsi que la charité se révèle domination, l'altruisme ressentiment. Ce n'est pas sans motif que Nietzsche a pu être considéré, à côté de Marx et de Freud, comme un des « maîtres du soupçon ». Ce qu'ils ont tous les trois en commun, en dépit de leurs radicale disparité, c'est d'avoir introduit un doute majeur envers ce qui se donne pour universel, rationnel et vrai. Le sens immédiat et visible n'est, à leurs yeux, qu'une façade où agissent, en fait, des instincts (Nietzsche), des intérêts (Marx) ou des pulsions (Freud).

## La mort de Dieu

En finir avec la vérité, ce n'est pas seulement briser le vieux socle de la philosophie ou jeter un regard dubitatif, souvent sarcastique, sur les valeurs morales. C'est aussi mettre en cause la religion et la science, qui ont toutes deux partie liée, aux yeux de Nietzsche, avec l'illusion initiale mise en place par Platon et son « monde des idées ». Le christianisme constitue pour Nietzsche l'adversaire principal (« j'abhorre le christianisme d'une haine mortelle », écrit-il). La figure du Christ n'est pas l'objet de ses critiques, il lui trouve au contraire une incontestable grandeur. C'est le christianisme, conçu comme une déformation du message de Jésus, qui lui paraît haïssable. Et pour des raisons philosophiques.

Le christianisme est en effet un « platonisme pour le peuple ». Il construit, lui aussi, un « arrière-monde », un espace céleste et divin séparé de notre confusion terrestre. Ce monde supposé supérieur sert à mieux mépriser le nôtre, à écraser la chair et à dévaloriser le corps, à tourner le dos à la vie. En outre, les vérités religieuses se donnent pour immuables, fondées pour l'éternité. Il en est ainsi, dans la vision chrétienne, parce que Dieu lui-même est garant du vrai, il est la vérité, à la fois originaire et ultime.

Il faut donc aller jusqu'au bout et comprendre que la « mort de Dieu », proclamée par Nietzsche, est une autre version de cette fin de la vérité. Ce qui était le plus grand espoir, dans la perspective chrétienne, se révèle être le plus grand leurre du point de vue de Nietzsche, la plus immense tromperie. Tout le sens de la vie s'en trouve faussé, mis sens dessus dessous. En reprenant l'expression « mort de Dieu », forgée par le poète allemand Jean Paul à la toute fin du XVIIIᵉ siècle, Nietzsche veut faire comprendre que désormais seul le monde réel va pouvoir apparaître comme divin, débordant de possibilités nouvelles et d'aventures inouïes.

On ne confondra pas, malgré tout, le combat de Nietzsche contre l'idée de Dieu et celui des matérialistes athées du siècle des Lumières. De manière optimiste, pour une part naïve, ces derniers pensaient que l'abandon de la croyance en Dieu allait délivrer aussitôt l'humanité de la peur, de la superstition et de la crainte. Au contraire, dans *Ainsi parlait Zarathoustra*, Nietzsche décrit « l'homme qui a tué Dieu » comme « le plus malheureux des hommes ». Avant de redécouvrir la richesse infinie de la terre et de la vie corporelle, la perte de Dieu, la plus grande illusion ayant jamais existé, s'éprouve d'abord comme un terrifiant malheur.

La vérité scientifique, elle non plus, n'échappe pas aux coups de marteau nietzschéens. Bien qu'elle se présente comme objective, contrôlée, toujours exposée à une possible réfutation expérimentale, cette vérité est bien une descendante directe de l'illusion platonicienne. À tout prendre, la science est une forme de religion qui vénère l'objectivité, l'impersonnalité, les sacrifices des chercheurs, leur abnégation, leur effacement derrière leurs découvertes.

À l'arrière-plan de cette humilité affichée, Nietzsche débusque une arrogance des savants, une volonté de monopoliser le domaine de la vérité et d'établir ainsi une domination capable de succéder à celle des prêtres. Ce que nous prenons pour la vérité scientifiquement établie repose encore sur des croyances – avant tout cette croyance fondamentale : la vérité est préférable à l'erreur, le savoir à l'ignorance, le réel à l'illusion. Pour ce penseur radicalement rebelle, il s'agit au contraire de faire entendre que nous chérissons les illusions, que nous en avons besoin. Nos erreurs sont souvent plus utiles, ou plus fécondes, que les prétendues vérités. A-t-on jamais entendu philosophe soutenir pareille hérésie ?

## Un philosophe artiste

Malgré tout, la fin de la vérité ne signifie en rien celle de la pensée ni celle de la création. Mais la philosophie change de statut, s'éloigne de la science et se rapproche de l'art. Personne ne songerait à dire que la musique de Ravel est « plus vraie » que celle de Beethoven ou de Bach. Les mondes artistiques ne se jugent pas selon les critères de vérité ou de fausseté. Ils constituent des univers distincts, avec leurs caractéristiques singulières, à la limite sans comparaison les uns avec les autres. Le propre d'un grand artiste est de faire advenir un monde nouveau, inconnu avant lui – que ce soit dans le domaine musical, pictural ou verbal.

C'est sur ce modèle de l'œuvre d'art que Nietzsche se représente la philosophie. Voir émerger un monde intellectuel inédit, en comprendre les perspectives nouvelles, voilà ce que peut faire celui qui ne croit plus à la vérité au sens traditionnel. Comme l'artiste, il puisera dans sa vie – c'est-à-dire ses émotions, ses maladies, ses désirs, ses terreurs et ses jouissances – le matériau premier de sa pensée. Nietzsche n'a cessé de pratiquer cette étrange alchimie. C'est pourquoi on ne peut dissocier sa biographie de sa pensée. Pour presque tous les philosophes, la dimension existentielle peut paraître anecdotique ou secondaire : avec lui, elle devient centrale.

En s'attachant à en finir avec la vérité, c'est donc avec sa propre existence qu'il travaille, s'éloignant à mesure des positions et des rôles où le hasard l'avait placé. S'il a perdu son père, pasteur protestant, au cours de sa cinquième année, Nietzsche est resté jusqu'à son adolescence très chrétien et fort conventionnel. Son combat contre le « dérangement » que constitue le christianisme est aussi, peut-être avant tout, une confrontation avec sa première identité de jeune homme pieux, respectueux des dogmes chrétiens autant que des conventions sociales.

Dénoncer la vérité comme illusion est encore pour Nietzsche une manière de se défaire de sa seconde identité, celle de savant. Il a été en effet formé à la philologie, la science des textes, méticuleuse archéologie des vestiges littéraires transmis à travers les siècles. À l'époque où Nietzsche, à vingt-cinq ans, devient le plus jeune professeur de grec de l'université, nommé avant même d'avoir soutenu sa thèse, ce qui ne s'était jamais vu, l'érudition allemande est première au monde dans le domaine de la philologie. Mais son austère précision paraît au penseur rebelle un mirage ou une entrave : « Les érudits tricotent les chaussettes de l'esprit », dira Zarathoustra.

Aux vérités objectives que cette science obtient à force de minutie, connaissances étriquées et sans portée, Nietzsche va préférer, au risque de faire scandale, le geste de recréer les Grecs, en forgeant une représentation puissante des conflits qui les traversaient. Dès son premier

livre, la *Naissance de la tragédie*, Nietzsche rompt avec
l'image harmonieuse et équilibrée qu'on se faisait des
Grecs. Il les décrit au contraire perpétuellement tendus
entre un pôle « apollinien » – où dominent ordre, mesure,
clarté, individuation, raison – et un pôle « dionysiaque »
où se conjuguent ivresse, perte de contrôle, désordre,
démesure, folie.

Après s'être battu avec lui-même comme savant,
Nietzsche a lutté contre son identité de philosophe. Il
lui a fallu de longues années pour entrevoir ce qui se tra-
mait derrière le culte philosophique de la vérité. Ce furent
des périodes d'errance, d'obstination, de victoire sur les
maladies. La santé de Nietzsche est en effet fort problématique. Des migraines oculaires intenses l'empêchent
parfois de lire et d'écrire plusieurs jours d'affilée. Il prend
sa retraite de l'université à... trente-cinq ans, et vit avec
une très maigre pension, dans des chambres meublées
disséminées en Europe. À la recherche de lumière, d'air,
de calme, il vit à Sils Maria, dans les Alpes suisses, à
Rapallo, à Nice, à Gênes, à Turin, en écrivant chef-
d'œuvre sur chef-d'œuvre, dans une solitude presque
complète et dans l'indifférence à peu près générale de ses
contemporains.

Car ses textes déroutent. *Ainsi parlait Zarathoustra*,
son chef-d'œuvre le plus connu, est aussi le plus étrange
et le plus difficile. Ce livre unique en son genre, que
Nietzsche rêvait « six mille pieds au-dessus de l'humanité », à l'entrecroisement du mythe, de la pensée philosophique et de la poésie, ne se présente pas comme un
traité ni comme une suite de pensées exposées de manière
argumentée, mais comme une série de récits, au style
parfois pompeux, qui mettent en scène un prophète des
temps à venir et ses rencontres successives avec des figures
symboliques. Parmi les termes de ce livre qui dont devenus

célèbres, le « surhomme » et l'« éternel retour » ont suscité bien des interprétations erronées.

Nietzsche ne parle pas de « Surhomme » et n'annonce évidemment pas la venue d'une sorte de Superman ou de représentant d'une nouvelle espèce. Son contre-Évangile apporte la nouvelle d'un dépassement de l'humain. Le « Surhumain » est une transformation à venir de la vie humaine, qui pourrait devenir à la fois plus sage et plus forte, dans la mesure où elle n'est pas figée dans une nature immuable. Quant à « l'éternel retour », il ne s'agit pas de la répétition à l'identique des mêmes événements de manière cyclique. Il s'agit avant tout d'un test pour mettre à l'épreuve la volonté : mon désir est-il assez fort pour que je veuille aussi que tout ce qui va s'ensuivre se répète indéfiniment ? Pour Nietzsche, aimer la vie, c'est aimer qu'elle revienne, à l'infini.

Dans cette trajectoire fulgurante, la musique joue un rôle exceptionnel. Habituellement, les philosophes s'en soucient peu ou pas du tout. Nietzsche lui accorde une place sans pareille. « Sans la musique, la vie serait une erreur », écrit-il. Compositeur lui-même, pianiste de qualité, il n'est pas seulement mélomane. En fait, il accorde aux styles musicaux le privilège d'exprimer, avec la plus pure clarté, des attitudes mentales et culturelles. D'abord enthousiasmé par Wagner, dont il sera un temps l'ami, il considérera ensuite le maître de Bayreuth comme la parfaite incarnation de ce que l'esprit allemand peut produire de pire. Nietzsche lui opposera alors, comme réalisation d'un autre type humain, la clarté méditerranéenne de Bizet…

*Ecce homo*, rédigé à la fin de sa vie lucide, à l'automne 1888, en très peu de temps, donne la mesure de l'extrême tension de son existence. En apparence, il s'agit d'une autobiographie intellectuelle : Nietzsche y passe en revue ses livres et retrace le cheminement qui conduit de l'un à l'autre. En même temps, il tente d'exposer ce qui fait sa singularité absolue comme sujet et comme individu. On peut alors avoir le sentiment qu'il fait preuve d'une suffisance et d'une mégalomanie rares. Mais il devient vite évident qu'il s'agit d'autre chose encore : la mise en lumière des forces multiples dont le conflit a fait, en quelque sorte, éclater sa subjectivité. « Je est un autre », dit Rimbaud à peu près à la même époque. Ce qu'affirme Nietzsche est sans doute bien plus étonnant encore. Ce pourrait être : « Je est plusieurs, multiplicité, conflits – à la fois personne, et tout le monde. »

Cette incandescence se termine par un effondrement. En janvier 1889, Nietzsche cesse d'être lucide, multiplie les indices de dérèglement, signe certaines de ses lettres Dionysos, veut convoquer à Rome les monarques de l'Europe et finit par sombrer dans une hébétude d'où il ne sortira plus. Recueilli par sa mère et sa sœur dans la maison familiale de Weimar, il restera ainsi onze années, ne sachant plus ce qu'il a écrit, jouant parfois du piano, reconnaissant de temps à autre un ami. On attribue généralement cet état à une syphilis que Nietzsche aurait pu contracter dans sa jeunesse. Les causes de cette chute dans le silence et la nuit ne sont toutefois pas réellement élucidées.

## Mode d'emploi

Il y a autour de cette œuvre tant de malentendus et tant d'interprétations diverses et, dans les textes eux-mêmes, tant de points de vue et tant de provocations de toutes sortes qu'il n'est pas inutile de rappeler, pour finir, quelques conseils et précautions.

On commencera par mettre de côté l'erreur tenace qui voit en Nietzsche une des sources de l'idéologie nazie. La responsable de cette confusion, volontairement organisée, est la sœur de Nietzsche, Elisabeth Förster, antisémite et pangermaniste, qui a œuvré à un détournement systématique de sa pensée. Il est certain que Nietzsche n'est pas un penseur de gauche, mais il n'est, tout aussi certainement, ni raciste ni antisémite. De nombreux textes en témoignent, comme par exemple : « *Maxime* : ne fréquenter personne qui participe à la mensongère escroquerie raciale. »

Il écrit d'ailleurs à sa sœur, le 26 décembre 1887 : « C'est pour moi une question d'honneur que d'observer envers l'antisémitisme une attitude absolument nette et sans équivoque, savoir : celle de l'opposition, comme je le fais dans mes écrits. On m'a accablé dans les derniers temps de lettres et de feuilles antisémites ; ma répulsion pour ce parti (qui n'aimerait que trop se prévaloir de mon nom !) est aussi prononcée que possible, mais ma parenté avec Förster et le contrecoup de l'antisémitisme de Schmeitzner, mon ancien éditeur, ne cessent de faire croire aux adeptes de ce désagréable parti que je dois être un des leurs. Combien cela me nuit et m'a nui, tu ne peux pas t'en faire idée. » On comprend que sa sœur, veuve du militant antisémite Förster, n'ait pas voulu que soient publiés ces désaveux de sa propre activité. Pire : sous le titre *La Volonté de puissance*, elle a organisé de manière tendancieuse, après la perte de lucidité de Nietzsche, un recueil de fragments qui lui a permis plus tard de convaincre Hitler que Nietzsche était un prophète annonçant le Troisième Reich.

Toutefois, si Nietzsche n'est pas nazi, cela n'implique nullement que sa pensée ne soit pas dangereuse. La biologie imaginaire qu'il ne cesse d'élaborer est pour le moins ambiguë. Soutenant qu'il n'y a que la vie qui explique les doctrines et les civilisations, par le jeu des différentes formes de force ou de faiblesse des instincts, il ne cesse de s'exposer à des récupérations racistes. Pour expliquer que la religion et la morale condamnent la chair, méprisent le corps, et donc disent non à la vie, il forge l'hypothèse d'une vie malade, déficiente, incapable d'affronter la lutte, et finissant par se condamner elle-même. Intéressante, une telle hypothèse risque toutefois de favoriser une lecture biologisante, et donc raciale, de la culture. Pour éviter de tomber dans ce piège, on s'efforcera de considérer les propos de Nietzsche sur la biologie comme des métaphores, des manières de parler du psychisme, de l'intensité des désirs ou des singularités de l'histoire.

Pour lire Nietzsche, il est également indispensable de demeurer attentif au point de vue à partir duquel il exprime chacun de ses jugements. On risque en effet de croire qu'il se contredit d'une page à l'autre si l'on ne voit pas depuis quels lieux distincts sont proférés les différents jugements. Par exemple, on lit sous sa plume aussi bien des éloges que des condamnations du bouddhisme. Or les éloges correspondent à une tactique où il s'agit d'attaquer le christianisme – et *de ce point de vue* le bouddhisme est jugé « plus propre », plus hygiénique et médical, plus civilisé. Les condamnations, elles, s'inscrivent dans une stratégie globale de lutte contre les doctrines qui disent « non » à la vie et jugent préférable de la fuir. De ce point de vue, christianisme et bouddhisme sont, cette fois, du même côté.

Enfin, on n'oubliera pas que ce rebelle est aussi, à l'évidence, un provocateur. Au lieu de le prendre au pied de la lettre, on devra plutôt tenter de le considérer comme un accélérateur de pensées, comme il existe des accélérateurs de particules. En portant les idées à leurs limites, Nietzsche les casse et les disperse, libérant leur énergie. Multiplicateur de points de vue, il adopte décidément une démarche inverse à celle de Platon. Ce dernier unifiait la pensée, rassemblait la diversité du monde dans la pureté des idées. Nietzsche replonge la création intellectuelle dans l'imprévisible tumulte des forces terrestres.

---

*De Nietzsche, que lire en premier ?*

Le *Crépuscule des idoles*, « l'introduction la plus rapide et la plus approfondie à ma philosophie », dit Nietzsche lui-même.

*Sur Nietzsche, que lire pour aller plus loin ?*

Karl Jaspers, *Nietzsche. Introduction à sa philosophie*, Paris, Gallimard, 1978 (1950).

Gilles Deleuze, *Nietzsche et la philosophie*, Paris, PUF, 1962.

Jean Granier, *Le Problème de la vérité dans la philosophie de Nietzsche*, Paris, Seuil, 1966.

Michel Haar, *Nietzsche et la métaphysique*, Paris, Gallimard, 1993.

Bernard Edelman, *Nietzsche. Un continent perdu*, Paris, PUF, 1999.

Paul Audi, *L'Ivresse de l'art. Nietzsche et l'esthétique*, Paris, Le Livre de Poche, 2003.

☞ *Nietzsche a formulé contre l'idée de vérité les plus grands soupçons, il l'a soumise aux plus puissantes attaques, allant jusqu'à proclamer qu'elle est une illusion dont nous avons besoin.*

☞ *Se méfier des usages naïfs de la vérité est une chose.*
*Croire qu'on pourrait s'en passer complètement en est une autre.*
*Les philosophes se partageraient-ils aujourd'hui entre constructeurs et déconstructeurs de la vérité ?*
*C'est une hypothèse à esquisser…*

## Conclusion

### OÙ L'ON APERÇOIT
### QUE LES AVENTURES DE LA VÉRITÉ
### SE POURSUIVENT ENCORE

E t aujourd'hui ? La vérité, telle que la concevaient les siècles antérieurs, paraît bien mal en point. Elle apparaît à présent comme une notion malmenée, contestée, étirée, distendue, ou même défaite.

L'héritage du scepticisme de Hume, qui avait insisté sur le caractère incertain, mal construit, contestable de nos édifices scientifiques, voisine avec l'héritage de Hegel, qui avait, lui, insisté sur la vérité comme chemin, processus, itinéraire marqué par la dialectique et les renversements de sens. Nietzsche, enfin, est continûment présent dans notre paysage, lui qui a tant transformé la notion même de vérité, qui en a montré la duplicité, les pièges, qui a insisté sur la manière dont elle masquait des intérêts, des passions, des vengeances.

Pourtant, il serait absurde de s'imaginer que l'histoire est close, même si l'efflorescence d'œuvres et de nouveautés philosophiques qui ont marqué les dernières générations sont plus ou moins prises dans le sillage des grandes mutations déjà rencontrées. Une histoire de la philosophie contemporaine, même brève, serait un autre livre. On se contentera donc de quelques remarques seulement.

## Un sujet divisé

Dans le sillage de Nietzsche, mais de manière très différente, Freud, en découvrant l'inconscient, n'a pas seulement inventé une méthode thérapeutique. Il a aussi, en créant la psychanalyse, provoqué une mutation de l'idée de vérité que la philosophie ne peut pas ne pas prendre en compte. Freud a en effet mis en lumière que la pensée ne se réduit pas à la conscience : des processus psychiques (association d'idées, formation de désirs, compromis entre des pulsions ou des significations opposées) se déroulent à l'intérieur de ce que nous appelons notre esprit sans que notre conscience en sache rien.

Cette révolution conduit à une forme singulière de division du sujet. Le Moi et la conscience ne recouvrent plus totalement ce que l'on appelait autrefois le sujet. Le sujet de l'inconscient est d'un autre type. En détournant la formule poétique de Rimbaud, « Je est un autre », on pourrait dire qu'il y a toujours en moi quelque chose – du sens, du désir, des jeux de la langue – qui échappent soit à ma compréhension, soit à mon contrôle.

Ceci n'est évidemment pas sans impact sur l'idée même de vérité. Ce que je sais consciemment se double, désormais, d'autres formes de vérité, qui se développent et se transmettent à mon insu. Apparaît alors la nécessité de prendre progressivement connaissance de ce domaine qui m'échappe, et de prendre conscience des forces pulsionnelles à l'œuvre dans ce dédoublement. À la place des forces aveugles et du chaos, cette forme particulière de connaissance de l'inconscient doit pouvoir faire advenir un sujet d'un nouveau type qui ne se contente pas simplement de savoir que la vérité lui échappe mais qui arrive à prendre un aperçu de ce qu'il ne connaît pas spontanément.

À la même époque que Freud, la philosophie de la conscience connaît, avec Bergson, un développement et une évolution qui la transforment profondément. Avec *Les Données immédiates de la conscience*, avec *L'Évolution créatrice*, la pensée philosophique de Bergson va insister sur notre vécu intime du temps, sur la durée vécue qui s'oppose à la conception abstraite. Ainsi y aura-t-il, en un sens, deux vérités concernant le temps. L'une, issue de l'intelligence et de la raison, voit le temps comme une série de segments identiques pensés sur le modèle spatial, juxtaposés, que l'on peut parcourir par la pensée en tous sens, en anticipant sur ce qui se passera dans deux heures ou dans deux siècles. L'autre insiste sur la vérité vécue dans laquelle la durée doit être éprouvée, et doit se confronter à la réalité de l'attente, de l'espérance, aux variations plus ou moins intenses, rapides ou lentes, de l'écoulement du temps. Sur ce versant, il est évidemment tout à fait exclu que je puisse me retrouver d'un saut dans ce qui devra se dérouler dans deux heures ou dans deux ans. Je ne peux, pour y être ou pour y parvenir, qu'attendre.

## Les choses mêmes

Cette volonté philosophique de parvenir à formuler une vérité qui s'accroche aux choses, aux réalités vécues, aux expériences concrètes, cette manière de vouloir faire de la métaphysique une pensée de l'expérience, on les retrouve, *mutatis mutandis,* chez Husserl, mathématicien et philosophe allemand du début du XXᵉ siècle. Contemporain de Bergson et de Freud, Husserl oriente sa pensée vers une transformation du vécu de la conscience en une forme de science pure, la *phénoménologie,* c'est-à-dire, mot à mot, l'étude de ce qui apparaît (*phaïnomai*).

Avec les phénomènes, le monde se donne à notre conscience à travers des couleurs, des formes, des intentions de notre pensée ou des visées de notre regard. Ce que Husserl cherche à étudier, renouvelant par là la philosophie de la conscience et le type de vérité que la postérité de Descartes avait mis en avant, ce n'est pas véritablement le monde « tel qu'il est » – il nous demeure inconnaissable – mais bien le monde « tel que nous le voyons », tel que nous l'appréhendons, en décrivant de la manière la plus rigoureuse possible les façons dont le monde, concrètement, se donne à notre conscience.

Les travaux de Husserl, en particulier sa notion d'intentionnalité, ont exercé sur le jeune Sartre une influence décisive. Une partie de l'héritage de la phénoménologie, réinterprétée et retravaillée, se retrouve chez Sartre et dans ce que l'on dénomme « existentialisme » dans la France des années 45 et suivantes. La postérité de Husserl ne se résume évidemment pas à Sartre. Dans la dissidence de la phénoménologie se trouve, en effet, l'œuvre volumineuse et souvent commentée du philosophe Martin Heidegger.

Il insiste, pour sa part, sur la nécessité de faire revivre une question qui a été recouverte ou oubliée, à ses yeux, par l'essor de la pensée d'Aristote et de la métaphysique européenne : la question de l'Être. Il s'agit principalement de la question de la présence même des choses du monde, le fait qu'il y ait « quelque chose plutôt que rien ». Il s'agit donc de s'interroger sur le « il y a ». Que signifie le fait que « il y a » (en allemand *Es gibt*) cette chose, et puis encore cette autre chose, et ainsi de suite ? L'Être serait ce « il y a » lui-même, ce par quoi une donation du monde est possible et effective. Ce thème, important dans l'histoire de la pensée philosophique antique, a été renouvelé par Heidegger. Ses méditations ont suscité, de sa part comme de la part de ses lecteurs, une forme de piété extatique et crispée qui échappe au domaine de la philosophie *stricto sensu* pour entrer dans celui d'une pensée poétique et allusive, fort éloignée de la réflexion argumentée et démonstrative.

Au moment même où Heidegger élabore cette pensée de l'Être et sa tentative de destruction de la métaphysique classique, Wittgenstein renouvelle, par des voies très différentes, l'idée de vérité aussi bien que la pensée logique en écrivant le *Tractatus logico-philosophicus*, puis en enseignant, dans les années 30, à Cambridge. Le courant qu'inaugure Wittgenstein, qui sera aussi développé par le Cercle de Vienne, et notamment par la pensée de Rudolf Carnap, constitue une autre grande branche de la philosophie. Ce positivisme logique rejette lui aussi la métaphysique, mais pour de tout autres raisons que Heidegger.

Il considère en effet qu'il s'agit là de problèmes rigoureusement dépourvus de contenu. On ne saurait parler de la « vérité » d'un système métaphysique, pas plus qu'on ne saurait parler de la vérité d'une musique, d'une couleur ou d'une symphonie. Autrement dit, les métaphysiciens sont des artistes, des poètes ou des rêveurs, nullement des hommes de savoir. Le positivisme du Cercle de Vienne entend limiter l'usage de la notion de vérité aux démonstrations logiques construites en bonne et due forme.

On se trouve donc, de deux côtés opposés, face à une profonde et radicale contestation de l'idée de vérité métaphysique. Elle est contestée, du côté heideggérien, au profit d'un « dévoilement de l'Être » qui constituerait le sens premier et profond de ce que les Grecs nommaient *alètheia* et que nous avons pris l'habitude, mauvaise, aux yeux de Heidegger, de traduire par « vérité ». Elle est contestée aussi, du point de vue scientifique et positiviste, comme étant sans objet et dépourvue de tout contenu. Toutefois, il faut souligner une forte dissymétrie dans les positions défendues par les postérités de ces deux courants.

En effet, dans la postérité de Heidegger, l'idée même de vérité finit par être progressivement dissoute, défaite ou démolie. L'influence de Nietzsche s'ajoute en particulier à celle de Heidegger pour aboutir, chez le philosophe français Jacques Derrida, à l'idée de « déconstruction », adaptation prudente du terme allemand *destruktion*, qu'employait Heidegger. Il ne s'agit pas purement et simplement de détruire des concepts et des théories mais de les défaire, les désorganiser, en en montrant leurs tensions internes et leur formation généalogique.

Le résultat de ce courant déconstructeur est de faire douter, de manière radicale et irrémédiable, de ce que la pensée peut construire, édifier, valider, de manière affirmative et positive. À l'opposé, la philosophie analytique, issue du positivisme logique, a maintenu l'exigence de démonstration et de conclusion argumentée – à tel point que les travaux de ses praticiens finissent par ressembler à des problèmes de mathématiques : ils trouvent une solution définitivement acquise ou bien leur conclusion est détruite par un travail concurrent.

Sur une face, les vérités philosophiques apparaissent plus littéraires, parfois plus poétiques que véritablement logiques et démontrées. Sur l'autre face, elles semblent, au contraire, se réduire, parfois de manière excessive, à des chaînes d'équations ou de démonstrations logico-mathématiques. Le débat n'est évidemment pas clos. Les aventures de la vérité se poursuivent.

Il faut, pour finir, demander où. La réponse est simple : en chacun. Car, en fin de compte, l'histoire de la vérité, de ses conceptions, de sa recherche, de ses registres, de ses rebondissements ne se déroule pas ailleurs que dans l'esprit de chaque lecteur. Les grandes œuvres, les professionnels, les chercheurs de métier, les instituts spécialisés, tout cela existe. Mais aussi vos modestes tentatives, vos associations d'idées dont il n'y a aucune raison d'avoir honte. Rien n'est pire que la peur de dire ou de penser des bêtises.

Le philosophe Alain, qui était le plus souvent ininté-ressant, avait pourtant une phrase merveilleuse pour ses étudiants : « Jamais, leur disait-il, vous ne serez plus intelligents qu'aujourd'hui. » C'est une formule redou-table car, si on se juge bien peu intelligent, on désespé-rera de toute amélioration. Mais c'est aussi une phrase fort encourageante, parce qu'elle signifie : « Vous serez certainement, demain, plus instruits, mieux informés, vous aurez à votre actif plus de lectures, de références, de connaissances, mais vous n'aurez jamais plus d'intelli-gence ni plus de discernement que vous n'en avez à l'instant. »

Donc, n'attendez pas. Les aventures de la vérité se forgent aussi, chaque jour, à travers vos propres choix, vos expérimentations. Ces aventures se poursuivent avec chacun, par chacun, en chacun. Bon chemin…

# TABLE

Troisième partie
VÉRITÉS HUMAINES, VÉRITÉS DIVINES
*Où l'on cherche ce qui est commun à la raison des hommes
et à la raison de Dieu*

Quatrième partie
VÉRITÉS DES LUMIÈRES, VÉRITÉS POUR TOUS
*Où l'on proclame que la vérité doit être universelle
et libératrice, ou ne pas être*

Cinquième partie
VÉRITÉS MODERNES, VÉRITÉS INSTABLES
*Où l'on finit, en explorant les coulisses,
par tout remettre en question*

TABLE                                              319

Composition et mise en pages
Nord Compo à Villeneuve-d'Ascq

N° d'édition : L.01EHQN000803.N001
Dépôt légal : octobre 2014
Imprimé en Espagne par Novoprint (Barcelone)